LA CAMPAGNE DE 1812

EN VENTE CHEZ LE MÊME ÉDITEUR

COLLECTION NOUVELLE DE MÉMOIRES MILITAIRES

MÉMOIRES
DU
GÉNÉRAL
BARON ROCH GODART
(1792-1815)

PAR

J.-B. ANTOINE

INSPECTEUR D'ACADÉMIE HONORAIRE

UN VOLUME IN-8° COLOMBIER

Reliure pleine, avec écussons. — **Prix : 6 francs.**

ÉVREUX, IMPRIMERIE DE CHARLES HÉRISSEY

LA
CAMPAGNE
DE 1812

D'APRÈS DES TÉMOINS OCULAIRES

PUBLIÉE

PAR

GEORGES BERTIN

PARIS
ERNEST FLAMMARION, ÉDITEUR
26, RUE RACINE, 26

PRÉFACE

La guerre de 1812 est une gigantesque entreprise dont les causes, obscures et même assez futiles, semblent difficiles à bien déterminer.

A en croire le *Mémorial*, Napoléon reprochait à la Russie la violation du système continental : cette dernière puissance, de son côté, réclamait une indemnité en faveur du duc d'Oldembourg, ainsi que l'évacuation de la vieille Prusse par les troupes françaises.

M. de Romanzoff, ambassadeur russe à Paris, appuyait ces revendications d'une menace d'ultimatum et fixait à huit jours son départ de la capitale, s'il n'était fait droit dans le plus bref délai aux réclamations de son souverain.

N'ayant point l'habitude de se laisser prévenir [1], Napoléon fait avancer 400,000 hommes tant Autrichiens, Prussiens, Saxons, Polonais, Bavarois, Wurtembergeois, Bergeois, Badois, Hessois, Westphaliens, Mecklembourgeois, Espagnols, Italiens, Napolitains

---

[1] *Mémorial.*

que Français. Cette formidable armée, rassemblée en Allemagne depuis quelques mois, — dans la plus parfaite ignorance, jusque-là, de sa destination, — traînait derrière elle un appareil énorme [1] et d'immenses approvisionnements.

Dès le 24 juin, le Niémen est franchi. C'est le commencement des hostilités.

Les Russes se retirent devant nous tout en disputant vaillamment leur territoire. Malgré de journalières escarmouches, nous n'en continuons pas moins à pénétrer dans un pays ravagé par l'ennemi. La disette et d'accablantes chaleurs produisent des vides considérables dans nos troupes : hommes et chevaux disparaissent, leurs rangs diminuent à vue d'œil.

Nous entrons dans Wilna.

De rudes combats sont livrés à Mohilew, puis à Ostrowno.

Le 17 août, nous nous emparons de Smolensk en cendres, après avoir tiré 60,000 coups de canon.

A la Moskowa (7 septembre), le choc est terrible et presque sans avantage marqué : la tuerie effroyable. 120,000 coups de canon sont tirés durant cette sanglante journée.

Le 14 septembre, nos avant-gardes arrivent devant Moscou. C'est là, suivant la croyance de l'armée, le terme des souffrances. C'est à Moscou même, pense-t-on, qu'une paix durable a toutes chances d'être conclue.

---

[1] Nous avons dans l'armée, raconte l'officier suisse Begos, jusqu'à des vitriers.

Nous n'entrons dans la ville sainte que pour y voir éclater l'incendie. Incendie terrible, dont les progrès rapides le rendent justement comparable à *un océan de flammes*[1]. On parvient cependant à maîtriser le fléau, et l'ordre est à peu près rétabli.

Napoléon sentant l'impérieux besoin de traiter de la paix, expédie Lauriston au quartier général russe. Bien accueilli par Koutousoff, le plénipotentiaire impérial a plein espoir dans les succès de sa mission. Mais les négociations traînent en longueur et l'Empereur se laisse abuser par la confiance de son ambassadeur. Quand il aura perdu toute illusion de paix, il sera trop tard pour éviter les prochaines rigueurs de la saison.

Le 17 octobre, nos avant-postes de cavalerie, commandés par Murat, sont culbutés. L'attaque des Russes a lieu sur toute notre ligne.

L'ordre du départ est aussitôt donné et, le 19, l'armée quite Móscou. 100,000 hommes et seulement 4,000 chevaux de cavalerie vont entreprendre la plus épouvantable des retraites qu'ait enregistrée l'histoire moderne.

Les débris de l'armée, harcelés par un ennemi nombreux, plein d'audace, bien équipé et bien monté, devront se faire jour, par un froid sans cesse plus rigoureux, à travers un pays dévasté : nos héroïques phalanges auront à parcourir 275 lieues pendant cinquante-cinq jours pour repasser le Niémen, et se mettre ainsi à peu près hors de l'atteinte des Russes.

---

[1] Mot de l'Empereur Napoléon.

Peut-être nous reprochera-t-on de retracer des pages que quelques-uns trouvent peu glorieuses pour nos armes. Nous répondrons que cette campagne est certainement, de toutes celles de l'Empire, la plus pure en héroïsme et en abnégation. Au reste, nous ne saurions mieux faire que de citer à cet égard l'opinion même de Napoléon : « Assurément la campagne de Russie, disait-il à Sainte-Hélène, est la plus glorieuse, la plus difficile et la plus honorable pour les Gaulois, dont l'histoire ancienne et moderne fasse mention. »

Reste la question morale.

Chez nous cette blessure d'amour-propre est depuis longtemps cicatrisée et, entre les deux peuples adversaires de 1812, il ne reste plus au souvenir de ces luttes acharnées qu'un sentiment réciproque d'estime et d'admiration.

S'il en était autrement, l'Empereur Alexandre n'eût pas invité personnellement un des plus hauts dignitaires de l'armée française à assister, cette année, aux grandes manœuvres qui, primitivement, devaient avoir lieu à Smolensk et dont le thème était précisément emprunté à l'un des épisodes les plus mémorables de cette campagne.

LA
CAMPAGNE DE 1812

ITINÉRAIRE DE L'EMPEREUR PENDANT LA CAMPAGNE ET RETOUR DE SA MAJESTÉ

DU 16 JUIN AU 5 DÉCEMBRE 1812

16 juin . Kœnigberg.
17 — . Velhau Insterburg.
18 — . Insterburg Gumbinen.
21 — . Statuponin-Wilkowiski
22 — . Skrautz.
23 — . Au bivouac Nogariski et passage du Niemen.
24 — . Au bivouac. Couvent Sainte-Croix, Kowno.
27 — . Insmozy et Owsianizka.
28 juin au
  16 juil. Wilna.
17 juillet. Gwierzianowi.
18-22 — Gloubockoë.
23 — Inschatsch et Kamen.
24-26 — Bechenkowitschi.
26 — Au bivouac Dobrijka.
27 — — devant Witepsk.
28 — Witepsk et au bivouac à Vouinmo.
29 juil., 12 août. Witepsk.
13 août. Babinovitschi au bivouac à Rasasna.
14 — Boyarnu Kowno.
15 — Koroutnia.
16-17 — Bivouac devant Smolensk.

25 août. Dorogobouï.
26 — Dorogobouï et Slaskowo.
27 — Slaskowo et Rouibki.
28 — Kueghinkino.
29-30 — Viasma.
31 — Velitchwo.
1er, 2, 3 sept. Ghjat.
4 — Au bivouac Grignewa.
5 — Combat à Borodino, bivouac.
6 — Borodino.
7 — Bataille de la Moskowa.
8 — Près de Mojaïsk.
9 au 12 — Mojaïsk.
13 — Nikolskoë.
14, 15 — Moskou.
16 — Moskou, au château de Pétrowski.
18 sept. au
  18 oct. Moskou.
19, 20 oct. Troitskoë.
21 — Krastroë et Ignatcheff.
22 — Fominskoë.
23 — Borowsk.
24, 25 — Gorodnia.
26 — Borowsk.

27 octobre . . Wereïa.
28 — . Mojaïsk et Biechi.
29 — . Ghjat.
30 — . Velitchewo.
31 oct. et 1ᵉʳ nov. Viazma.
2 novembre . Semlewo.
3 et 4 nov . . . Slaskowo.
5 novembre. . Dorogobouï.
6 — . Michalewska.
7 — . Pitzchawa.
8 — . Brikvenlinia.
9 — . Beredikino.
10, 13 — . Smolensk.
14 — . Korouïtnia.
15, 16 — . Krasnoë.
17 — . Liadouï.
18 — . Doubrowna.

19 novembre . . Orcha.
20 — . . Baranoui.
21 — . . Kamionka.
22 — . . Tolotschin.
23 — . . Bobr.
24 — . . Lochnitza.
25 — . . Borizow-Staroï.
26 — . . Studzianka.
27, 28 — . . Brissa.
29 — . . Kamen.
30 — . . Plechnitzié.
1ᵉʳ décembre . . Staïki.
2 — . . Zélitche.
3 — . Molodetchno.
4 — . . Bielitza.
5 — . . Smorghoni.

(Extrait du *Journal des Voyages de l'Empereur*.)

COMPOSITION DE L'ARMÉE FRANÇAISE SOUS LES ORDRES DE L'EMPEREUR NAPOLÉON
A SON ENTRÉE EN RUSSIE EN 1812

Major général . . .	Prince de Neuchâtel.	Chef du génie . . . . Général comte Chasseloup.
Aide-major général.	Cte Bailli de Monthion.	Equipages militaires Général Picard.
Chef de l'artillerie. .	Général comte Lariboissière.	

CORPS	DIVISIONS	BRIGADES	DÉSIGNATION DES RÉGIMENTS	Bataillons	Escadrons	FORCE
Garde impériale.	*Vieille garde.*	Roguet . . .	1er, 2e et 3e des grenadiers de la garde . .	6	»	
	Comte Dorsenne.	Dumoutier .	1er et 2e des chasseurs à pied de la garde . .	4	»	
	Jeune garde.	Berthezène .	4e, 5e et 6e de voltigeurs	6	»	
	Baron Curial . .	Lanusse. . .	4e, 5e et 6e de tirailleurs	6	»	
			1er de voltigeurs et 1er de tirailleurs . . .	4	»	
Maréchaux.			Grenadiers et chasseurs fusiliers de la garde	4	»	
	De Laborde . .		Flanqueurs de la garde.	2	»	
Lefèvre, duc de Dantzick . . .		Prince Emile de Hesse.	Bataillon de Neuchâtel	1	»	
			Troupes de Hesse-Darmstadt.	6	»	
Mortier, duc de Trévise. . . .	Comte Walther. Cavalerie.	Chastel . . .	Chasseurs à cheval du Portugal	»	3	
		Guyot. . . .	Grenadiers à cheval et dragons	»	8	
			Chasseurs à cheval de la garde.	»	4	
Bessières, duc d'Istrie		Colbert . . .	Lanciers polonais et mamelucks	»	5	
			2e et 3e lanciers	»	8	
			Gendarmes d'élite	»	2	
			Vélites du prince Borghèse.	1	»	
			Gardes d'honneur	»	1	
			Vélites de la garde de Toscane.	13	»	
			7e de chevau-légers	»	4	
			Pionniers d'Espagne.	1	»	
	Claparède . . .	Chlopitzky. .	1er, 2e, 3e et 4e régiments de la Vistule . .	12	»	
			TOTAL dans le corps de la garde. .	54	35	47.000

DIVISIONS	BRIGADES	DÉSIGNATION DES RÉGIMENTS	NOMBRE DE		FORCE
			Bataillons	Escadrons	
1er CORPS. — Maréchal Davoust, Prince d'Eckmühl.					
1re Comte Morand	D'Alton	13e léger	5	»	
		17e de ligne	5	»	
	Bonami	30e de ligne	5	»	
		2e de Bade	2	»	
2e Comte Friand	Dufour	15e léger	5	»	
		33e et 48e de ligne	10	»	
	Grandeau	De Joseph Napoléon, Espagnol	2	»	
3e Comte Gudin	Gérard	7e léger	5	»	
		12e de ligne	5	»	
	Leclerc	21e et 127e de ligne	8	»	
4e Dessaix	Baron Fréderichs	33e léger	3	»	
		85e et 108e de ligne	10	»	
5e Compans	Gujardol	25e, 57e, 61e et 111e de ligne	20	»	
		Mecklembourgeois	3	»	
Général Girardin. Cavalerie.	Pajol	2e régiment de chasseurs	»	4	
		9e de lanciers polonais	»	4	
	Bordesoult	1er et 3e régiments de chasseurs	»	8	
		TOTAL dans le 1er corps	88	16	72.200
2e CORPS. — Maréchal Oudinot, duc de Reggio.					
6e Général Legrand	Maison	29e léger	4	»	
	Albert	19e et 56e de ligne	8	»	
	Moreau	128e de ligne, 3e Portugais	5	»	
8e Comte Verdier	Vivier	11e léger et 2e de ligne	8	»	
	Pouget	37e et 124e de ligne	7	»	
9e Merle	Amey	3e provisoire Croate	4	»	
		4e Suisse	3	»	
	Caudras	1er et 2e Suisse	6	»	
	Coutard	3e Suisse et 123e de ligne	6	»	
Cavalerie.	Castex	7e, 23e et 24e régiments de chasseurs	»	12	
	Corbineau	20e chasseurs, 8e de chevau-légers	»	8	
		TOTAL dans le 2e Corps	51	20	37.100
3e CORPS. — Maréchal Ney, duc d'Elchingen.			Brigades		
10e Ledru	Gengoult	24e léger	4	»	
	Lenchantin	46e, 72e, 129e de ligne, 1er Portugais	13	»	
11e Razout	Joubert	4e, 18e et 93e de ligne	12	»	
	D'Hénin	Illyrien et 2e Portugais	5	»	
	Koch	1er et 2e Wurtembergeois	4	»	
25e Cte Marchand	Scheler	4e, 6e et 7e —	6	»	
	Bruxelles	1er et 2e bataillons de chasseurs wurtembergeois	2	»	
		1er et 2e bataillons légers —	2	»	
Wollwarth	Mourier	1er régiment de hussards	»	4	
Cavalerie.	Beurmann	6e régiment de chevau-légers, 4e chasseurs	»	8	
Artillerie.	Fouchet	1er, 2e et 3e de chasseurs wurtembergeois	»	12	
		TOTAL dans le 3e corps	48	24	39.000
4e CORPS. — Prince Eugène, vice-roi d'Italie.					
Comte Lecchy Garde italienne.		Gardes d'honneur et vélites royaux	2	»	
		Chasseurs et grenadiers de la garde	3	»	
	Triaire	Dragons de la garde	»	4	
		Dragons de la reine	»	4	
	Huard	8e léger	4	»	
13e Baron Delzons	Roussel	1er de Croates	3	»	
		84e de ligne	4	»	
	Ferrier	92e et 106e de ligne	8	»	
	Bertrand de Givray	18e léger	4	»	
14e Broussier	Girardin	De Joseph Napoléon, Espagnol	2	»	
		9e de ligne	4	»	
	Plansanne	35e et 53e de ligne	8	»	

DIVISIONS	BRIGADES	DÉSIGNATION DES RÉGIMENTS	NOMBRE DE		FORCE
			Brigades	Escadrons	
15ᵉ Comte Pino	Guillaume	1ᵉʳ et 3ᵉ légers italiens	6	»	
		Dalmates	3	»	
		2ᵉ et 3ᵉ de ligne italiens	6	»	
Guyon	Ferrier	9ᵉ régiment de chasseurs	»	4	
Cavalerie.		19ᵉ —	»	4	
	Villate	2ᵉ et 3ᵉ de chasseurs italiens	»	8	
		Total dans le 4ᵉ corps	57	24	44.800

5ᵉ Corps. — Prince Poniatowski.

DIVISIONS	BRIGADES	DÉSIGNATION DES RÉGIMENTS	Brigades	Escadrons	FORCE
16ᵉ Zajonczek	Axamitowski	1ᵉʳ et 13ᵉ Polonais	8	»	
	Niemojewski	15ᵉ et 16ᵉ —	8	»	
17ᵉ Dombrowski	Ziewanowski	3ᵉ et 17ᵉ —	8	»	
	Tulinski	6ᵉ et 14ᵉ —	8	»	
18ᵉ Kniazewicz	Zoltowski	2ᵉ, 8ᵉ et 12ᵉ —	12	»	
Kaminski	Weissenhoff	4ᵉ de chasseurs à cheval polonais	»	4	
Cavalerie.		1ᵉʳ de cuirassiers polonais	»	4	
		12ᵉ de uhlans	»	4	
	Le prince Sulkowski	5ᵉ de chasseurs à cheval	»	4	
		13ᵉ de hussards polonais	»	4	
		Total dans le 5ᵉ corps	44	20	36.300

6ᵉ Corps. — Maréchal comte Gouvion Saint-Cyr.

DIVISIONS	BRIGADES	DÉSIGNATION DES RÉGIMENTS	Brigades	Escadrons	FORCE
19ᵉ Comte Deroy	Comte Minnucci	1ᵉʳ, 2ᵉ et 3ᵉ de ligne bavarois	6	»	
	Raglowich	4ᵉ, 5ᵉ et 6ᵉ —	6	»	
	Siebin	1ᵉʳ, 3ᵉ et 6ᵉ bataillons légers bavarois	3	»	
20ᵉ Comte Wrede	Comte Beckers	7ᵉ, 8ᵉ et 9ᵉ de ligne —	6	»	
	Voller	10ᵉ et 11ᵉ de ligne —	4	»	
	Vinescuty	2ᵉ, 4ᵉ et 6ᵉ bataillons légers	3	»	
Cavalerie.	Comte Seidwitz	3ᵉ et 6ᵉ de chevau-légers —	»	8	
	Comte Preising	4ᵉ et 5ᵉ —	»	8	
		Total dans le 6ᵉ corps	28	16	24.200

7ᵉ Corps. — Comte Reynier.

DIVISIONS	BRIGADES	DÉSIGNATION DES RÉGIMENTS	Brigades	Escadrons	FORCE
21ᵉ Lecoq	Steindel	Bataillon de grenadiers de Liethenau, Saxons	1	»	
	Dyhrn	Régiments du prince Frédéric et Clémens, Saxons	4	»	
		— Antoine et 1ᵉʳ léger, Saxons	4	»	
22ᵉ Funk	Von Sahr	Grenadiers d'Angern et Spiegel, Saxons	2	»	
	Klengerl	Régiments du roi et de Niesemenschel, Saxons	4	»	
	Nostitz	2ᵉ léger saxon	2	»	
Cavalerie.	Gablentz	Hussards de Saxe	»	8	
		Dragons de Polenz, Saxons	»	4	
		Uhlans du prince Clémens, Saxons	»	4	
		Total dans le 7ᵉ corps	17	16	17.100

8ᵉ Corps. — Junot, duc d'Abrantès.

DIVISIONS	BRIGADES	DÉSIGNATION DES RÉGIMENTS	Brigades	Escadrons	FORCE
23ᵉ Tharreau	Damas	1ᵉʳ, 2ᵉ et 3ᵉ bataillons légers westphaliens	3	»	
	Baron Borstel	3ᵉ, 5ᵉ et 6ᵉ de ligne	6	»	
24ᵉ Ochs	Chassert	Bataillon de grenadiers de la garde westphalienne	1	»	
		— carabiniers de chasseurs westphaliens	1	»	
		— gardes-chasseurs	1	»	
		7ᵉ de ligne westphaliens	2	»	
	Legras	8ᵉ —	2	»	
Cavalerie.	Colonel von Wolff	1ᵉʳ et 2ᵉ de hussards westphaliens	»	8	
		Total dans le 8ᵉ corps	16	8	17.100

9ᵉ Corps. — Maréchal Victor, duc de Bellune.

DIVISIONS	BRIGADES	DÉSIGNATION DES RÉGIMENTS	Brigades	Escadrons	FORCE
12ᵉ Partonneaux	Biliard	10ᵉ et 29ᵉ légers westphaliens	8	»	
	Camus	36ᵉ et 44ᵉ de ligne —	7	»	
	Blaimont	125ᵉ et 126ᵉ de ligne —	6	»	
26ᵉ Daendels	Comte de Hochberg	1ᵉʳ, 2ᵉ, 3ᵉ et 4ᵉ de ligne de Berg	8	»	
		1ᵉʳ et 2ᵉ de ligne de Bade	4	»	
		Bataillon léger —	1	»	

DIVISIONS	BRIGADES	DÉSIGNATION DES RÉGIMENTS	Brigades	Escadrons	FORCE
28e Girard	Klengel	4e, 7e et 9e Polonais	12	»	
		De Low, Saxon	2	»	
		De Rechten, Saxon	2	»	
		4e de ligne westphalien	2	»	
		Fusiliers du corps de Hesse-Darmstadt	2	»	
Cavalerie	Delaître	Uhlans de Berg	»	4	
		Dragons de Darmstadt	»	4	
	Fournier	Dragons du Prince Jean, Saxon	»	4	
		Hussards de Bade	»	4	
		Total dans le 9e corps	54	16	33.500

10e CORPS. — Maréchal Macdonald, duc de Tarente.

DIVISIONS	BRIGADES	DÉSIGNATION DES RÉGIMENTS	Brigades	Escadrons	FORCE
7e Grandjean	Bachelu	5e Polonais	4	»	
	Prince Radziwill	10e et 11e Polonais	8	»	
	Ricard	13e Bavarois	2	»	
		1er de ligne westphalien	2	»	
27e Yorck	Colonel Horn-Below	1er et 2e Prussien	6	»	
		Bataillon de chasseurs de la Prusse	1	»	
	Colonel Horn	3e et 4e Prussien	6	»	
		Bataillon de fusiliers du 2e de la Prusse orientale	1	»	
	Colonel von Raumer	5e et 6e Prussien	6	»	
Cavalerie	Colonel Jeannerez	Hussards du corps prussien	»	4	
Massombach	Colonel Hünerbein	1er et 2e dragons	»	4	
		—	»	8	
		Total dans le 10e corps	36	16	32.500

11e CORPS. — Maréchal Augereau, duc de Castiglione.

DIVISIONS	BRIGADES	DÉSIGNATION DES RÉGIMENTS	Brigades	Escadrons	FORCE
30e Heudelet		5e, 6e, 7e, 8e, 9e et 17e provisoires	18	»	
31e Comte Loison		10e, 11e, 12e et 13e provisoires	12	»	
		Escadron de chevau-légers de Wurtzbourg	»	1	
32e Durutte	Baron Antheing	Régiment de Belle-Isle	3	»	
		— de Wurtzbourg	3	»	
		— de Walcheren	3	»	
	Colonel Maury	1er et 2e de la Méditerranée	6	»	
		Régiment de Rhé	3	»	
33e Destrées		Vélites et marine, Napolitains	4	»	
		5e, 6e et 7e de ligne	6	»	
		Gardes d'honneur et vélites napolitains	»	4	
		22e léger	2	»	
34e Moraud		3e, 29e, 105e et 113e de ligne	10	»	
		Du Grand-Duc de Francfort	3	»	
		4e, 5e et 6e de la Confédération du Rhin	7	»	
		Du Prince Maximilien, Saxon	3	»	
Cavalerie	Cavaignac	Dragons et chasseurs	»	32	
		Total dans le 11e corps	83	37	60.000

Corps du prince de Schwartzenberg.

			Bataillons		
Bianchi	Prince Philippe	Hiller et Coloredo Mansfeld	4	»	
	De Hesse-Hombourg	Bataillon de grenadiers de Kirchenbetter	1	»	
	Lilienberg	— de Brezinski	1	»	
		Régiments de Simbchen et Alvinzy	4	»	
Baron Siegenthal	Bolza	7e bataillon de chasseurs et Warasdin	3	»	
	Mohr	Régiments Prince de Ligne et Czartorisky	4	»	
	Aloïs de Lichtenstein	Dawydowich et Sottulinsky	4	»	
Baron de Trautenberg	Pflacher	5e de chasseurs et Croates Saint-Georges	2	»	
	Mayer	Régiments de Douka et Duc de Wurtzbourg	4	»	
Cavalerie	Schmelzer	Dragons de l'Archiduc Jean	»	6	
Comte Frimont		Hohenzollern et Orcilly	»	16	
	Frolich	Hussards Empereur et Hesse-Hombourg	»	16	
	Baron Zeichmeister	Hussards de Blankenstein et de Kienmayer	»	16	
		Total du corps autrichien	27	54	32.200

DIVISIONS	BRIGADES	DÉSIGNATION DES RÉGIMENTS	NOMBRE de brigades	FORCE

1er CORPS DE RÉSERVE DE CAVALERIE. — Général comte Nansouty.

DIVISIONS	BRIGADES	DÉSIGNATION DES RÉGIMENTS	NOMBRE de brigades	FORCE
1re division de cavalerie légère. Bruyères....	Piré.	7e de hussards, 9e chevau-légers.........	8	
		16e chasseurs, 8e hussards........	8	
	Roussel d'Hurbal.	6e et 8e uhlans polonais.........	8	
		Régiment de hussards prussiens.	4	
1re division de grosse cavalerie. Saint-Germain....		2e et 3e régiments de cuirassiers......	8	
		9e de cuirassiers et 1er de chevau-légers.....	8	
5e division de grosse cavalerie. Valence.....		6e et 11e cuirassiers.........	8	
		12e cuirassiers, 5e chevau-légers........	8	
		Total dans le 1er corps de cavalerie....	60	12.000

2e CORPS DE RÉSERVE DE CAVALERIE. — Général Montbrun.

DIVISIONS	BRIGADES	DÉSIGNATION DES RÉGIMENTS	NOMBRE de brigades	FORCE
2e division de cavalerie légère. Général Pajol...	Saint-Geniez....	11e et 12e chasseurs....	8	
	Burthe.....	5e et 9e hussards........	8	
		10e de hussards polonais......	4	
	Subervie.....	3e de chasseurs wurtembergeois.......	4	
		Régiment de uhlans prussiens	4	
2e division de grosse cavalerie. Général Wathier.	Comte Caulaincourt.	5e et 8e cuirassiers.......	8	
		10e cuirassierss....	4	
	Richter.....	2e chevau-légers......	4	
4e division de grosse cavalerie. Général Defrance..	Berkheim.....	1er de carabiniers......	4	
	Lhéritier.....	2e —	4	
	Ornano.....	1er de cuirassiers et 4e de chevau-légers....	8	
		Total dans le 2e corps de cavalerie....	60	10.500

3e CORPS DE RÉSERVE DE CAVALERIE. — Général comte Grouchy.

Nombre des Escadrons

DIVISIONS	BRIGADES	DÉSIGNATION DES RÉGIMENTS	NOMBRE de brigades	FORCE
3e division de cavalerie légère. Général Chastel..	Gauthrin	6e et 8e de chasseurs......	8	
	Gérard....	6e de hussards et 25e de chasseurs......	8	
	Domanget..	1er et 2e chevau-légers bavarois.......	4	
		Dragons Prince Albert, Saxons.....		
3e division de grosse cavalerie. Général Doumerc.		4e et 7e cuirassiers.......	8	
		14e cuirassiers et 3e chevau-légers........	8	
6e division de grosse cavalerie. Général Lahoussaye		7e et 23e dragons........	8	
		28e et 30e —	8	
		Total dans le 3e corps de cavalerie....	60	10.000

4e CORPS DE RÉSERVE DE CAVALERIE. — Général Latour-Maubourg.

DIVISIONS	BRIGADES	DÉSIGNATION DES RÉGIMENTS	NOMBRE de brigades	FORCE
4e division de cavalerie légère. Général Rozniecki, polonais....		2e, 15e et 16e uhlans polonais.........	12	
		3e, 7e et 11e —	12	
7e division de cavalerie légère. Général Lorge...	Thielmann.....	Cuirassiers de la garde saxonne......	4	
		Cuirassiers de Zastrow, Saxons....	4	
		14e uhlans polonais.....	4	
	Comte Lepel....	1er et 2e cuirassiers westphaliens......	8	
		Total dans le 4e corps de cavalerie....	44	8.000

LA VEILLE DU PASSAGE DU NIÉMEN

23 JUIN

Le 23 juin, nos cavaliers (6ᵉ régiment de lanciers polonais) reposaient encore dans leurs bivouacs, lorsqu'une voiture de voyage, attelée de six rapides coursiers et arrivant au grand trot par la route de Kœnigsberg, s'arrêta tout à coup au milieu de notre camp; elle n'était escortée que de quelques chasseurs de la garde, dont les chevaux étaient haletants et harassés de fatigue.

La portière s'ouvrit et l'on vit Napoléon sortir avec vivacité de la voiture, accompagné du prince de Neufchâtel : aucun des aides de camp, aucun officier d'ordonnance ne se montraient. Peu après, le général Bruyères arriva seul, au galop. Napoléon était vêtu de son uniforme de chasseur de la garde; il paraissait très fatigué du voyage, et ses traits offraient l'empreinte de la préoccupation. Quelques officiers parmi lesquels je me trouvais, ainsi que le major du régiment (Suchorzewski), accoururent. Napoléon fit rapidement quelques pas vers le major et lui demanda où était le commandant du régiment : Suchorzewski, sans se déconcerter de l'absence du colonel qui reposait encore, répondit qu'il le remplaçait, et qu'il était prêt à recevoir ses ordres. Alors l'Empereur lui demanda la route du Niémen, et s'informa où étaient les avant-postes. Il fit diverses autres questions sur la position des Moskowites. Tout en continuant ses interrogations, il demanda à changer d'habit, voulant prendre l'uniforme polonais; car il avait été convenu, ou plutôt ordonné, qu'aucun militaire français ne serait montré aux Moskowites. Il mit donc bas son habit, le prince de Neufchâtel fit de même, Suchorzewski, moi et le colonel Pagowski, qui venait d'accourir, suivîmes son exemple, ainsi que le général Bruyères; de sorte que nous nous trouvâmes cinq ou six personnes en chemise au milieu du bivouac, entourant l'Empereur, et chacun de nous tenant son uniforme à la main. Les Polonais offraient les leurs aux Français, ce qui présentait un tableau singulièrement original. De tous nos uniformes, la redingote du colonel Pagowski et son bonnet de police convinrent le mieux à l'Empereur. On lui avait d'abord présenté un bonnet d'officier de lanciers; mais il avait refusé, disant qu'il était trop lourd. Tout cela fut l'affaire de quelques minutes. Berthier se revêtit aussi d'un uniforme polonais. On amena promptement les chevaux du colonel. Napoléon monta sur l'un d'eux et Berthier sur l'autre; le lieutenant Zrelski, dont la compagnie tenait ce jour-là les avant-postes, fut désigné pour accompagner l'Empereur et lui servir de guide. Ils se rendirent à Alexota, village distant d'une lieue du point de départ, situé vis-à-vis de Kowno, et qui n'est éloigné que d'une portée de canon. L'Empereur mit pied à terre dans la cour d'une maison, appartenant à un médecin, dont les fenêtres avaient vue sur le Niémen, et d'où l'on apercevait facilement les environs (j'avais moi-même trois jours auparavant levé le plan de Kowno de ce même point); de là Napoléon reconnut parfaitement le pays, sans pouvoir être lui-même aperçu : ses chevaux furent soigneusement cachés dans la cour. Après avoir terminé cette reconnaissance, Napoléon revint à notre bivouac. Il voulut avoir des détails sur la position des ennemis. Le colonel lui ayant dit que je connaissais parfaitement les environs, en ayant fait récemment la reconnaissance, il m'adressa plusieurs questions sur les divers gués praticables qui pouvaient s'y trouver; sur la conformation et les accidents de terrain, sur la position des ennemis. L'Empereur me demandait surtout où se trouvaient les masses moskowites, si c'était sur la rive gauche ou sur la rive droite de la Wilia. Il désirait sans doute savoir si la route de Wilna était ouverte, voulant marcher dans cette direction avec des masses principales, afin de s'emparer du centre des opérations, et couper les corps ennemis qui se trouvaient disséminés le long du Niémen.

Au retour de Napoléon, nous remarquâmes un changement visible sur sa figure; il avait l'air gai, et même d'une humeur enjouée, étant sans doute satisfait de l'idée de la surprise qu'il préparait aux Moskowites pour le lendemain, dont il avait calculé d'avance les résultats. On lui apporta d'abord quelques rafraîchissements, qu'il mangea au milieu de nous, sur la grande route; il semblait prendre plaisir à son travestissement, et nous demanda, à deux reprises, si l'uniforme polonais lui allait bien. Après avoir déjeuné, il nous dit en riant : « A présent il faut rendre ce qui n'est pas à nous. » Puis il ôta les vêtements qu'il avait empruntés, reprit son uniforme de chasseur de la garde, remonta en voiture, accompagné de Berthier, et partit brusquement. Le même jour, il visita d'autres points du Niémen, et choisit celui de Poniémon pour franchir le fleuve. Le général Haxo l'accompagnait dans cette course.

(Comte Roman Soltyk, ex-régimentaire, général de brigade d'artillerie polonaise, officier supérieur à l'Etat-major de Napoléon. *Napoléon en 1812, Mémoires historiques et militaires sur la campagne de Russie.*)

PASSAGE DU NIÉMEN

L'Empereur mit pied à terre sur les hauteurs de Poniémon, et dirigea lui-même les dispositions du passage. Le 13ᵉ léger eut, le premier, l'honneur d'aborder la rive droite, sur deux ou trois nacelles qui en transportèrent successivement quelques détachements. Je montais sur une des premières barques qui abordèrent, l'Empereur m'ayant ordonné spécialement d'occuper un village vis-à-vis du point de passage, d'apprendre des nouvelles et de lui amener quelques habitants. J'eus donc occasion d'assister aux premières hostilités, qui commencèrent d'une manière assez extraordinaire.

A mesure que nos fantassins arrivaient au point du débarquement, ils se couchaient sur le sable, se cachant à la faveur d'un petit escarpement que formait la rive. Une profonde obscurité, tout en secondant notre mouvement, nous laissait dans le doute si nous avions ou non l'armée ennemie devant nous. Aucune patrouille, aucune vedette ne paraissaient sur les points à portée de l'observation.

Ce ne fut que lorsqu'une centaine d'hommes se furent établis sur la rive droite, que l'on entendit au loin un mouvemement de chevaux qui galopaient; un fort peloton de hussards moskowites, que nous reconnûmes, malgré la nuit, à leurs plumets blancs, s'arrêta à environ cent pas de notre faible avant-garde. L'officier qui commandait ce peloton s'avança vers nous, en criant en *français* : « Qui vive ? » — « France, » répondirent nos soldats à demi-voix. « Que venez-vous faire ici ? » repartit le Moskowite, en s'adressant à nous, et toujours en bon français. — « F....., vous allez voir, » répondirent avec résolution nos tirailleurs. Alors, l'officier retourna à son peloton, fit faire une décharge de carabines, à laquelle personne des nôtres ne répondit, et les hussards ennemis disparurent au grand galop.

J'entrai aussitôt dans le village voisin, où je trouvai les habitants sur le seuil de leurs portes, levant les mains vers le ciel, et nous comblant de bénédictions ; car ils voyaient en nous des libérateurs. Ils se précipitaient aux pieds de nos soldats, et embrassaient leurs genoux, en versant des larmes de joie : tous voulaient me suivre sur l'autre rive afin de voir l'armée française, mais je n'emmenai avec moi que le magistrat (Woyt) du village. Je présentai à l'Empereur ce brave homme qui lui fit des rapports assez importants.

C'est à une heure du matin que les ponts furent terminés, et, dès lors, il était évident que l'ennemi ne s'opposerait pas de vive force au passage.

(Comte Roman Soltyk. *Napoléon en 1812*, etc.)

Dans les premiers jours de juin, nous reconnûmes le Niémen. Grâce à mon emploi, j'avais eu jusqu'à cette époque bon gîte ; pour la première fois il me fallut coucher au bivouac, étendu en plein air sur la paille, quand il s'en trouvait, et faisant diète quand même. Quelques ressouvenirs de la maison paternelle me revinrent ; je regrettai ces petits soins, ce bon lit, cette table si abondante, dont on ne connaît le prix que lorsqu'on en est privé. J'appartenais à la grande armée, et je pris mon parti.

Une chaleur brûlante nous dévorait; des insectes maudits nous poursuivaient le jour et plus encore la nuit; nos visages étaient gonflés de piqûres; le sommeil avait fui nos paupières; on eût dit que l'été, dédaignant ces tristes climats, avait hâte de faire place à l'hiver.

Le passage du Niémen eut lieu, et trois cent mille hommes abordèrent une rive ennemie. M. de Ségur, dans son tableau de *la Campagne de Russie*, décrit une tempête, des coups de tonnerre, les cataractes du ciel ouvertes, au moment où la division d'avant-garde défila sur les ponts; je n'ai rien vu de tout cela. Il raconte que deux corps s'étaient disputé l'honneur d'entrer les premiers sur la terre étrangère; un peu plus loin, qu'un escadron polonais périt tout entier dans les eaux de la Dwina, et que chaque cavalier faisait entendre en ce moment le cri de *vive l'Empereur!* J'étais à l'avant-garde, et je n'ai rien entendu de tout cela. C'est une tache à l'œuvre de M. de Ségur, de s'être ainsi abandonné à l'élan de son imagination; lorsqu'un drame est palpitant d'effrayantes réalités, c'est en affaiblir l'intérêt que d'y introduire des effets de roman.

Je passai le Niémen ; dans la soirée, je me trouvai au milieu des grenadiers à cheval de la garde. Leurs longs manteaux blancs, leurs énormes bonnets à poil, leurs grands chevaux noirs qu'ils tenaient par la bride, le silence profond qui régnait dans leurs rangs, rappelaient à l'âme attristée ces images fantastiques que créa l'imagination poétique des bardes du Nord.

J'appartenais au 1er corps de cavalerie que commandait le général Nansouty ; arrivé de l'autre côté du Niémen, je m'informai de la position qu'il occupait ; une fausse indication me dirigea sur Kowno, qui se trouvait sur notre gauche ; j'eus à parcourir un bois d'une longueur demesurée ; je fis deux lieues sans rencontrer âme qui vive. Je venais d'entrer en pays ennemi ; la guerre m'environnait de toutes parts ; il me sembla que chaque buisson, chaque branche d'arbre, étaient autant de cosaques du Don ; et, il faut bien l'avouer, mon héroïsme à son début fut ébranlé. Je commençai à craindre de me voir, moi, employé inoffensif, figurant sur un bulletin comme première victime d'un engagement d'avant-poste ou d'une embuscade. En dépit de l'honneur qui m'était réservé, je tournai bride, me promettant bien de ne dire mot de ma frayeur. Grâce à mon cheval, je ne tardai pas à revoir le pont que j'avais traversé. Je demandai à un officier du génie quelle route je devais suivre ; il m'appela par mon nom, et m'invita à passer la nuit à son bivouac : c'était un de mes camarades du lycée Napoléon.

Le lendemain et les jours suivants nous marchâmes sur Wilna ; ce fut alors que tomba ce déluge de pluie qui fit périr le long du chemin dix à quinze mille chevaux.

On a beaucoup parlé de la retraite ; on n'a point assez parlé de cette marche longue et pénible qui précéda nos désastres. Accablés par les feux d'un soleil dévorant, réduits à boire des eaux puantes et saumâtres, à manger des biscuits que l'on distribuait d'une main avare, entièrement privés de viandes fraîches et de vin, nous allions en avant ; l'ennemi, en se retirant, avait pillé les grains, ravagé les caves et emmené les bestiaux ; telle était son avidité et sa rage de destruction, que plusieurs cosaques furent trouvés morts à la porte d'un apothicaire, dont ils avaient vidé et brisé les bocaux. La famine et la dysenterie détruisirent autant de soldats que la guerre.

Vous qui n'avez jamais senti l'aiguillon de la faim, dont le palais n'a jamais été desséché par la soif, vous ne comprenez pas ce qu'est le besoin, un besoin de tous les instants, qui, à moitié satisfait, renaît plus vif et plus aigu. Au milieu des grandes scènes qui se développaient à mes yeux, une pensée dominante me préoccupait : manger et boire, tel était mon but unique, le cercle autour duquel se concentrait mon esprit : il n'y a là rien d'héroïque, c'est de l'invidualité bien vulgaire, cruellement mesquine, mais qu'y faire? Je me livre ainsi que les événements m'avaient fait.

Un jour, il m'en souvient, ignorant du danger, j'avais conduit mon caisson jusqu'aux avant-postes; la fusillade des tirailleurs m'arrêta court; je fis halte à l'ombre d'un petit bois. Le général S..., alors chef d'état-major de la division Compans et aujourd'hui député, vint me demander si j'avais une *vieille goutte* à lui donner. Il me restait une bouteille de rhum, excellent, ma foi, dont je lui fis les honneurs. Le général Dupelin et le colonel du 57ᵉ, me surprirent à l'improviste, et force me fut d'être civil avec eux. Pendant que je donnais un exemple aussi rare de munificence, le général S... ne voulut pas être en reste avec moi, son domestique Jean, je n'ai pas oublié son nom, glissa mystérieusement dans mes poches six œufs durs et une demi-livre de beurre! L'Empereur m'eût envié je crois, un don aussi précieux.

Nous arrivâmes devant Vitepsk; c'était depuis Wilna la première ville qui se montrait à nous. L'armée ennemie fut aperçue tout entière; elle paraissait nous attendre. Je vis Napoléon, placé sur une hauteur, observant les positions, et concertant, disait-on, avec Murat, un grand mouvement de cavalerie qui aurait lieu le lendemain.

Au point du jour, les Russes avaient disparu : l'armée prit un repos de quinze jours.

B. T. Duverger. [Brissot-Thivars, mort préfet du Finistère, le 21 avril 1850.] *Mes aventures dans la campagne de Russie.* Extrait du *Magazine français*, décembre 1833.)

... Au printemps de 1812, nous entrâmes en Prusse, passâmes la Vistule devant Marienwerder et de gîte en gîte nous arrivâmes à Gumbinen où nous prîmes de nouveaux cantonnements en attendant l'arrivée successive des régiments qui devaient composer la division. Les 7º et 20º chasseurs formèrent la première brigade sous les ordres du général Corbineau; les 23º et 24º la seconde brigade sous le commandement du brave général Castex. A aucune époque de l'empire, les régiments de cavalerie n'avaient atteint un effectif aussi élevé. Le 24º comptait environ 1,100 chevaux au passage du Niémen. Notre division fut attachée au deuxième corps d'armée commandé par le maréchal Oudinot, duc de Reggio. Ce corps était destiné à manœuvrer sur la Dwina ayant Polotsk pour pivot. Le 21 juin, nous défilâmes pompeusement devant le quartier impérial à Wilkowitz, et le lendemain soir nous atteignîmes la rive gauche du Niémen où nous bivouaquâmes.

Les ponts militaires étant jetés sur le fleuve, au point du jour du 24, les colonnes de cavalerie d'avant-garde s'ébranlèrent et le passage commença sous les yeux de l'Empereur placé sur un mamelon qui dominait les ponts. L'ennemi ne fit nulle opposition à notre passage. Le deuxième corps prit la direction de la Wilia que nous franchîmes et nous marchâmes en avant sur la route de Dunabourg. A Wilkomir, nous atteignîmes enfin l'armée russe, le 24ᵉ étant à son tour de rôle tête de colonne. Nous marchions depuis environ quatre heures dans un grand bois de sapins, quand nos éclaireurs signalèrent la présence de l'ennemi par quelques coups de carabine. La compagnie d'élite forma sur-le-champ ses pelotons et partit au trot suivie du reste du régiment. En débouchant dans la petite plaine qui sépare le bois de la ville, nous faisons tête de colonne à gauche et aussitôt sur la droite en bataille au galop. Nos tirailleurs étaient déjà aux prises avec les cosaques. Une batterie nous envoie quelques boulets pendant la formation, mais en moins de dix minutes tout le régiment se trouva en ligne. La compagnie d'élite eut dix chevaux tués, mais chose extraordinaire, pas un homme ne fut blessé. Notre batterie légère riposta pendant que les trois autres régiments se formaient derrière nous. Nous prîmes alors l'offensive en chargeant les cosaques que nous culbutâmes, et nous entrâmes pêle-mêle avec eux dans la ville où nous fîmes quelques prisonniers. Leurs chevaux nous servirent pour remonter ceux de nos chasseurs qui avaient perdu les leurs. Comme l'ennemi avait brûlé le pont, nous prîmes position. Vers le soir, un corps de dragons russes croyant la ville occupée par les siens marchait avec confiance dans notre direction longeant la rive opposée. Le général Castex les ayant reconnus avec sa longue-vue fit placer nos deux batteries de manière à enfiler la colonne russe lorsqu'elle serait arrivée à bonne portée. En même temps, nos vedettes, qui auraient pu être reconnues, eurent ordre de se replier. Au signal donné, les pièces font feu simultanément. Les dragons surpris s'arrêtent ; nos boulets et notre mitraille font des ravages dans la colonne qui finit par rompre ses rangs et essaie de se soustraire aux projectiles en se débandant. Par malheur, le pont n'étant pas encore rétabli, nous ne pûmes les poursuivre. Ils laissèrent sur le terrain une trentaine de chevaux et quelques hommes.

Le lendemain nous suivîmes la piste de l'ennemi sans pouvoir l'atteindre qu'à Dunabourg où il parvint encore à nous échapper en mettant la Dwina entre nous. Il abandonna aussi le camp retranché à grands frais devant la ville de Drissa. Nous remontâmes alors la Dwina pendant deux jours et jetâmes un pont sur ce fleuve que le deuxième corps entier passa pour atteindre la grande route de Polotsk à Saint-Pétersbourg. Nous faisions de très petites journées de marche, et nous nous arrêtions même quelques jours dans nos bivouacs afin de subordonner nos mouvements, je le suppose, à ceux de la grande armée, qui, avec l'Empereur, marchait sur Witepsk.

Le 30 juillet, étant à l'avant-garde, nous retrouvâmes les Russes à Jacobowo. Tout le corps du général Wittgenstein était réuni et occupait une forte position. Le gros du nôtre était encore sur la Drissa. L'infanterie légère et quelques batteries à cheval nous avaient seules suivis. Voyant les forces supérieures de l'ennemi, nous nous repliâmes sur la Drissa que nous repassâmes suivis de près par la cavalerie légère des Russes. Cette rivière étroite et très encaissée coupait la grande route et coulait dans un immense bois de sapins sous un pont de bois. C'était un véritable défilé propre à servir de piège. Le maréchal Oudinot par une feinte retraite, y attira l'ennemi et faisant brusquement volte-face dans une petite plaine peu distante du pont qu'on eut soin de ne pas détruire, il l'attaqua vivement dans sa position désavantageuse ayant la rivière à dos, l'y culbuta et le contraignit à une retraite précipitée. La cavalerie russe se sauva dans le bois, et l'infanterie ainsi que l'artillerie qui ne put pas repasser le pont se trouvèrent prisonnières.

Cette brillante manœuvre du 1er août nous valut une vingtaine de pièces, 6,000 prisonniers et une grande quantité de caissons et de voitures. Le général russe se retira à Jacobowo et nous ne le revîmes plus que le 16, jour où il reprit l'offensive.

(Calosso, maréchal des logis chef au 24e chasseurrs à cheval, *Mémoires d'un vieux soldat*.)

DU 29 JUIN AU 15 JUILLET

Le roi de Naples, qui est très brave de sa personne, a peu de talents militaires. C'est à lui principalement que l'on doit la ruine de la cavalerie, non seulement en l'exposant souvent très inutilement, mais encore en la plaçant loin des eaux et des fourrages.

On peut sans prévention attribuer la diminution sensible de l'armée et de la cavalerie principalement à la manière dont les généraux conduisirent, dans cette campagne, les troupes qui leur étaient confiées. La cavalerie s'est fondue très promptement, par les combats journaliers qu'elle eut à soutenir et par les marches excessives dont elle était journellement accablée, surtout par l'insouciance et l'égoïsme des chefs chargés de la commander et de veiller à ses besoins. Je citerai ce seul exemple parmi une foule d'autres de ce genre. Commandé de grand'garde avec cent chevaux, le soir de l'affaire de Viasma, je fus laissé à mon poste jusqu'au lendemain midi sans être relevé, et avec l'ordre précis de ne pas faire débrider. Cependant, les chevaux étaient bridés depuis la veille avant six heures du matin. N'ayant rien pour ma grand'garde, pas même de l'eau à proximité, j'envoyai dans la nuit un officier représenter ma position au général, lui demandant du pain et surtout de l'avoine. Il répondit qu'il était chargé de nous faire battre et non de nous nourrir. Ainsi nos chevaux restèrent trente heures sans boire ni manger. Lorsque je rentrai avec ma grand'garde, l'on allait partir; on me donna une heure pour faire rafraîchir mon détachement; je dus ensuite rejoindre la colonne au trot. Je fus obligé de laisser en arrière une douzaine d'hommes dont les chevaux ne pouvaient plus marcher. Le roi de Naples, qui commandait toute la cavalerie, et les généraux à son instar étaient beaucoup plus occupés d'eux que de leur troupe. On marchait tout le jour; on faisait des haltes d'une heure, de deux souvent, pendant lesquelles on aurait pu faire rafraîchir une partie des chevaux : ordre absolu de ne pas débrider; la mort arrivait; on faisait bivouaquer dans le milieu des bois, sans s'assurer s'il y avait du fourrage, de l'eau à proximité. Le lendemain, il fallait marcher et combattre, comme si l'on n'eût manqué de rien. La méthode, devenue manie, de former de gros corps de cavalerie, pour donner de grands commandements à des généraux ambitieux, est une des causes de la ruine de la cavalerie.

(Manuscrit intitulé : *Quelques notes par un capitaine au 16e régiment de chasseurs à cheval*, qui a fait la campagne.)

Nos chevaux qui, depuis plusieurs jours, ne vivaient que de seigle et d'autres grains en herbe, et qui restèrent exposés à cette pluie pendant toute sa durée, ne purent en supporter toute sa rigueur, particulièrement le grand parc de notre corps d'armée, qui était servi par la deuxième compagnie du 9e régiment et attelé de chevaux frisons, en perdit un grand nombre. Le matin, on vit devant chaque caisson deux ou trois de ces animaux le harnais sur le corps, les traits aux palonniers, luttant contre la mort ou étendus sans vie. On voyait en même temps à côté les canonniers et les soldats du train dans un morne silence, et la larme à l'œil, cherchant à détourner leur vue de cette scène affligeante.

D'un autre côté, les équipages étaient arrêtés par la même cause. Les troupeaux de bêtes à cornes, conduits par les détachements des différents corps, erraient çà et là pendant que leurs conducteurs cherchaient à se soustraire à la rigueur des éléments déréglés ; de sorte que toutes les mesures que l'on avait prises ne furent pour ainsi dire d'aucune utilité. Les vivres, dont chaque homme avait été muni pour dix jours, étaient consommés, et les corps durent établir des détachements de maraudeurs pour pourvoir à leur subsistance. Ce début fut d'un mauvais présage et déconcerta un peu l'armée, mais le drame était commencé, et il fallait en parcourir le théâtre jusqu'à son dénouement.

La fortune qui, pendant tant d'années, nous avait rendus des enfants gâtés, soutenait notre courage, et au fur et à mesure que le soleil remontait vers son méridien, en dardant ses rayons sur nos colonnes, et que nous nous éloignions du séjour de cette scène critique, nos conjectures disparaissaient comme la rosée du matin, et le souvenir de nos victoires effaçait jusqu'à la moindre apparence de danger. Le grand capitaine nous avait tellement habitués à vaincre, qu'il nous semblait que tant que nous serions guidés par son génie, rien ne pourrait nous résister.

Le roi de Westphalie entra le 29 à Grodno avec les 5e, 7e et 8e corps. Platow, qui s'y trouvait encore avec ses cosaques, fut chargé et mis en déroute par la cavalerie légère du prince Poniatowski, et sans l'épouvantable orage qui a fatigué les hommes et les chevaux, et qui a retardé la marche de nos corps d'armée, Doctorow sur notre droite et Bagration sur notre gauche auraient été fort maltraités. Les communications des corps russes étaient tellement interceptées que le 30, Platow, après avoir quitté Grodno les 28 et 29, marchait sur Vilna, ignorant que cette ville était occupée par les Français depuis le 28. Ce ne fut que dans les environs de Lida, lorsqu'il fut chargé par notre cavalerie légère, qu'il changea de direction en se reportant vers le midi.

Le 30, notre armée ne fit que très peu de mouvements, les chemins étaient si bourbeux et si dégradés que l'artillerie pouvait à peine marcher. Les grands parcs des corps d'armée durent rester en arrière. La réserve de notre batterie, qui était à trois lieues de Souderwa lors de la pluie, n'avait fait que très peu de chemin depuis : le capitaine Houdart qui la dirigeait, annonça que si on ne lui envoyait pas de chevaux, il serait obligé, pour continuer sa marche, d'abandonner la moitié des voitures. Il avait perdu beaucoup de chevaux le jour de l'orage, et ceux qui avaient manqué à la batterie avaient été remplacés par ceux de cette même réserve et, de vingt et une voitures qu'il avait à diriger, la moitié manquait d'attelages. Pour suppléer aux chevaux, ce capitaine avait fait ramasser par les canonniers les bœufs que les corps avaient abandonnés, pour les faire atteler devant les caissons, mais dix pouvaient à peine traîner leur fardeau. Les soldats du train n'étant pas habitués à de telles manœuvres, on peut juger de l'aspect que ces attelages présentaient. De plus, le capitaine Houdart établissait les relais, c'est-à-dire que, lorsqu'on avait conduit les voitures attelées à une distance d'une lieue ou deux, on dételait les chevaux pour aller rechercher celles qui étaient restées en arrière et déjà cette réserve, qui ne doit jamais être à plus d'une lieue de la batterie, se trouvait à une distance de vingt.

Le capitaine, qui ne voyait aucun moyen pour rejoindre, réitéra son premier avis et, pour toute réponse, par ordre du général Foucher, commandant l'artillerie de notre corps d'armée, le chef de bataillon commandant le parc, en me chargeant d'une lettre, m'enjoignit, ainsi qu'à un brigadier du train, d'aller à la rencontre de cette réserve

La mission n'était pas des plus agréables, mais un soldat doit obéir sans commenter. Je fus muni d'un cheval du maréchal ferrant de la compagnie du train, et le brigadier et moi, en suivant la route que devait tenir le capitaine Houdart, nous le rencontrâmes le 5 juillet, vers une heure après midi.

Lorsque le capitaine eut fait lecture de la lettre qui lui enjoignait de rejoindre le corps d'armée avec toute la célérité possible, de ramasser tous les chevaux que l'on rencontrerait; que l'armée, marchant sur Witepsk, il serait déshonorant de manquer de munitions si l'ennemi livrait bataille. Emporté par un premier mouvement, il me dit d'un ton assez chevaleresque : « Que les moyens que je lui avais apportés ne pouvaient pas plus lui servir qu'un cautère sur une jambe de bois. » Ce qui, malgré que je n'étais pas disposé à rire, me força d'éclater.

Cependant, après avoir réfléchi, il me dit : « Si vous voulez me seconder, je crois que nous pourrons satisfaire aux ordres que vous m'avez apportés. » Cet officier était pétri d'expérience : il sentait toutes les difficultés que présentait cette fâcheuse position, et il était du nombre de ceux qui tiennent à cœur de remplir leurs devoirs et qui ne cèdent aux caprices de l'infortune que lorsque tous les moyens qui peuvent remédier au mal sont épuisés. Sur quoi je lui répondis qu'il pouvait compter que tout ce qui serait possible serait, de mon côté, mis à exécution.

« Hé bien, me dit-il, pendant que je continuerai à diriger le parc avec les attelages que nous avons, avec dix canonniers, le brigadier et le trompette du train, vous vous détacherez à droite et à gauche de la route et ferez conduire au parc tous les chevaux que vous rencontrerez. Si les propriétaires se refusent de les y accompagner, vous les saisirez et vous en donnerez des reçus. Ce moyen est arbitraire, mais ce sont les lois de la guerre, et malheur à qui se trouve au théâtre. »

Je sentais que cette démarche serait scabreuse, mais, guidé par le devoir du soldat, il n'y avait point à hésiter. De manière que, sans plus calculer les suites du danger, je choisis dix canonniers des meilleurs marcheurs et, le lendemain matin, après les avoir armés de fusils que nous avions au parc, avec le brigadier et le trompette, tel qu'un Jean Bart, à la tête de ma petite colonne, j'entrepris mon expédition et ce fut de cette époque que, pour m'orienter, je dus prendre pour boussole le soleil et l'étoile polaire, calculés l'un le jour et l'autre la nuit, avec mon point de départ, expérience qui m'a toujours assez bien réussi.

Le premier jour, nous dirigeant sur notre droite, nous parcourûmes une assez grande étendue de pays entrecoupée de bois, lacs et marais, mais les villages que nous rencontrâmes, quoique presque tous munis d'un château à l'instar de ceux de la Pologne, étaient en partie abandonnés et dans cette première journée, nous dûmes sans succès, exténués de fatigue, rejoindre le parc vers neuf heures du soir ce qui n'encourageait pas nos incursions.

Cependant, le lendemain, dès l'aurore, après nous être restaurés d'un bouillon, d'une portion d'un bœuf qu'on avait abattu pendant la nuit, et de pain cuit sous la cendre, nous nous mîmes en marche dans l'espoir d'être plus heureux que le jour précédent, et après avoir déjà parcouru plusieurs villages sans être plus favorisés, nous entrâmes vers midi dans un vaste château, où après avoir fait des perquisitions dans les écuries et lieux capables de renfermer le sujet de nos démarches, nous entrâmes dans les appartements des maîtres où nous fûmes reçus par un gardien qui nous parut septuagénaire, auquel nous demandâmes à rafraîchir et qui nous répondit : « *Niema panie* » (il n'y en a pas, monsieur), mot qui était passé en proverbe dans l'armée.

Cependant, il nous conduisit dans un grenier, près d'un coffre qui renfermait un peu de farine : et, comme nous n'avions pas d'autres provisions, nous en prîmes et fîmes sur-le-champ de la bouillie avec de l'eau et du sel. Le mets n'était pas des plus plus friands. Mais la faim, qui est une excellente cuisinière, nous la fit trouver bonne. Au surplus, ce n'était pas la première fois que l'on se trouvait à pareil hôtel et on n'y regardait pas de si près.

Pendant que nous savourions notre repas, le vieillard qui était sorti, rentra avec un morceau de bœuf salé et environ une pinte d'eau-de-vie qu'il mit sur la table, ce qui ranima un peu notre gaieté et fit naître quelques saillies soldatesques qui finirent par nous faire oublier les fatigues du jour et à projeter sur notre entreprise.

Premièrement je demandai à notre hôte où étaient les chevaux du village et ceux du château. Il me fit entendre de son mieux que les Russes en avaient emmené une partie et que le reste, ainsi que toutes les provisions, avaient été enlevés la veille par des détachements de soldats polonais. Chose facile à croire. Les Russes, qui avaient été précipités dans leur retraite, et la pluie qui avait privé notre armée de près de dix mille chevaux, confirmaient assez ce qu'avançait le vieux Lithuanien, et sans le questionner davantage, sous l'égide du hasard, nous nous remîmes en marche bien déterminés à ne pas rejoindre le parc sans avoir des attelages à y reconduire.

Après avoir encore parcouru quelques villages sans le moindre résultat, nous perdions l'espoir du succès; mais, en longeant une forêt, nous aperçûmes un faux chemin marqué de pas et de fiente de chevaux, ce qui annonçait qu'il y en avait à l'intérieur. Comme la nuit approchait, que nous ne connaissions ni les issues ni la profondeur du bois, il était imprudent de s'y engager. Cependant, après avoir tenu conseil avec ma petite troupe, il fut décidé de nous y enfoncer pour suivre la trace des animaux qui faisaient le sujet de nos démarches, tant que la faveur du jour nous le permettrait et — ce qui m'y détermina le plus — ce fut le trompette qui me dit que *vaincre sans péril était triompher sans gloire*. Quoiqu'il avait tiré cette devise du *Cid*, j'aurais rougi de me montrer moins déterminé que lui à braver le danger : de sorte que nous nous élançâmes à travers les sapins, n'ayant pour guide que les traces sinueuses des coursiers et, lorsque nous eûmes fait environ trois quarts de lieue, nous aperçûmes, dans une espèce de prairie, une trentaine de chevaux qui paissaient et vers lesquels nous courûmes à toutes jambes. Mais, ayant été aperçus des gardiens qui se mirent à crier, le troupeau se sauva au galop, à la réserve de huit qui étaient entravés et qui restèrent en notre pouvoir.

Pendant qu'une partie de nos hommes s'occupait à ôter les entraves, trois qui s'étaient dirigés vers l'endroit où l'on avait aperçu les paysans pour tâcher de les joindre et les engager à nous suivre jusqu'au parc avec leurs chevaux pour leur faire délivrer des reçus ou les accompagner jusqu'à ce que nous ayons rejoint le corps d'armée, ne purent les atteindre, mais rapportèrent des brides et des licols qui nous furent d'une grande utilité; car sans cela, nous n'aurions pu emmener les chevaux qui nous restèrent. Le hasard nous avait servis dans ce cas, mais un nouvel incident se présentait, et le soleil, qui était déjà couché, ne nous laissait plus que la faveur de ses crépuscules pour nous éclairer et, passer la nuit dans cette position aurait été une témérité, surtout que nous étions sans vivres. De sorte que je me vis dans la nécessité de délibérer de nouveau avec ma troupe. Malgré que je pouvais ordonner, je préférai sonder les opinions, cas qui était bon pour la circonstance quoiqu'il sortait de l'ordre des choses militaires, et qui, dans d'autres cas, n'aurait pu être applicable. De plus, la devise *union fait force* m'engageait d'en agir ainsi.

Le trompette était déjà monté sur un des chevaux; et comme il est d'usage que cette classe de gens dans l'armée s'arroge le droit de parler plus souvent qu'à son tour, me dit que nous ne pouvions rester sans nous exposer à être assaillis pendant la nuit par les *gospodars* (paysans). Sur quoi je lui rappelai la devise de l'entrée du bois; il resta un peu stupéfait et, ensuite, me dit d'un ton un peu bretteur, qu'il n'avait manifesté son opinion que parce que je l'y avais autorisé, que je pouvais ordonner et qu'il savait obéir.

Cette répartie un peu brusque aurait pu, dans une autre occasion, exciter mon mécontentement; mais dans le fond, sentant que son raisonnement était fondé, et voyant que tous étaient de son avis, nous retournâmes sur nos traces comme un lièvre au lancer.

Le brigadier et moi nous marchâmes en avant pour marquer le chemin ou plutôt les sinuosités du labyrinthe : huit hommes conduisaient chacun un cheval, et trois canonniers formaient l'arrière-garde. Comme il arrive souvent qu'un inconvénient est succédé d'un autre, et que le cas présentait matière, nous avions dans nos huit chevaux deux entiers qui, à chaque instant, lançaient des hennissements qui semblaient agiter tous les sapins de la forêt ce qui nous fit croire à un moment que nous allions avoir à lutter contre une nuée de cosaques du Don. Déjà j'avais fait faire halte à ma colonne, armer les fusils, et me disposais à commander le feu. Mais notre crainte fut tout à coup changée en une surprise agréable. Au lieu d'ennemis à combattre, neuf autres chevaux, attirés par les hennissements des deux entiers, se joignirent à ceux que nous avions et, vers onze heures du soir nous sortîmes du bois. Après avoir, pendant une heure et demie, marché au hasard dans la direction de l'étoile polaire, nous arrivâmes dans un village occupé par un détachement du 9e régiment de chevau-légers polonais.

Nous voyant en sûreté, nous mîmes paître nos dix-sept chevaux dans un clos bien renfermé et, pendant que quatre canonniers les gardaient, les autres cherchèrent des vivres. Déjà nous désespérions d'en trouver quand le trompette, avec deux canonniers, apportèrent un pot de miel, de la farine et du sel que les lanciers leur avaient donnés. Un autre apporta un pot de terre et nous fîmes de la bouillie et du pain que nous fîmes cuire sous la cendre. A trois heures du matin, nous nous remîmes en route et, à deux heures après midi, après avoir fait plusieurs détours pour éviter bois, lacs et marais, nous arrivâmes au parc, harassés de fatigue. Mais les peines n'étaient rien pour des soldats qui avaient vaincu, surtout lorsqu'on savait l'apprécier comme le fit le capitaine Houdart qui, en me serrant la main, me dit qu'il ne s'était pas trompé sur notre activité, qu'il espérait que dans quelques jours nous aurions rattelé le parc et, qu'à notre arrivée à la division, il en rendrait compte. Ces mots, qui lui coûtaient peu, flattaient notre amour-propre et nous engageaient à braver fatigue et danger pour répondre à ses désirs. Le 15 juillet, après avoir chaque jour réitéré nos courses tant pour ramasser des chevaux que des vivres, nous rejoignîmes le corps d'armée qui était campé depuis six jours dans les environs de Widzy, et sur la droite du roi de Naples.

(*Relation de la campagne de Russie*, par N. J. Sauvage, lieutenant d'artillerie, chevalier de la Légion d'honneur.)

BATAILLE DE MOHILEW

23 JUILLET

De Minsk, nous marchâmes sur Mohilew. C'est près de cette ville que la division Dessaix et la division Compans allaient se trouver tout à coup, le 23 juillet, aux prises avec un corps de 25,000 Russes, aux ordres du prince Bagration, qui, coupé par les manœuvres de l'Empereur, semblait n'avoir plus d'espoir d'y échapper qu'en essayant de passer sur le corps de ces divisions. La veille, le maréchal, averti de l'embarras dans lequel devait se trouver le général ennemi, attendait impatiemment les rapports qui devaient lui apprendre sur quel point ce général allait, probablement, porter ses efforts pour rejoindre le gros de l'armée russe. Afin de pouvoir plus promptement donner ses instructions à ses généraux de division, il imagina de les appeler tous chez lui à Mohilew; j'y accompagnai le général Dessaix. Le maréchal, enfermé dans son cabinet, laissa dans la pièce qui précédait tous les pauvres généraux, sans les recevoir et comme de simples plantons, durant toute la nuit; il n'y avait dans cette pièce que quelques misérables chaises; chacun prit le parti de se coucher sur le plancher. Là se trouvaient de vieux généraux, entre autres le général Valence, sénateur, qui commandait une division de cuirassiers. Chacun, comme mon général, avait avec lui un aide de camp ; nous restâmes ainsi jusqu'au matin couchés sur le plancher, pêle-mêle et très ennuyés comme on peut croire, de n'être pas à nos bivouacs respectifs, où, du moins, nous aurions eu probablement quelques poignés de paille pour reposer nos membres, et la soupe pour nous restaurer l'estomac ; car il faut ajouter que le maréchal ne nous fit pas offrir un verre d'eau, nos chevaux et nos domestiques, qui étaient restés à la porte à nous attendre, eurent, de leur côté, tout lieu de trouver la nuit longue, et ce ne fut qu'avec beaucoup de peine qu'ils parvinrent à se procurer un peu de pain et de foin.

Enfin, au grand jour, un de mes camarades étant venu savoir de nos nouvelles, je priai le général de le garder à ma place, auprès de lui, et de me permettre de retourner à la division pour m'assurer de ce qui se passait et de revenir lui en rendre compte ; il y consentit. Je remontai donc à cheval, et, suivant une large route plantée d'arbres qui menait à la position occupée par notre division, à environ une lieue de la ville, je ne tardai pas à entendre, dans cette direction, quelques coups de fusil et même de canon, qui disaient assez que nous étions attaqués ; j'envoyai bien vite en prévenir le général et me hâtai d'arriver sur les lieux.

Nous avions, à notre gauche, le Dniéper, dont les bords, en cet endroit, étaient très marécageux ; devant nous se trouvait un large ravin au fond duquel coulait un ruisseau fangeux, qui nous séparait d'une épaisse forêt et que la route franchissait sur un pont et une espèce de chaussée assez étroite, construite, comme elles le sont d'ordinaire en Russie, avec des troncs d'arbres placés en travers ; à notre droite s'étendait un terrain découvert, mais assez accidenté et dont la pente suivait le cours du ruisseau.

J'arrivai bientôt au point d'où nos postes avaient commencé à faire feu sur les avant-gardes que l'ennemi avait montrées de l'autre côté du ravin. Une de nos compagnies de voltigeurs s'était logée dans une maison de bois, à l'entrée de la chaussée, y avait pratiqué des meurtrières et en avait fait ainsi une espèce de *blockhaus* d'où elle tirait, à coups posés, sur tout ce qui se montrait; quelques pièces de campagne avaient été mises en batterie au haut du ravin, de manière à battre à boulets et même à mitraille, l'ennemi qui tenterait de le franchir. Le gros de la division était rangé en bataille, dans l'espace découvert à droite de la route, et s'appuyait sur la gauche de la division Compans.

Tout était ainsi disposé pour repousser l'attaque qui se préparait, et, lorsque le général Dessaix arriva, il n'eut rien à changer aux dispositions prises.

Jusque vers dix heures, il ne se passa rien de sérieux l'ennemi ne montrant que peu de monde; mais, à cette même heure, nous vîmes tout à coup sortir du bois et à la fois sur plusieurs points très rapprochés entre eux, des têtes de colonne serrées en masse et qui paraissaient décidées à franchir le ravin, pour venir à nous. Elles furent accueillies par un feu d'artillerie et de mousqueterie si vif, qu'elles s'arrêtèrent tout court et se laissèrent ainsi mitrailler et fusiller sans bouger de place, pendant quelques minutes; ce fut là une nouvelle occasion pour nous de reconnaître que les Russes étaient, comme on disait, *des murailles qu'il fallait démolir!* Le soldat russe, en effet, tient admirablement au feu, et il est plus facile de le démolir que de le faire reculer; mais cela vient surtout d'un excès de discipline, c'est-à-dire d'une aveugle obéissance à laquelle il est habitué vis-à-vis de ses chefs. Ce n'est pas lui, d'ordinaire, qui entraînera ses camarades ni en avant par son élan, ni en arrière par sa fuite ; il reste là où on l'a placé ou bien là où il rencontre une trop vive résistance. Cette obéissance passive et inintelligente est aussi dans les habitudes des officiers de tous grades, dans l'ordre hiérarchique ; de telle sorte qu'une troupe malheureusement placée dans l'enfilade d'une batterie y restera exposée sans nécessité et sans profit, tant que l'officier qui la commande ne recevra pas de son supérieur l'ordre de changer de position. Le caractère français ne comporte pas une aussi aveugle soumission aux règles de la discipline : aussi voyons-nous fréquemment, dans l'histoire de nos campagnes, que le sort d'importantes rencontres a dépendu de l'initiative de simples subalternes, et à coup sûr, un officier français n'hésitera jamais à prendre sur lui de disposer sa troupe de manière qu'elle souffre le moins possible du feu de l'ennemi, et de profiter, pour la mettre à l'abri, de toutes les facilités que le moindre espace, le moindre pli de terrain, peuvent lui offrir, sans attendre d'ordre supérieur, mais en ayant soin, cependant, de ne laisser, en changeant de position, aucun avantage à l'ennemi.

Vers le milieu du jour, le maréchal Davout était arrivé de sa personne sur les lieux, et il avait affecté de s'adresser pour se faire rendre compte de la situation, au général de brigade Frédéricks, au lieu d'aller droit au général Dessaix ; celui-ci fut, comme de raison, outré d'un pareil procédé, et l'accueil plus que froid qu'il reçut du maréchal quand il s'en approcha acheva de le mettre hors de lui. Il descendit alors de cheval et se retira à l'écart, en déclarant qu'il n'avait plus d'ordres à donner et qu'il ne lui restait plus qu'à céder le commandement à un autre. Dans ce même moment, l'ennemi sembla faire un nouvel et sérieux effort pour franchir le ravin, près de la chaussée ; un bataillon du 108° (colonel Achard), qui était là en première ligne, fit en très bon ordre et après une longue et vive fusillade, un mouvement de retraite qui fut remarqué par le maréchal ; on vit aussitôt celui-ci se porter au-devant de ce bataillon, l'arrêter sur place, lui faire faire face à l'ennemi et lui commander le maniement d'armes comme à l'exercice. Le chef de bataillon eut beau protester qu'il ne se retirait que parce qu'il avait entièrement épuisé ses cartouches (excuse, il est vrai, assez mauvaise), et qu'il était prêt à reprendre sa position aussitôt qu'il en aurait reçu l'ordre, le maréchal ne voulait rien entendre, et, convaincu que la peur avait seule causé ce mouvement de retraite, il avait imaginé remonter le moral des hommes et leur rendre tout leur sang-froid en leur faisant faire l'exercice, comme si on eût été à cent lieues de l'ennemi ; mais, pendant ce temps, celui-ci s'avançait toujours, et chacun voyait ses masses passant déjà le ravin, à une demi-portée de fusil. Force fut, bientôt, d'en avertir le maréchal qui ayant, comme on sait, la vue très basse, n'avait point aperçu les progrès de l'assaillant et ne se doutait pas de l'urgente gravité de la situation. Il cessa, alors, de commander l'exercice à ce pauvre bataillon du 108°, et cette nouvelle attaque des Russes, qui fut la dernière de cette journée, ayant été, comme les précédentes, repoussée sur toute la ligne. nous les vîmes, enfin, se mettre en pleine retraite et disparaître dans les bois d'où ils étaient sortis.

Le général Dessaix, toujours mécontent, mais dévorant son ennui, remonta à cheval, et ayant passé le ravin, suivit quelques instants la route qui traversait ces bois, et sur laquelle quelques troupes d'avant-garde avaient été dirigées, à la suite du corps russe ; mais il revint bientôt au gros de la division, pour s'occuper de la rédaction du rapport qu'il avait à faire des événements de cette journée et faire dresser les listes des militaires de tous grades, pour lesquels il y avait lieu de solliciter des récompenses. L'affaire avait été sérieuse et faisait le plus grand honneur à notre division, qui, à vrai dire, avait à peu près seule soutenu l'effort des 25,000 hommes du prince Bagration ; mais, grâce à la désunion existant entre le maréchal et notre général, cette affaire si brillante fut loin d'attirer sur ce dernier et sur son état-major les récompenses auxquelles ils auraient pu légitimement prétendre. Je fus particulièrement victime de ce mauvais vouloir du maréchal, et la croix d'honneur, qui fut alors demandée de nouveau pour moi, le fut encore en vain, tout le travail des récompenses sollicitées pour l'état-major de la division ayant été mis de côté, et celui des régiments ayant été seul adressé à l'Empereur et accordé en entier, c'était la sept ou huitième fois qu'il m'arrivait de voir ainsi rester sans succès pareilles propositions de mes chefs, toujours faites le lendemain de combats : cela pouvait s'expliquer à l'armée d'Espagne, où l'on était si avare de décorations, que, durant les quatre années que je venais d'y passer, mon régiment tout entier n'en avait reçu qu'une douzaine ; mais je ne pouvais m'attendre à me voir poursuivi jusqu'à la grande armée, par un tel guignon ; je dois ajouter que, cette fois, la demande formée en ma faveur était motivée sur ce que je m'étais particulièrement distingué dans l'accomplissement d'une mission périlleuse... Le fait est que j'avais en effet été envoyé seul en reconnaissance, dans les marais qui couvraient le Dniéper et par lesquels on craignait que l'ennemi ne vînt attaquer la gauche de notre position ; mais cette mission, qui d'abord avait pu sembler périlleuse, ne l'avait guère été en réalité, car j'en étais revenu sans rencontrer personne. Quoi qu'il en soit, je crois que, dans cette journée, je m'étais conduit de manière à mériter plutôt des éloges que du blâme, et d'ailleurs, mes anciens titres à la récompense sollicitée justifièrent suffisamment la proposition pour qu'on ne se fît pas grand scrupule de me gratifier ce jour-là de quelque exploit nouveau, plus ou moins avéré ; quoi qu'il en soit, cette mention d'une périlleuse mission, si honorablement remplie par moi à la bataille de Mohilew, n'en a pas moins figuré depuis dans mes états de services, où elle faisait très bon effet.

L'ennemi ne fut point suivi dans sa retraite ; s'il l'eût été, il est probable que nous lui eussions pris du monde des canons et du bagage ; mais après cette journée, l'une des plus importantes de la campagne, nous restâmes deux jours dans la même position, occupés à enterrer les morts.

(Général baron Girod, de l'Ain, *Dix ans de mes souvenirs militaires, de 1805 à 1815*, Paris, Dumaine, 1873, in-8°, 412 pp.)

OSTROWNO

DU 25 AU 30 JUILLET

Nous étions chaque jour aux prises avec les Russes, nous avançant lentement, mais avançant toujours; eux reculant lentement, mais enfin reculant. On pourrait comparer ces combats de cavalerie légère aux jeux de barres en usage dans les collèges, mais quand le roi Murat, peu patient devant l'ennemi, était las de ces jeux de barres et qu'il trouvait la résistance trop longue et la marche trop lente, il faisait charger l'ennemi et chargeait toujours lui-même en tête des escadrons français, disant de sa voix enrouée et avec son accent gascon : Chargeons cette canaille ! et, joignant l'action au commandement, il s'élançait sur les rangs ennemis, les traitant vraiment suivant son mot, car il ne daignait pas mettre le sabre à la main, c'est à coups de cravache qu'il fustigeait les cosaques.

Murat, roi de Naples, généralissime de toute la cavalerie, était aussi connu des Russes que de ses soldats. Toujours à la tête de l'avant-garde, il était en vue des deux armées et remarquable par sa brillante valeur par son costume théâtral, qu'il n'a pas quitté un jour dans le cours de cette campagne; il était un objet d'étonnement, de respect et d'admiration pour les Russes.

Quand, lassé de trop de résistance, il voulait en finir sans sacrifier trop d'hommes de sa cavalerie légère, il s'écriait : En avant les cuirassiers! alors nous nous portions en avant et notre mouvement agressif déterminait aussitôt la retraite des Russes. Je ne sais quelle terreur cette arme produisait sur eux, mais quoique souvent on eût recours à nous, jamais nous n'avons pu joindre l'ennemi, jamais il n'a voulu nous attendre, notre vue seule déterminait son mouvement rétrograde.

Enfin, à Ostrowno, l'armée russe fit sa première halte sérieuse en nous présentant un front de troupes hérissé d'artillerie et dans une position que ses généraux avaient trouvée avantageuse. Il n'y avait là, de notre côté, que deux divisions de corps de cavalerie, le roi Murat en tête.

La route forme un coude et quelques pas en avant de ce point courbe, la division Bruyères se développa sur la droite de la route, notre division à sa gauche, la route nous séparant. Les deux divisions se trouvaient en ligne sur un même front, parallèlement à l'armée russe qui ne s'étendait pas aussi loin que nous vis-à-vis notre gauche, à cause d'un bois. Tout le poids de la journée fut donc soutenu par la division légère du général Bruyères et par la nôtre, surtout par mon régiment, dont la droite touchait la route, et c'est justement en face de nous et à cheval sur cette route que l'ennemi avait placé ses batteries.

La canonnade s'engagea de part et d'autre avec furie et l'ennemi, bien supérieur à nous en nombre de canons était heureusement bien inférieur dans la justesse du tir. Notre artillerie se couvrit de gloire par la vivacité et la précision de son feu. Nous voyions ses boulets porter sur les batteries ennemies et sur les bataillons carrés placés pour les soutenir, et faire d'affreux ravages. Malgré l'infériorité du tir, les Russes nous firent pourtant éprouver de grandes pertes. Nous restâmes ainsi six heures sous le boulet sans changer de place : 187 hommes de mon régiment furent tués, et le lendemain la place occupée la veille par le régiment était marquée maintenant par deux rangées de cadavres de chevaux ; quant à nos camarades tués, nous les avions enterrés le soir, chaque corps se faisant un devoir de donner la sépulture à ceux de ses hommes qui succombaient.

Au commencement de l'affaire, j'étais en serre-file au 1ᵉʳ escadron, dont le 4ᵉ peloton était commandé par le lieutenant, M. d'Auger, qui eut dès le début son cheval tué et qui disparut sans se faire revoir de la journée, tandis qu'il était de son devoir de revenir prendre son poste avec un de ses autres chevaux.

Aussitôt M. d'Auger démonté et parti, j'engageai M. Lallemand, mon compatriote, à prendre le commandement du peloton, il était mon ancien, le poste lui revenait et de temps en temps, j'allai me placer à côté de lui et lui offrir une petite goutte de ma fiole ; mais au bout d'une heure qu'il était là, un boulet ricochant près de lui vint lui briser la hanche et pénétrer dans ses entrailles. Je fis emporter mon pauvre camarade à l'ambulance où, après deux heures de souffrances, il mourut. Il demandait qu'on me fît venir, qu'il voulait me voir, me parler ; il voulait me remettre pour sa mère une ceinture garnie d'or et qu'en mon absence il déposa entre les mains de l'officier payeur pour m'être remise, ce qui ne fut jamais exécuté, cet officier faisant une nouvelle variante du proverbe de Figaro : « Aura pensé que ce qui était bon à recevoir était bon à garder. »

Il est venu mourir à Metz, où le nom de Lallemand, s'il a été prononcé devant lui, aura dû lui donner un remords.

Nous restâmes encore quatre heures dans cette position et sans changer de place ; mon peloton fut le plus maltraité du régiment, car de 27 hommes qui le composaient il ne m'en est resté que 11.

Cela a tenu à deux causes : la première est qu'une ondulation de terrain plaçait ce peloton sur une élévation, ce qui le rendait un point de mire plus facile pour l'artillerie ennemie ; la seconde est que quelques pas en avant de moi se tenait, à son rang de bataille, le commandant Dubois, monté sur un cheval blanc et que sa position en avant faisait reconnaître pour un chef. Il était le but de bien des boulets qui ne l'atteignirent pas et que nous reçûmes pour lui. C'est comme maréchal des logis de gauche de mon peloton que M. Clémeur, aujourd'hui juge de paix à Sarreguemines, eut un mollet emporté par un boulet. Malgré les pertes considérables que fit mon régiment ce jour-là, nous dûmes nous estimer heureux de n'être pas plus maltraités par l'artillerie russe qui, placée sur un terrain plus bas que le nôtre, fit passer la plupart de ses projectiles au-dessus de nous, et les arbres de la route qui, derrière nous, traçaient à 150 mètres une ligne parallèle à la nôtre, furent littéralement hachés, troncs et branchages, ce que nous eûmes le loisir de bien examiner, car nous bivouaquâmes cette nuit sur cette route, nos chevaux attachés à ces arbres dépouillés et mutilés. Si on demande de quoi vivaient nos chevaux placés sur un champ de bataille, je répondrai que, nantis de faux et de faucilles, nous coupions les moissons sur pied pour leur nourriture et sous ce rapport, ils étaient moins maltraités que nous, car nous ne trouvions rien à moissonner.

Pourtant, au bivouac d'Ostrowno, nous ne manquâmes pas de quoi faire des grillades, nous pouvions choisir, parmi nos chevaux tués, les plus jeunes comme ayant la chair plus tendre.

Dans le courant de la journée, le roi de Naples, voulant faire cesser cette meurtrière canonnade et chasser les Russes de leur position, fit exécuter une charge par les hussards noirs de Prusse, qui abordèrent l'ennemi sur la route, mais ne purent le déloger. Ces hussards furent accueillis par un feu très vif de l'artillerie ennemie et deux bataillons d'infanterie, formés en carrés et placés des deux côtés de la route, engagèrent sur eux une vive fusillade ; force leur fut de revenir sur leurs pas.

Cette charge faite sur la route le fut au trot, avec calme, et n'ayant pu réussir, cette cavalerie se retira avec autant de calme qu'elle en avait en s'avançant. C'est la seule fois que j'ai vu de la cavalerie charger à cette allure et revenir de même sans cris, sans désordre. Je ne sais pas pourquoi le roi de Naples ne nous fit pas charger comme il nous l'avait promis en passant devant nous, en nous disant en riant : « Tout à l'heure, ce sera votre tour, cuirassiers. »

Je présume qu'il a pensé déterminer l'ennemi à la retraite par la supériorité du feu de notre artillerie.

(A. Thirion, de Metz, *Souvenirs militaires*, Paris, Berger-Levrault et C⁰, 1892, in-12, 359 pp.)

Notre corps (le 1ᵉʳ) faisait l'avant-garde de l'armée, nous étions depuis deux ou trois jours en vue de l'ennemi ; on avait échangé quelques coups de canon. Le 25 juillet au matin, nous partîmes de bonne heure ; le soleil brillait, la campagne était riante, nous suivions une belle route des lanciers polonais arrivaient sur leurs vigoureux chevaux, en répétant leur chant national. En descendant vers un village, nous entendîmes quelques coups de canon très près de nous ; nous crûmes que c'était un léger engagement, mais les coups de canon reprirent un moment après. Nous vîmes un des hussards du 8ᵉ étendu sur la route, la face contre terre : il avait eu le crâne emporté par un boulet.

Des batteries russes avaient fait feu sur la cavalerie légère, on s'était de suite mis en bataille, le général qui la commandait était venu dire avec fureur, que si l'ennemi tirait encore, il fallait charger les pièces : les coups de canon ayant recommencé comme nous l'avions entendu, ses soldats étaient partis comme l'éclair, et étaient revenus bientôt après avec quatre ou huit pièces de canon et des prisonniers. Quand on nous faisait ce récit, les deux côtés du chemin étaient déjà couverts de blessés prisonniers ou français. On voyait des hussards amener des prisonniers qu'ils faisaient courir devant eux à pied, ou montés sur des chevaux dont ils tenaient la bride d'une main ; dans l'autre main était un pistolet. Je pansai les plus pressés.

L'action se passait dans un endroit bas où la route changeait de direction : le feu et la fumée se croisaient presque, tant l'artillerie ennemie était près de la nôtre. Les cuirassiers, rangés en bataille des deux côtés, soutenaient les pièces et les troupes engagées sans faire un mouvement. Le roi de Naples voyant que l'ennemi voulait tenir, ordonna qu'on fît reculer les équipages ; les équipages se retirèrent : ceux qui étaient derrière, voyant les plus avancés reculer, s'éloignèrent avec précipitation, ce fut presque une alerte.

Bientôt arriva de l'infanterie formée en pelotons : conduite avec lenteur, elle n'en paraissait que plus sûre de vaincre. Près de les imiter, elle admirait les exploits de la cavalerie légère : ces hommes étaient en effet devenus furieux dans le combat ; combien n'en vis-je pas qui, un bras ou une jambe bandés, retournaient dans la mêlée au grand galop, et échappaient, en se débattant, à ceux de leurs camarades qui voulaient les retenir.

La canonnade avait cessé plusieurs fois ; le feu se soutint encore après l'arrivée de l'infanterie ; mais il finit vers trois heures après midi. Nos troupes restèrent en position ; des lignes qu'on avait étendues jusque sur le revers d'un coteau, y passèrent la journée à observer l'ennemi ; tout était calme le soir ; on n'entendait aucun cri, et, après tant de bruit, de fatigue et d'exaltation, on se trouvait dans un état voisin de l'étonnement. Nous descendîmes dans le village d'Ostrowno, dont une partie avait été brûlée. Les soldats y circulaient, on était surpris d'y voir quelques habitants qu'on employait à secourir les blessés. Quel air effrayé avaient ces pauvres gens au milieu de tant d'hommes armés et en proie au délire de la gloire ! quelles expressions pourraient rendre la contenance avec laquelle ils recevaient nos ordres ?

Les hussards avaient beaucoup perdu. L'artillerie à cheval, la seule que nous eussions, avait aussi beaucoup souffert. Grand nombre de boulets tirés trop haut avaient passé par-dessus nos canonniers ; d'autres avaient atteint les cuirassiers qui semblaient ne devoir pas être touchés. La plupart des blessures étaient graves, puisque la plupart étaient des blessures d'artillerie. Qu'allaient devenir les blessés ? On les envoyait à la petite ville par où nous avions passé la veille ou l'avant-veille ; mais que feraient-ils là ? qui les nourrirait ? les hommes bien portants avaient de la peine à trouver quelques ressources ; cette idée faisait frémir.

Cette victoire, si l'on peut appeler ainsi le succès dans un combat aussi opiniâtre, était éclatante ; mais les lieux n'offraient aucun moyen d'en recueillir le fruit. Ostrowno était un village formé de quelques maisons enfumées et pauvres. Il n'y avait personne pour payer au courage de ces soldats le tribu d'admiration qu'ils avaient si bien mérité. On ne pouvait dresser la moindre table où l'on pût raconter les exploits de la journée. Après de telles actions on voudrait être tout entier à ce qu'on éprouve : on a de la peine à détacher son attention de sujets aussi graves.

On coucha en toute confiance dans le village, que les troupes entouraient ; le roi de Naples y passa la nuit. Le lendemain matin, au départ, nous passâmes sur le champ de bataille ; il y avait encore quelques morts sur la route, mais le plus grand nombre de ceux qui s'y étaient trouvés avaient été jetés dans les fossés. Quelques arbres avaient été entamés ou coupés par les boulets. Hors de la route, sur un terrain peu large, borné par une espèce de marais qui avait empêché de prendre les Russes en flanc ou de les tourner, s'étaient faites plusieurs charges de cavalerie. Le gazon y était labouré, et là gisaient des hommes couchés dans tous les sens et mutilés de diverses manières. Les uns, tout noirs, avaient été brûlés par l'explosion d'un caisson ; d'autres, qui paraissaient morts, respiraient encore ; en s'approchant d'eux on les entendait se plaindre ; ils étaient couchés ayant la tête appuyée quelquefois sur un de leurs camarades mort depuis quelques heures ; ils étaient dans une apathie, dans une espèce de sommeil de douleurs, d'où ils ne sortaient qu'à regret, ne faisant aucune attention aux personnes qui passaient autour d'eux; ils ne leur demandaient rien, sans doute parce qu'ils savaient qu'il n'y avait rien à espérer. D'ailleurs nous trouvions ce spectacle nouveau, nous qui arrivions; mais ceux qui étaient là depuis la veille, peut-être depuis le commencement de l'action, qui l'avaient vu continuer, qui avaient peut-être vu faire de nouvelles charges de cavalerie; qui avaient peut-être été foulés aux pieds des chevaux, ils trouvaient qu'il y avait longtemps; et croyant qu'on ne pouvait plus les rappeler à la vie, ils n'imploraient pas des secours déjà tant de fois refusés, ils attendaient la mort. Des lanciers prussiens parcouraient les lieux où ils étaient venus fournir des charges, contemplaient d'un œil morne les restes de quelques amis qu'ils avaient de la peine à reconnaître. Dans une semblable situation on accuse la fatalité; le soldat est généreux, il n'en veut ni à celui qui le fait battre, ni à ceux contre lesquels il se bat. Çà et là étaient des chevaux renversés, des harnais rompus, des caissons en éclats, des sabres tordus, des pistolets, des fusils brisés, la terre était couverte de débris. Ces braves hussards du 8e, couchés en grand nombre parmi les morts, avaient mêlé leur sang à celui de l'ennemi.

La perte des Russes était considérable; ils avaient quatre fois plus de morts, et par conséquent quatre fois plus de blessés que nous. Nos canonniers, en passant sur la route, jugeaient avoir visé plus juste que leurs adversaires, et en devenaient plus confiants dans leurs manœuvres. On quittait ce lieu avec un sentiment bien difficile à exprimer, mais qu'eût été ce sentiment, si de pareils événements se fussent passés sur le sol de la patrie! si cette terre natale eût été saccagée de la sorte et arrosée du sang des Français vaincus!

Un peu plus loin on reconnaissait la place où les Russes avaient pansé leurs blessés. Pendant la marche de ce jour, nous trouvâmes la route couverte de la crinière de casques ennemis.

On se tira quelques coups de fusil le soir.

Le 27 au matin, peu après le départ, le canon se fit entendre, une nouvelle action s'engagea ; elle ne devait pas devenir importante, le lieu ne permettant pas de se développer ; on disputait un passage.

L'armée d'Italie nous rejoignit, car nous l'avions déjà en vue, — les coups de fusil se succédaient sans interruption, et cependant les équipages se présentaient pour passer ; on donna ordre comme la veille de les faire reculer, il en résulta plus de confusion encore ; les administrations italiennes qui ne s'étaient pas trouvées à Ostrowno, avaient pris l'alarme et l'avaient répandue jusque parmi les soldats qu'elles trouvaient sur la route.

Vers trois heures, l'Empereur vint donner le coup d'œil du maître ; aucune émotion ne paraissait sur son visage : sa sensibilité avait résisté à tant d'épreuves !

Le 28 on se battit encore ; on avança peu ; le gros de l'armée arriva. Les divers corps et la garde furent placés sur les côtés de la route, dans les endroits qu'on trouvait les plus commodes ; le pays était encore coupé de gorges et couvert de bois. Le passage fut libre le surlendemain de l'arrivée de l'Empereur. A l'endroit où l'ennemi avait le plus longtemps tenu, gisaient quelques fantassins russes et un nombre à peu près égal des nôtres ; le canon, d'ailleurs, n'avait pas fait grand mal ; cette affaire n'avait été rien moins que meurtrière : l'ennemi avait voulu seulement retarder notre marche.

Au sortir de ces défilés nous vîmes Witepsk à plus d'une lieue. Une colonne de fumée s'élevait de quelques magasins auxquels les Russes avaient mis le feu. Le canon tira toute la journée ; il périt beaucoup de monde devant la ville, dans une grande plaine où la cavalerie donna. Le soir le canon cessa de tirer, la cavalerie légère passa la ville et suivit l'ennemi, le reste de l'armée demeura en position sur des hauteurs où les deux tentes du chef furent dressées.

Le 29, la garde impériale en grande tenue partit de bonne heure pour faire son entrée dans Witepsk ; les divers corps d'armée défilèrent ; on allait lentement ; les environs et l'intérieur même de la ville étaient coupés de ravins. Witepsk a quelques maisons qui ont de l'apparence ; c'était la plus belle ville que nous eussions vue depuis Wilna, à laquelle elle n'est pourtant pas comparable ; on y trouva quelques vivres qui étaient loin de pouvoir suffire ; le soir on alla bivouaquer au delà.

Le 30, vers midi, notre corps d'armée qui était séparé du reste arriva dans une petite ville abandonnée ; nous y étions à peu près installés lorsque des officiers d'état-major vinrent dire que l'ennemi inquiétait nos avant-postes ; nous prêtâmes l'oreille un instant avec eux et nous entendîmes, quoique peu distinctement à cause de la distance, des coups de fusil qui paraissaient être tirés dans une plaine de sable ; nous ne pûmes rien apercevoir à l'horizon. On jugeait convenable de se tenir prêts à partir, parce que nous pouvions être obligés de reculer. Un moment après, les coups devinrent plus fréquents ; on sonna à cheval ; la division de cuirassiers alla reconnaître ces forces qui ne parurent pas considérables ; elle revint aussitôt.

(R. Faure, docteur en médecine, médecin du 1ᵉʳ corps de cavalerie pendant la campagne de 1812, *Souvenirs du Nord, ou la Guerre, la Russie et les Russes, ou l'esclavage.*)

COMBAT DE SMOLENSK

17 AOUT

Le 8 août 1812, notre division se remet en marche. Le 13 août, nous traversons le Dniéper, le Borysthène des Grecs. Le 16 l'armée française marche en trois colonnes sur Smolensk : à six heures du soir, elle est réunie près de cette ville. Le 17, à trois heures du matin, elle prend les armes. Le 13e léger, de notre division, commence le feu par une ligne de tirailleurs, sur la gauche de la ville, pendant que le 1er corps d'armée manœuvre en masse, par divisions, sous le feu de l'artillerie de la place. Après plusieurs heures de manœuvres, toujours sous le feu de l'ennemi, nous nous emparons du plateau de Bulchowka, où une batterie de soixante pièces de canon est établie. Pendant cette opération, notre régiment reçoit du maréchal Davoust l'ordre d'avancer et d'attaquer. Nous perdons beaucoup de monde en nous mettant en bataille sous le canon des Russes; mais les morts sont à leur destination, car nous sommes dans un cimetière. Les autres régiments de notre division s'avancent derrière le 30e. Nous nous trouvons à peu de distance de la ville; aussi notre régiment est canonné, non seulement par les pièces du rempart, mais encore par celles d'une tour qui nous travaille vigoureusement. C'est à un tel point, que le colonel Buquet nous fait placer derrière la contrescarpe d'un fossé qui entoure le cimetière. L'ennemi, plus élevé que nous, continue de nous envoyer des boulets et des espèces d'obus à trois trous. A deux heures, un obus, vomissant la flamme par ses trois trous, tombe devant ma compagnie. Je me précipite dessus, je le prends dans mes mains et je le jette dans un puits qui se trouve à peu de distance derrière moi. Je me brûle un peu les mains et le devant de mon habit. Mes chefs et tout le bataillon crient *bravo! Vive le capitaine* François! Si cet obus eût éclaté, il faisait sauter deux caissons à la gauche du bataillon. Le colonel Buquet, qui m'aimait beaucoup, fit, à cette occasion, un rapport en ma faveur; mais on m'oublia encore comme dans plusieurs autres circonstances que j'ai rapportées. Ma récompense, celle qui était la plus flatteuse pour moi, fut le suffrage hautement manifesté de mes chefs et de mes camarades.

A trois heures, les pièces sont établies sur toute la ligne et font un feu d'enfer. A quatre heures commence une vive fusillade sur les faubourgs. A cinq heures, nous repoussons l'ennemi, à la baïonnette, jusqu'à un chemin couvert. Alors, la bataille devient horrible. Malgré le feu terrible de l'artillerie russe, nous nous emparons des faubourgs retranchés, toujours à la baïonnette, en parvenant jusqu'à l'embouchure même des canons.

A six heures, trois batteries de douze sont établies pendant que nous continuons l'attaque du chemin couvert. Ces batteries battent en brèche et, par des obus qui mettent le feu dans la ville et dans plusieurs tours, forcent les Russes à abandonner ces dernières. Nous n'avançons pas beaucoup dans le chemin couvert, mais deux batteries d'enfilade obligent enfin les Russes à rentrer dans la place. Malgré ce succès le combat dure toute la nuit. Deux compagnies de mineurs, soutenues par notre régiment, sont employées à piocher au pied d'un rempart. A sept heures, les ennemis ne se défendent que faiblement, et nous entendons un grand bruit s'élevant de la ville qui est tout en feu. A une heure du matin, ce bruit cesse. Les Russes se sont retirés sur l'autre rive du Dniéper et ils prennent position sur les hauteurs.

A deux heures, les grenadiers de notre division entrent dans Smolensk : toutes les rues sont en feu et remplies de morts et de blessés. Les divisions Morand et Friant traversent le Borysthène sur un radeau, dans le plus grand silence, et, comme des chèvres, elles gravissent les hauteurs où elles se mettent en bataille. Elles tiraillent longtemps avec l'arrière-garde russe. Notre cavalerie charge cette arrière-garde et la culbute après un combat livré par le 3e corps.

La perte des Russes dans Smolensk est de 4,000 morts, 7,000 blessés et 2,000 prisonniers; la nôtre est de 1,200 morts et de 3,000 blessés, la plus grande partie de notre division, qui a pris la part la plus active à cette bataille. Le 30e, pour sa part, a 90 morts et 107 blessés.

Le 18 août, le 1er bataillon du 30e entre dans Smolensk avec un bataillon polonais. Nous nous mettons en bataille sur la place d'armes, au milieu des maisons enflammées. Une demi-heure après notre entrée, on place des postes et des sauve-gardes dans les magasins que l'incendie n'a pas atteints. On forme ensuite les faisceaux, et chacun cherche de quoi manger, ce que l'on trouve difficilement dans une ville incendiée et dépeuplée. Le peu d'habitants que nous trouvons parlent français et nous aident dans nos recherches. A cinq heures, nous quittons Smolensk. Nous passons le Borysthène ou Dniéper sur un radeau, et notre division se réunit dans un vaste jardin, sur la rive droite du fleuve. Nous partons dans la nuit et nous marchons le long du Dniéper. Nous repoussons quelques centaines de Cosaques qui veulent nous inquiéter.

(*Souvenirs du capitaine François.*)

Smolensk apparut à nos yeux avec ses antiques et épaisses murailles. C'était la ville sainte; la religion faisait une nécessité aux Russes de tenter un effort pour la soustraire au joug de l'étranger; ils firent leur devoir. Les Français attaquèrent, avec leur courage accoutumé, des hommes qui se défendirent avec acharnement. Les Russes, il faut le dire, étaient stimulés par de larges libations d'eau-de-vie de grain : on retrouva sur les remparts de nombreux tonneaux à peu près épuisés. Les Français auxquels ce luxe était interdit, n'obéirent qu'au point d'honneur qui les anime en présence du danger; ils désiraient en finir en remportant une victoire décisive.

Je m'étais avancé au travers d'un petit bois, à l'extrémité duquel il était facile de voir les mouvements des deux armées. Un biscayen, qui frappa un dragon à quelques pas de moi, m'avertit que je ferais bien de modérer ma curiosité, et je revins en arrière, vers une ambulance. Un artilleur venait d'y être amené, soutenu par un jeune officier, qui versait de grosses larmes; son bras était fracassé; l'amputation eut lieu : pendant l'opération, le malheureux demandait la mort à grands cris. Une sourde rumeur annonce tout à coup l'arrivée de l'Empereur, qui ne tarda pas à paraître, suivi d'un brillant état-major. — « Sire, s'écrie le blessé, venez à moi, venez à moi! » — Napoléon l'entend, et s'approche :

— Que me veux-tu? lui dit-il. — Sire, trois de mes frères ont été tués à votre service; voyez, moi-même je suis hors d'état de vous servir plus longtemps; je me recommande à vos bontés. — Ton nom? — Napoléon dit à Berthier de noter sur ses tablettes le nom du blessé, et le blessé ne se plaignit plus. Dans le même moment, Murat arrivait au galop; il portait une pelisse galonnée; un pantalon couleur de chair dessinait ses formes; sa tête était surmontée d'une toque qu'ornait une riche aigrette. Ney, revêtu de son uniforme de maréchal de France, venait aussi d'arriver. Les deux lieutenants de l'empereur rendirent compte à leur chef de leurs opérations, et, après quelques minutes de conférence, chacun d'eux partit.

Après vingt-quatre heures d'une lutte opiniâtre et sanglante, nos soldats entrèrent à Smolensk, que les Russes avaient abandonnée dans la nuit. Un assez grand nombre de maisons avaient échappé aux flammes: on déploya toute l'activité imaginable pour arrêter les progrès de l'incendie. J'établis mon bivouac sur les marches d'une église; une pierre me servit d'oreiller, et je m'endormis profondément, la tête enveloppée dans mon manteau.

Les ponts furent rétablis sur le Borysthène; l'armée opéra son passage, et se mit à la poursuite de l'ennemi. Sept à huit mille blessés avaient été abandonnés par les Russes, dans le faubourg qui se trouve sur la rive opposée; ils périrent tous, dévorés par l'incendie que leurs compatriotes avaient allumé pour ralentir notre marche. Je passai au milieu de ces débris d'hommes et de maisons, évitant avec un respect religieux les cadavres que le feu avait carbonisé et réduits aux dimensions de l'enfance, et avec crainte les fondrières qu'ouvraient à chaque pas les caves et les puits, à peine masqués par les cendres et les charbons.

(B. T. Duverger [payeur de l'armée au 1ᵉʳ corps] *Mes aventures dans la campagne de Russie.*)

Le 15 août, nous étions devant Smolensk, qui était occupé par 30,000 Russes. Décrire la prise de cette ville n'entre pas dans mon cadre, je ne fais l'histoire que de la mienne.

Les Russes mirent le feu à la ville avant de l'évacuer. Quelle nuit épouvantable! Des torrents de flamme et de fumée; quel spectacle extraordinaire, semblable à une éruption du Vésuve. C'était le commencement de la fureur qui allait caractériser cette guerre... Nous laissâmes 6,000 à 7,000 morts devant Smolensk. La principale église, sauvée par miracle de l'incendie, servait d'abri à des femmes, des enfants, des vieillards saisis de terreur. Les rues offraient un spectacle hideux; la terre était couverte de morts et de blessés russes.

Le combat de Valoutina suivit la prise de Smolensk : il fut très sanglant. C'est ici que j'ai vu faire le pansement des blessés avec du foin et le papier des vieilles archives de Smolensk. Il était impossible de rester dans la ville et les faubourgs, de l'autre côté du Dniéper principalement. Les morts et blessés, au nombre de 10,000 à 12,000, brûlés dans les maisons incendiées, exhalaient une insupportable odeur cadavérique, des cochons affamés errants dans les décombres, trouvaient ce rôti excellent, nous tuâmes ces animaux voraces que nous ne trouvions pas mauvais dans nos bivouacs.

Tous ces cadavres sur un sol brûlant étaient hideux et pestilentiels.

Pendant ces quelques jours passés à Smolensk, j'avais

été commandé, avec douze hommes et un caporal, de grand'garde aux équipages du maréchal Bessières, campé à peu de distance de la ville, près d'un château entouré d'un étang avec moulin à eau. Cet étang était très poissonneux et il était facile d'en faire écouler les eaux; en coupant une digue elles s'écoulèrent presque en totalité. J'avais trouvé un filet tout neuf, une espèce de seine; elle n'était pas montée, mais en ma qualité d'ancien marin, je trouvai bientôt le moyen de nous en servir. En détortillant une grosse corde du moulin j'en fis trois, pour les attacher au filet, garni d'un côté de bottes de jonc servant de flottes, de l'autre côté, traînant des pierres. En moins d'une heure la besogne était faite, et le filet, traîné au bord, était tellement plein de poissons de toute espèce, qu'il fut impossible de le tirer sur le bord. Il y avait des brochets énormes, des écrevisses de la plus forte espèce en grande quantité, pas moyen de tout prendre. L'état-major en a fait ce jour-là un régal, comme nous tous, et les trois quarts des poissons sont restés dans le filet laissé dans l'étang.

(*Souvenirs d'un vieux soldat belge de la garde impériale*, « Scheltens, sergent au 2ᵉ régiments de grenadiers à pied de la garde impériale », Bruxelles, imprimerie J. Ph. van Asshe, 1880, in-8°, 135 pp.)

En tête du 1ᵉʳ corps marchait, cette fois, la division Gudin, qui, à peu de distance de Smolensk, trouva les troupes du maréchal Ney déjà aux prises avec un corps ennemi nombreux, lequel occupait la forte position de Valoutina, couverte par un vallon marécageux et des bois épais. Le duc d'Abrantès, qui avait remplacé le roi Jérôme dans le commandement des troupes westphaliennes, devait tourner cette position, en passant le Dniéper, à quelque distance en aval; mais il n'avait pas bougé, et le général Gudin fut bientôt sérieusement engagé contre le centre de la position. Son attaque fut des plus vigoureuses, et la position emportée de vive force; mais le succès coûta cher..., le 7ᵉ léger y perdit surtout beaucoup de monde, et l'armée tout entière eut à déplorer une perte des plus sensibles, celle du général Gudin lui-même, qui fut tué dans cette sanglante affaire; c'était l'un de nos généraux les plus distingués, et l'Empereur, en apprenant sa mort, donna des marques d'une sincère douleur.

Notre division, qui marchait à la suite de la division Gudin, ne donna pas ce jour-là, l'affaire étant terminée avant qu'elle eût pu arriver sur le champ de bataille ; mais l'ayant devancée (comme c'était mon habitude, pour aller aux nouvelles quand nous entendions le canon et la fusillade en avant de nous), j'avais pu assister à la fin du combat et m'étais même trouvé assez près du général Gudin, au moment où il fut frappé. Aussi, revenu au galop auprès du général Dessaix, je fus le premier à lui annoncer cette triste nouvelle, dont il fut d'autant plus affecté qu'il était fort attaché au général Gudin.

Nous vînmes bivouaquer, le soir de ce même jour, sur le théâtre même de l'action, et, le lendemain matin, nous pûmes voir l'Empereur passant la revue de la division Gudin, et distribuant bon nombre de décorations à ceux qui lui furent signalés comme s'étant particulièrement distingués.

L'aide de camp du général Bressand avait, comme moi, été proposé plusieurs fois pour la croix, sans l'avoir obtenue; tous les deux, en assistant à distance à cette revue que passait l'Empereur, nous nous entretenions du bonheur de ceux qui, dans ce moment, recevaient des mains de Sa Majesté cette croix tant désirée, quand nous aperçûmes, par terre et à nos pieds, une petite boîte entourée d'une ficelle ; l'ayant ramassée et ouverte, nous ne fûmes pas peu surpris d'y trouver deux croix de simple chevalier de la Légion... Cela nous sembla d'un heureux présage, et, tout en nous réservant de prendre des informations afin de découvrir la personne à qui elles appartenaient et de les lui rendre, nous en mîmes chacun une dans notre poche, en attendant qu'il nous fût permis de la porter à la boutonnière.

Pour terminer le récit de ce qui m'est resté dans la mémoire, au sujet de cette bataille de Valoutina, j'ajouterai que l'Empereur, disait-on, s'était d'abord laissé aller à un grand accès de colère, en apprenant la conduite du duc d'Abrantès, et avait manifesté l'intention de lui retirer son commandement et de le renvoyer sur les derrières de l'armée ; mais la faiblesse qu'il avait pour ses anciens compagnons et serviteurs ne lui avait pas permis de mettre sa menace à exécution et lui avait fait conserver le commandement si important d'un corps d'armée tout entier, à un homme qui avait pu, autrefois, rendre de grands services mais qui, désormais, était abruti par l'excès de la boisson.

(Général baron Girod, de l'Ain, *Dix ans de mes souvenirs militaires, de 1805 à 1815.*)

Nous passâmes le pont à minuit. La nuit était tellement sombre, qu'à peine pouvait-on apercevoir la route. A une lieue de la ville nous vîmes venir à nous une voiture qu'escortaient des soldats éclairés par des torches. Le général Gudin avait eu une cuisse emportée dans un combat dont nous avions entendu le feu ; on le transportait à la ville avec toutes les précautions que peuvent prendre de braves soldats chargés de conserver un reste de vie à leur général mutilé au champ d'honneur. Dès qu'il fit jour on trouva beaucoup de fantassins blessés, qui s'en retournaient vers la ville; les plus jeunes avaient perdu leur contenance martiale. Les officiers avaient une tout autre expression dans leurs traits : ceux qui ne pouvaient marcher se laissaient emporter, mais calmes comme s'ils n'eussent pas eu besoin d'efforts pour vaincre la douleur.

(R. Faure. *Souvenirs du Nord.*)

MARCHE DE L'ARMÉE
DEPUIS SMOLENSK JUSQU'A LA MOSKOWA

20 AOUT AU 5 SEPTEMBRE

L'armée russe, continuant son mouvement de retraite sur Moscou, nous la suivîmes, soupirant toujours après une grande bataille qui devait, selon nous, être décisive et suivie, comme à Tilsitt après la bataille de Friedland, d'une paix aussi prompte que glorieuse et de notre retour en France, ou, du moins, dans des pays moins lointains et moins sauvages que ce sol moscovite, qui, malgré la belle saison, n'avait décidément pour nous que fort peu d'attraits.

Nous traversâmes successivement plusieurs villes de quelque importance, comme Dobrowna, Dorobougie, Viasma et Ghiat, toutes en grande partie abandonnées de leurs habitants, à moitié brûlées et entièrement ruinées par les troupes, tant amies qu'ennemies, qui les avaient occupées avant que notre division y arrivât.

La chaleur était excessive et telle, que je n'en avais pas éprouvé de plus fortes en Espagne; mais il y a cette différence qu'en Russie elles ne durent pas si longtemps. La grande route de Moscou, que nous suivions, est sablonneuse, et l'armée, marchant en plusieurs colonnes serrées et de front, soulevait de tels nuages de poussière que l'on ne se voyait pas à deux pas et que nous en avions les yeux, les oreilles et les narines remplis, et le visage encroûté. Cette chaleur et cette poussière nous causaient, comme on peut l'imaginer, une soif ardente, et l'eau était rare...; me croira-t-on, quand je dirai que je vis des hommes se mettre à plat ventre pour boire, dans l'ornière, de l'urine de cheval.

Je viens de dire que ces épais nuages de poussière étaient soulevés par la marche de front de plusieurs colonnes en masse; voici, en effet, dans quel ordre ces colonnes cheminaient : la route, fort large et plantée d'arbres en bordures, était entièrement occupée par les trains d'artillerie et d'équipages rangés sur plusieurs voitures de front ; de chaque côté de la route marchait l'infanterie en colonnes serrées, par division c'est-à-dire sur environ quatre-vingts hommes de front (chaque compagnie d'environ cent vingt hommes donnant le chiffre de deux cent quarante par division, sur trois rangs de quatre-vingts chacun); de chaque côté, en dehors de ces colonnes d'infanterie et à la même hauteur, marchaient des masses de cavalerie par escadrons. Qu'on juge, d'après cela, ce que ce devait être que l'ensemble de ces corps se mouvant dans une même direction. Dans cette marche et dans un moment d'éclaircie, c'est-à-dire après une halte assez longue pour avoir donné à la poussière le temps de retomber, j'eus, du moins, le plaisir de voir réunies les divisions de grosse cavalerie, composées de deux armes, carabiniers et cuirassiers, formant en tout quatorze régiments dont les cuirasses et les casques étincelant au soleil offraient à mes yeux un spectacle admirable.

L'Empereur, qui avait d'abord toléré et même formellement encouragé le luxe d'équipages que l'armée traînaît à sa suite, et cela en vue des ressources que devait fournir à cette armée la quantité considérable de vivres dont ils étaient chargés, jugeant que ces vivres devaient être, alors, presque entièrement épuisés, et que les voitures qui les avaient transportés jusque-là n'étaient plus, désormais, qu'un gros embarras sans utilité, donna tout à coup l'ordre de brûler toutes celles en dehors des règlements; mais cet ordre ne fut guère obéi, ainsi qu'on pourra en juger par le fait suivant, dont je fus témoin oculaire : l'Empereur s'était fait arrêter devant une belle calèche jaune, appartenant à je ne sais plus qui, et il avait ordonné d'y mettre le feu en sa présence; on apporta, en effet, quelques tisons du bivouac que nous venions de quitter, et l'Empereur attendit, pour s'éloigner, que la calèche eût commencé à brûler ; mais à peine avait-il fait cent pas qu'on se hâta d'éteindre le feu et que la calèche reprit la file, roulant comme devant. Quant à celle du général Dessaix et au cabriolet que le capitaine Du Bourget avait amené de Paris même, il va sans dire que nous trouvâmes le moyen de les soustraire, aussi, à la sévérité des ordres de Sa Majesté.

(Général baron Girod, de l'Ain, *Dix ans de mes souvenirs militaires, de 1805 à 1815.*)

BATAILLE DE LA MOSKOWA

7 SEPTEMBRE

Enfin, le signal est donné vers sept heures, et trois cents pièces de canon attaquent immédiatement un nombre au moins égal d'obusiers et de canons russes, dont les boulets sillonnent tous nos rangs avec un bruit et des sifflements infernaux dont il est impossible de donner une juste idée. Le malheur voulut que, dans ce terrible début, nos réserves, même de cavalerie, fussent placées trop près et que, par vanité, ou plutôt pour ne pas donner lieu à une fausse interprétation, elles ne voulussent pas se retirer à quelques cents pas en arrière pour prendre une position moins exposée à un péril inutile. Nous vîmes tomber ainsi, sans profit pour l'armée, des milliers de braves cavaliers et d'excellents chevaux que nous avions le plus haut intérêt à conserver.

L'Empereur avait fait connaître qu'il établissait son quartier général à la redoute enlevée la veille. En effet, il passa une grande partie du jour sur ce point élevé, il s'était assis sur la berge du talus extérieur et suivait tous les mouvements avec sa lunette à la main. Sa garde était placée derrière lui, comme en amphithéâtre; et l'aspect de tous ces hommes d'élite, beaux à voir dans leur impatience de prendre part à l'action pour assurer la victoire, produisait un coup d'œil des plus imposants.

Le général Compans eut encore l'honneur d'être amené le premier à croiser les feux de son infanterie avec ceux des Russes ; et, dirigé sur le centre, à la gauche du bois de Passarevo, il dut gravir les hauteurs pour enlever les redoutes qui lui barraient le passage. Le 57e régiment était en tête ; et, avec une ardeur qui ne doutait jamais du succès, ces bataillons rentrèrent au pas de charge dans la redoute, où le combat se prolongea, corps à corps, pendant près d'une heure. La division soutenait le mouvement ; et l'ennemi, arrivant avec des forces considérables pour reprendre la redoute, les fossés furent, en peu d'instants, comblés par des milliers de Russes tués ou blessés. Les divisions Gérard et Friant, soutenues par la cavalerie, s'étaient avancées et attaquaient aussi des redoutes, vers la droite du général Compans.

Pendant ce temps, l'artillerie formidable qui armait les redoutes du centre de la ligne ennemie faisait de tels ravages dans nos lignes, qu'il importait d'enlever la plus grande de ces redoutes pour éteindre ces feux. Alors les sapeurs du génie, sous les feux de la mitraille, jetèrent plusieurs petits ponts sur chevalets, à travers le ruisseau de Kologa, qui défendait le pied de la côte, et la division Morand franchit ces défilés pour aborder l'ennemi. Sa première brigade, conduite par le général Bonamy, gravit la hauteur et les retranchements, et se déploya victorieusement dans la redoute, où elle tua les canonniers sur leurs pièces. Mais, ici, s'était engagé un terrible combat, qui ne fut pas de longue durée. Des colonnes russes arrivaient en force, et le général Bonamy, percé de dix-sept coups de baïonnettes, qui n'étaient pas mortels, tomba au milieu d'une affreuse mêlée, où il eut la douleur de voir repousser ou périr presque tous les siens, et resta prisonnier. Le reste de la division Morand, en se retirant, ne put que protéger la retraite de ceux qui rentraient en désordre.

Le corps du vice-roi, engagé à notre gauche, attaquait vivement, par la division Delzons, le village retranché de Borodino et s'en emparait. Le prince Eugène n'ayant pas pu croire que cette attaque réussirait au delà de ses espérances, n'avait ordonné que de prendre Borodino; mais le 106e régiment, entraîné par le succès, ayant pu franchir le ruisseau de Kologa sur le pont du moulin, à la suite des Russes, continuait à les poursuivre, en montant aussi vite qu'eux les hauteurs, dans les retranchements mêmes du village, enfermé par un long épaulement à redans.

Les intrépides soldats de ce régiment, gravissant à perdre haleine, se désunissaient en montant une côte rapide, sans attendre la queue de la colonne, dont le défilé du pont retardait l'arrivée. Le général Planzonne s'étant aperçu de ce désordre et de ce désavantage, voyant en même temps que cette attaque n'était encore ni préparée ni soutenue, ordonna au 106e de s'arrêter pour se réunir, se reposer et résister à la colonne russe qui descendait pour l'écraser. Dans ce moment, Planzonne fut tué. L'incertitude aussitôt gagna les rangs des siens sur ce qu'ils avaient à faire, et peu d'entre ces braves survécurent aux coups qu'un instant d'hésitation avait permis aux Russes de leur porter. Cependant, un autre régiment, le 92e, accourut à leur secours, et Borodino nous resta, malgré les efforts des Russes pour le reprendre. M'étant trouvé à cette action, j'en rapportais les détails à l'Empereur, lorsque le maréchal Ney gagnait du terrain sur le sommet des hauteurs, qui étaient, dans toute leur longueur, garnies de redoutes et de batteries dont les canons foudroyaient nos rangs. Ce maréchal était admirable à voir, debout et tranquille sur le parapet d'une de ces redoutes, dirigeant les combattants, qui se pressaient à ses pieds et ne le perdaient de vue que lorsqu'il était enveloppé dans des tourbillons de fumée. A quelques pas de là notre brillant général de cavalerie Montbrun venait d'être emporté par un boulet.

Le prince d'Eckmühl continuait à défendre les redoutes qu'il avait prises et dont l'ennemi cherchait à le repousser. Je fus chargé de lui porter la fâcheuse nouvelle que le prince Poniatowski, manœuvrant sur la droite, avait rencontré, dans des bois trop fourrés ou trop marécageux, des obstacles qui l'empêchaient de se porter, avec le corps polonais, sur les derrières de la gauche des Russes, et de leur faire assez de mal pour opérer, en faveur du premier corps, une puissante diversion. Dans ce moment, en effet, la position du maréchal était critique, et, quoique la cavalerie du roi Murat couvrît la plaine en avant et fournît sur celle des Russes des charges souvent heureuses et plusieurs fois ramenées, les feux de l'infanterie russe et de leur artillerie rendaient la position du maréchal presque insoutenable. Il venait d'être blessé au bras et continuait cependant à commander. Son chef d'état-major, le général Romœuf, fut traversé par un boulet en nous parlant. Le maréchal, très contrarié d'être réduit à enlever de front une position qu'il jugeait devoir être attaquée sur trois côtés à la fois, me dit avec humeur : « Il a le diable au corps, de vouloir me faire attaquer le bœuf par les cornes ! » Je courus au roi Murat lui expliquer ce que la position de

Davoust avait de critique, et, aussitôt, il réunit plusieurs masses de sa cavalerie pour appuyer la division du général Friant, auquel je portais l'ordre d'enlever Seminskoë. En un instant, je vis toute la plaine couverte d'une innombrable cavalerie russe, cosaque, française, ou alliée, fournissant les plus hardies mêlées et abandonnant enfin, après une demi-heure de combat, le terrain aux Français, qui occupaient Seminskoë réduit en cendres pendant l'action.

Je portai cette heureuse nouvelle à l'Empereur. J'arrivai près de lui dans le moment où il était vivement impressionné par le spectacle le plus saisissant de la journée ; il pouvait être trois heures.

L'artillerie russe de la grande redoute du centre continuait à exercer de grands ravages dans nos rangs, si témérairement rapprochés, et il importait essentiellement à l'Empereur d'enlever cette redoute. Les ordres avaient été envoyés en conséquence au général Gérard dont l'infanterie se trouvait au pied de la hauteur, en recommandant au roi Murat de faire soutenir l'attaque de Gérard par un corps nombreux de cavalerie. Le général Belliard, son chef d'état-major, ordonna donc au général Caulaincourt de saisir le moment où il verrait l'infanterie de Gérard commencer à gravir la colline, vers la redoute, pour se mettre aussitôt en colonne, à la tête de quatre régiments de cuirassiers et deux de carabiniers; de porter cette colonne, au trot, vers sa droite, en dépassant un peu la redoute, comme pour aller attaquer les corps de cavalerie russe qui sont à droite, dans la plaine ; et, après avoir donné à l'infanterie le temps de monter la côte, de se rabattre tout à coup, au galop, à sa gauche, sur l'ouverture de la redoute, pour y entrer par la gorge en même temps qu'il verra les troupes de

Gérard prêtes à assaillir les parapets, et prendre à dos l'ennemi entre deux feux. Caulaincourt, ce brillant officier, comprend et exécute admirablement cette manœuvre qui surprend l'ennemi, et qui, en un clin d'œil, encombre de cuirassiers l'intérieur de cet immense retranchement, où les canonniers sont, contre toute prévision, sabrés sur leurs pièces par des cavaliers, tandis que notre infanterie pénètre par les embrasures et les parapets.

Le général Kutusoff, qui considère cette redoute comme la clé de sa position, fait, à l'instant, diriger cent pièces de canon sur ce point, pour nous en chasser, et une colonne considérable de troupes d'élite de grenadiers russes, cachée dans le fond d'un ravin, derrière la redoute, monte à l'assaut pour reprendre ce poste essentiel. Dans ce conflit, le vent, qui soufflait vivement, éleva dans la redoute une énorme trombe de poussière et de fumée qui montait en tourbillons jusqu'aux nues en enveloppant ensemble, presque à les suffoquer, les hommes et les chevaux. Lorsque ce nuage épais, et grossi à chaque instant par la furieuse agitation des combattants, fut dissipé, nous avions rejeté dans le ravin la colonne assaillante de grenadiers russes. Nous étions maîtres de la redoute ; nous y trouvions tous les canonniers sabrés sur leurs affûts, et trente pièces de canon que la surprise et la vitesse de notre cavalerie n'avaient pas laissé le temps d'en retirer. Nous y avions pris un général russe, plusieurs colonels, et fait beaucoup de prisonniers ; mais nous avions à déplorer la perte du général Caulaincourt, tué en entrant dans la redoute, et celle de beaucoup d'officiers de mérite, parmi lesquels se trouvait mon jeune ami, M. le commandant Vasserot, le frère du général qui venait aussi d'être blessé grièvement. Au nombre des officiers que nous avions le plus à regretter, à la suite de ce valeureux coup de main, se trouvait M. de la Riboissière, le fils du vénérable général commandant en chef l'artillerie de l'armée. Cet événement fut tellement douloureux pour ce respectable vieillard, qu'il ne put y survivre, et nous le perdîmes quelque temps après. Notre jeune ami, le prince de Beauvau, fut aussi blessé dans ce moment.

Je ne pouvais rester spectateur de ces belles actions sans les regarder aussi en peintre. J'admirai donc l'effet de ces trombes de poussière et de fumée argentée. Un obus ayant mis le feu à un baril de résine, qui sert aux Russes à graisser les essieux de leur artillerie, aussitôt des flammes pourprées se roulant à terre et imitant les replis d'un serpent irrité, s'élevèrent pour s'unir aux nuages, et projetèrent sur le sol de larges zones d'obscurité. Je vivrais cent ans que ce tableau mobile ne s'effacerait point de ma pensée.

L'Empereur satisfait du succès qui s'obtenait devant lui, satisfait aussi du succès du général Friant et de celui des autres divisions du maréchal Davoust, jugea le moment favorable pour faire donner toute sa garde et terminer un succès qui n'était encore qu'ébauché ; mais un conseiller timide lui fit observer qu'il était à huit cents lieues de Paris et aux portes de Moscou. Cette réflexion sembla ranimer son regard, par la pensée d'entrer dans cette ville avec le faste d'un triomphateur, et, s'adressant à moi, il me dit : « Allez trouver Sorbier, et qu'il porte toute l'artillerie de ma garde sur la position occupée par le général Friant où vous le conduirez ; il développera soixante pièces en équerre sur la ligne ennemie pour l'écraser de flanc, et Murat le soutiendra. Allez ! »

J'arrive donc au galop jusqu'au bouillant général Sorbier, qui, se doutant de mon message, me laisse à peine le temps de le lui expliquer, me répond avec impatience : « Il y a plus d'une heure que nous aurions dû le faire, » et donne l'ordre qu'on le suive au trot. Aussitôt, cette masse imposante de tonnerres, roulant avec un bruit de chaînes et de fers, entraînée par deux mille chevaux, descend, traverse la vallée, remonte la pente douce que l'ennemi avait couverte de retranchements dont nous sommes les maîtres, et prend alors le galop pour gagner l'espace nécessaire à son développement par le flanc gauche. J'aperçois, au loin, devant moi, dans la plaine, le roi Murat caracolant au milieu des tirailleurs à cheval, et bien moins entouré de ses troupes, bien moins occupé de sa cavalerie que des cosaques nombreux, qui le reconnaissaient à son panache, à sa bravoure et au petit manteau de cosaque, en long poil de chèvre qu'il portait comme eux. Ces derniers, heureux comme dans un jour de fête, l'entouraient avec l'espoir de s'en emparer et en criant : « *Houra ! houra ! Maurat !* » mais aucun n'osait aborder, même à la longueur de sa lance, celui dont le sabre vif comme l'éclair écartait avec adresse le danger et portait la mort au cœur des plus audacieux. Le roi Murat, que je courus prévenir, quitta la ligne des tirailleurs pour venir donner ses ordres et faire soutenir le général Sorbier. Les cosaques prirent son mouvement pour une fuite ou une retraite, et ils nous poursuivirent. Mon cheval, moins léger que celui de Murat, qui montait un bel arabe couleur fauve, mon cheval eut les quatre pieds pris, et renversé par la prolonge d'une pièce de canon qui accomplissait au galop son quart d'évolution. L'animal, quoique blessé par le choc et par la chute, se releva furieux, sans me désarçonner, et me ramena près de Sorbier, au centre de la terrible batterie, qui commençait une salve effroyable de mitraille, d'obus et de boulets sur la ligne ennemie, qu'elle prenait dans sa longueur et où tous les coups portaient.

La cavalerie ennemie fit d'inutiles tentatives pour détruire cette ligne de canons. La cavalerie de Murat lui donnait de vives préoccupations dans des charges brillantes que d'autres historiens ne manqueront pas de citer, et sans qu'il nous fût possible de déboucher sur la seconde ligne, occupée par les Russes, sur le plateau, dont une petite vallée à pente douce nous séparait encore. Nous restâmes les maîtres de leur position fortifiée, qu'ils croyaient imprenable. Je retournai auprès de l'Empereur lui donner ces détails.

La journée était déjà très avancée ; nous avions obtenu bien chèrement l'avantage sur tous les points ; mais rien n'annonçait encore qu'il ne faudrait pas recommencer le lendemain. Lorsque je revins auprès de l'Empereur, il avait pu voir et juger des bons effets produits par l'artillerie de sa garde, et il hésitait encore s'il les ferait compléter, comme beaucoup d'entre nous le désiraient, par une charge à fond de la brillante colonne de toute la cavalerie de sa garde. Dans ce moment, on lui amena un lieutenant général russe fait prisonnier. Après qu'il lui eut parlé quelques instants avec une grande politesse, l'Empereur dit à quelqu'un : « Donnez-moi son épée ! » Aussitôt on apporta une épée russe et l'Empereur la remit gracieusement à ce général, en lui disant : « Je vous rends votre épée. » Par hasard, ce n'était point l'épée du général ; et lui, ne comprenant pas ce qu'il y avait d'honorable dans le procédé de l'Empereur, refusa de la prendre. Napoléon, étonné de ce manque de tact dans un général, haussa les épaules, et, se tournant vers nous, il dit assez haut pour qu'il l'entendît : « Emmenez cet imbécile ! »

Dans ce moment la bataille semblait tirer à sa fin ; le bruit de l'artillerie diminuait sensiblement et le soleil se couchait. Le prince vice-roi avait placé une partie de ses troupes au delà du ruisseau de Kologa, à notre gauche, au pied de la hauteur de la grande redoute prise par notre cavalerie. Le prince circulait entre ses bataillons, lorsque l'ennemi, l'ayant probablement reconnu, lança un corps considérable de cosaques pour effectuer une charge et tâcher de l'enlever. Le prince, heureusement, avait jugé l'intention menaçante de ces masses de cavalerie contre notre aile gauche et, prévoyant leur attaque, il avait fait former ses divisions en carrés par régiments. Le prince n'eut que le temps de se jeter dans le 84e régiment, à côté du colonel Pegot, et d'ordonner à la garde italienne de repousser cette nuée de lances baissées qui accourait vers nous. Nos feux d'infanterie à bout portant renversèrent sur elle-même cette masse de cosaques si habiles à tourner bride. Notre cavalerie les poursuivit, rentra ensuite dans nos rangs et la nuit mit un terme à ces rudes travaux sur toute l'étendue des deux lignes ennemies.

Les tentes de l'Empereur et celles du prince major général furent dressées au pied du champ de bataille, ce qui était sans doute un signe de victoire : mais l'armée russe était encore à portée de fusil de nous ; elle aussi chantait victoire, et, chez nous, le soin de tous les chefs dut être de se préparer à recommencer. La nuit devint bientôt très noire et petit à petit on vit briller des feux trop nombreux de part et d'autre pour ne pas donner une sérieuse préoccupation pour la journée du lendemain.

En attendant le repas frugal qui allait nous réconforter, je résumai ce que j'avais vu dans la journée ; et, comparant cette bataille à celles de Wagram, d'Essling, d'Eylau, de Friedland, j'étais étonné de n'y avoir pas vu l'Empereur, comme dans les années précédentes, déployer cette activité qui commandait le succès. Aujourd'hui, il n'était monté à cheval que pour se rendre sur le champ de bataille ; là il s'était assis au-dessous de sa garde, sur un tertre incliné d'où il pouvait tout voir. Plusieurs boulets y passèrent par-dessus sa tête. Au retour de toutes mes courses, je l'y avais trouvé constamment, assis dans la même attitude, suivant de l'œil avec sa lunette de poche tous les mouvements et donnant ses ordres avec un calme imperturbable. Mais nous n'avions pas eu le bonheur de le voir, comme autrefois, aller électriser par sa présence les points où une résistance trop vigoureuse prolongeait le combat et rendait le succès douteux. Chacun de nous s'étonnait de ne pas trouver l'homme actif de Marengo, d'Austerlitz, etc. Nous ignorions que Napoléon fût souffrant et que cet état de malaise le mettait dans l'impossibilité d'agir dans les grandes affaires qui se passaient sous ses yeux, pour l'unique intérêt de sa gloire. Cependant, les Tartares des confins de l'Asie, cent peuples du Nord, tous les peuples de l'Adriatique, de l'Italie, des Calabres ; ceux du centre et des extrémités méridionales de l'Europe étaient tous ici, représentés par l'élite de leurs soldats. Ces braves déployaient dans cette journée tout leur courage pour et contre Napoléon ; le sang de 80,000 Russes ou Français ruisselait afin d'affermir ou d'ébranler sa puissance, et c'était avec une apparence de calme qu'il avait suivi les sanglantes péripéties de cette terrible tragédie. Nous étions peu satisfaits : nos jugements étaient sévères. Le repas les interrompit à onze heures, et un lourd et profond sommeil nous engourdit à notre tour; tandis que le chef, que nous accusions, veillait et calculait ses moyens pour recommencer le lendemain. Trois heures avant le jour, il me fit appeler et me dit : « Allez trouver le vice-roi, faites avec lui la reconnaissance de la ligne russe qu'il avait devant lui, et venez de suite m'informer de ce qui se passe. » C'était le 8 septembre.

(Baron Lejeune, maréchal de camp, *Souvenirs d'un officier de l'Empire*, Toulouse, 2 vol. in-8°, 1851.)

..... L'Empereur se porta à cinquante pas en avant de la redoute faisant face à l'ennemi, sa droite couverte par un bois de chênes en haute futaie dont j'ai parlé plus haut, et à notre gauche, à une portée de boulet, par un village entouré d'arbres. Il y avait à peine un quart d'heure que nous étions dans cette position, attendant les ordres du général Durosnel, lorsque le général Beliard me prit par le bras et me fit mettre en rang avec Doria, du 1er régiment, et des officiers des différentes armes. Il demanda ensuite quel était celui qui devait marcher le premier. Comme officier de carabiniers, je me présentai. « Allez, me dit-il aussitôt, allez dire au général Montbrun que l'Empereur lui donne l'ordre de se porter sur le village à gauche, avec une brigade de cavalerie légère. »

Je partis au galop, incontinent; après avoir beaucoup cherché, je trouvai le général Montbrun galopant en avant de ses chasseurs; je l'appelai; il s'arrêta avec un air de mauvaise humeur; je lui transmis l'ordre de l'Empereur, et, en grognant, il partit avec sa brigade.

(De Mailly-Nesle, *Mon journal pendant la campagne de Russie*.)

BATAILLE DE LA MOSKOWA

Enfin, le 5 septembre, à cinq lieues au delà de Ghiat et à environ vingt-cinq de Moscou, on trouva le gros de l'armée ennemie décidé à accepter la bataille ; elle occupait une belle position qu'elle avait rendue plus forte encore par des lignes de redoutes garnies d'une nombreuse artillerie ; l'une de ces redoutes gênant le développement de notre corps d'armée, dont elle dominait la position, fut enlevée à la tombée de la nuit du même jour par la division du général Compans. Le lendemain, toute la journée se passa en préparatifs de la grande bataille qui allait se livrer. L'Empereur parcourut à cheval tout le front de la position occupée par l'armée russe ; chacun de nous put aussi faire à part soi ses observations sur les points qu'il avait devant lui et à portée de sa vue, et juger de ceux qui seraient plus ou moins rudes à enlever ; du reste, pendant toute cette journée du 6, il ne fut pas tiré, je crois, un seul coup de fusil. Les corps qui, comme le nôtre, étaient arrivés en ligne dès la veille, purent se reposer tout un jour ; mais ceux qui étaient encore en arrière n'eurent que le temps d'arriver. Tous étaient joyeux de se voir, enfin, à la veille de cette bataille tant désirée et qu'on se persuadait devoir être décisive, et cependant pour combien d'entre nous ce jour-là devait-il être le dernier !...

Quant à moi, après une assez longue promenade employée à reconnaître les positions respectives des deux armées, autant que ma vue pouvait s'étendre, je revins à notre bivouac, où je passai mon temps à prendre ma première leçon d'échecs du commandant Fanfette, qui avait la passion de ce jeu et qui portait toujours avec lui un petit échiquier de carton, qui se pliait en huit morceaux, et que lui-même avait très ingénieusement confectionné ; obligé de monter à cheval, avant la fin de la leçon, je l'avais laissé là avec son échiquier ; mais à mon retour il me montra notre partie écrite au point où elle était restée, et, trois ou quatre mois après, nous l'achevâmes à Berlin. C'était un drôle d'original que ce brave commandant Fanfette, et si ce n'était pas déjà trop d'avoir suspendu mon récit de cette mémorable bataille de la Moskowa pour raconter l'épisode de notre partie d'échecs, je crois que je ne résisterais pas à la fantaisie de faire ici son portrait... Mais il faut en revenir à cette *partie*, bien autrement intéressante, que l'Empereur allait jouer si près de l'antique capitale moscovite, si loin de chez nous !

Le 6, dans la soirée, il avait appelé près de lui tous ses maréchaux et principaux généraux, afin de leur donner ses instructions pour la journée du lendemain. Chacun d'eux, après les avoir reçues, revint à son bivouac, et des ordres écrits furent portés à chaque division ; ce ne fut qu'au milieu de la nuit que le général Dessaix reçut ceux qui concernaient la sienne ; nous en prîmes lecture à la lueur du feu au tour duquel nous nous accroupîmes, à moitié endormis; mais cette lecture (en raison des chances qu'elle devait nous faire envisager, d'après la connaissance que nous avions pu prendre des positions ennemies, qu'il s'agissait d'aborder) était pour nous d'un trop puissant intérêt pour que nous n'y prêtassions pas la plus grande attention ;... l'ordre portait que notre division se mettrait en mouvement dès le point du jour et suivrait, en colonnes serrées et à peu de distance, la marche de la division Compans, qu'elle devait soutenir dans son attaque contre celles des redoutes ennemies qui avaient été désignées comme devant être enlevées par elle.

Effectivement, dès avant le jour, nous étions sous les armes. Le temps était couvert ; depuis plusieurs jours, les chaleurs avaient cessé et le paysage offrait déjà les teintes de l'automne.

Une proclamation de l'Empereur fut lue à la tête de chaque corps, aux cris répétés de : *Vive l'Empereur!* Deux bataillons de notre 85° furent laissés auprès des batteries de la garde impériale qui, avec soixante bouches à feu, avantageusement placées sur un plateau dominant quelque peu les positions de l'ennemi, avaient ouvert le bal dès que les lueurs du jour naissant avaient permis de distinguer les objets.

Pour suivre le mouvement de la division Compans, il nous fallut, avec le reste de la nôtre, descendre de ce plateau à travers d'épaisses broussailles et par une pente assez raide. A peine étions-nous sortis du bois que le général Dessaix reçut l'ordre d'aller prendre le commandement de la division Compans, qui venait d'être grièvement blessé; il se porta au galop à la tête de cette division, accompagné seulement du capitaine du Bourget, du lieutenant Magnan (l'aide de camp du général Bressand), et de moi; nous y arrivâmes au moment où les premières redoutes venaient d'être emportées; ces redoutes n'étaient que des redans, c'est-à-dire des ouvrages de campagne ayant la forme de chevrons et qui n'étaient point fermés à leur gorge, de sorte que les secondes positions de l'ennemi en balayaient l'intérieur par un feu de mousqueterie et de mitraille des plus vifs et qu'il était, dès lors, bien plus difficile de s'y loger et de s'y maintenir qu'il ne l'avait été de les emporter; aussi avait-on massé les troupes de la 5° division derrière ces ouvrages et dans les plis que présentait le terrain pour les mettre le plus possible à l'abri du feu en attendant qu'on pût entreprendre de nouvelles attaques.

Le général Dessaix, à qui l'on ne pouvait refuser de

reconnaître une grande bravoure personnelle, resta quelques instants tout à fait à découvert, à côté d'une de ces redoutes, examinant la position et les mouvements des corps russes, que nous avions devant nous ; j'étais auprès de lui, considérant aussi le même tableau, quand une balle vint briser, dans l'une des fontes de pistolets de sa selle, un flacon d'eau-de-vie dont il avait eu soin de se munir ; ce lui fut un vrai chagrin et il ne put s'empêcher, en se tournant vers moi, de s'écrier avec humeur : « C'est votre maudit cheval blanc qui me vaut cela ! » Mon cheval, l'un de ceux que j'avais acquis du général Bressand, était en effet d'une éclatante blancheur et il est vrai que les chevaux de cette robe sont assez ordinairement le point de mire des tirailleurs ennemis, attendu qu'ils sont souvent montés par des généraux et que, d'ailleurs, ils se distinguent de loin beaucoup mieux que les chevaux de couleur sombre.

Le capitaine du Bourget, pendant le peu d'instants que nous nous arrêtâmes là, avait, pour mieux se mettre à l'abri, poussé son cheval dans le fossé même du redan à côté duquel nous nous trouvions ; nous ayant vus nous éloigner au galop, pour nous porter plus en avant, il avait voulu nous suivre ; mais, à peine sorti du fossé, il avait été frappé d'un biscayen au milieu du front, et était tombé raide mort... Le soir, en repassant au même endroit, je reconnus son cadavre, bien qu'il fût entièrement nu, ayant été dépouillé de ses vêtements. Le pauvre garçon n'avait pas l'intention de rester au service : se sentant de la fortune, il voulait seulement acquérir le grade de chef d'escadron, c'est-à-dire d'officier supérieur, avant de se retirer ; mais il était écrit qu'il ne reverrait plus les bords du lac du Bourget !...

Le général Dessaix dut, peu d'instants après, reprendre le commandement de sa division, l'Empereur ayant envoyé l'un de ses aides de camp, le général Rapp, prendre celui de la cinquième, qui, en raison des pertes qu'elle avait éprouvées à l'enlèvement des redoutes, fut laissée en seconde ligne, la division Dessaix passant en première.

Nous étant portés en avant à une certaine distance, nous nous trouvions placés, en colonnes, sur la lisière d'un bois qui s'étendait à notre droite, quand nous vîmes arriver, comme une tempête, une charge de cuirassiers russes, qui se dirigeaient, non pas précisément sur nous, mais sur une batterie d'une trentaine de nos pièces, qui, à la faveur de notre mouvement en avant, était venue prendre position un peu en arrière de nous et sur notre gauche. Cette charge, en passant près de nous, essuya notre feu; mais n'en fut pas ralentie, pas plus que des décharges à mitraille de notre batterie, qu'elle culbuta en sabrant sur leurs pièces ceux des canonniers qui ne purent, en se jetant entre les roues des canons et des caissons, se mettre à l'abri des coups des cuirassiers ennemis; mais bientôt ceux-ci, ramenés en désordre par quelques escadrons français, repassèrent encore sur le flanc de notre colonne, essuyant de nouveau notre feu et les coups de baïonnette de nos soldats qui, sortant des rangs en foule, couraient au-devant d'eux pour leur couper la retraite. Nous avions estimé à environ 1,500 le nombre des cuirassiers russes qui avaient fourni cette terrible charge; mais de ces 1,500, à peine 200 regagnèrent leurs lignes; tout le reste, hommes et chevaux, demeura sur le terrain; je n'ai pas même souvenir qu'on en fît aucun prisonnier. Ils n'étaient cuirassés que par devant, et leurs cuirasses ainsi que leurs casques étaient peints en noir. A peine les derniers avaient-ils disparu que nous aperçûmes, à peu de distance, une masse d'infanterie qui s'était avancée à la faveur de leur charge. Restée à découvert et isolée, après leur retraite, elle avait fait halte ; nous la vîmes, un instant, comme tourbillonner sur elle-même, puis se retirer quelque peu en désordre ; mais en disparaissant, à son tour elle démasqua une batterie qui nous envoya plusieurs volées de mitraille dont nous souffrîmes beaucoup. Ce fut dans ce moment que le général Dessaix eut l'avant-bras droit fracassé par un biscayen. Le lieutenant Magnan et moi, nous le ramenâmes en arrière jusqu'à ce qu'il fût hors de portée du feu de l'ennemi. Nous rencontrâmes, alors, plusieurs chirurgiens qui venaient au-devant des blessés, et entre autres le premier chirurgien du roi de Naples, qui donna au général les premiers soins dont il avait besoin et qui, après avoir examiné sa blessure, l'engagea fortement à subir immédiatement l'amputation de l'avant-bras.

Le chirurgien en chef Larrey, qui survint presque aussitôt, fut du même avis et insista plus fortement encore pour obtenir du général qu'il se résignât à cette amputation ; c'était, du reste, son système en campagne, de couper le membre toutes les fois qu'il y avait fracture grave, et ce système, il l'appuyait d'excellentes raisons. Ainsi, il disait au général : « Sans doute qu'on pourrait avec quelques chances de succès tenter de vous sauver votre bras, mais il faudrait pour cela, et pendant bien longtemps, des soins tout particuliers et des ressources sur lesquelles, en campagne, dans un pays comme celui-ci et à mille lieues du vôtre, vous ne pouvez raisonnablement compter ; des privations et des fatigues sans nombre vous attendent encore et vous courez la chance de funestes accidents; tandis que dans quinze jours, vous pouvez être certain de voir votre plaie d'amputation parfaitement cicatrisée... »

Mais le général Dessaix resta sourd à toutes ces exhortations et inébranlable dans sa résolution de conserver son bras; l'événement le justifia, comme on le verra plus loin, mais ce fut grâce à un concours de circonstances aussi heureuses que fortuites, et surtout improbables. Encore fut-il condamné à souffrir tout le reste de sa vie de sa blessure, d'où, au bout de plus de dix ans, sortaient encore des esquilles.

Après l'avoir mis en lieu sûr et à portée de tous les secours qui lui étaient nécessaires, je crus de mon devoir de retourner au feu, me mettre à la disposition du général Friederichs, qui avait pris le commandement de la 4º division après la blessure du général Dessaix; le lieutenant Magnan resta auprès de ce dernier qui, d'ailleurs, ne pouvait manquer d'être rejoint par ses deux frères, le docteur et le commandant, ainsi que par ses gens.

En rejoignant la division, je retrouvai un peu en arrière de la position qu'elle occupait le colonel Achard, du 108º, n'ayant plus avec lui qu'une poignée d'hommes et son aigle : « Voilà tout ce qu'il me reste de mon régiment! » me dit-il avec tristesse.

Je retrouvai la 4º division à peu près dans la même position où je l'avais laissée; rien d'important ne s'étant passé sur ce point durant mon absence.

Le général Friederichs, en me voyant revenir, loua mon zèle et m'envoya presque aussitôt prendre les ordres du maréchal Ney; le maréchal Davout, fortement contusionné par un boulet de canon qui l'avait jeté à bas de son cheval, avait dû, momentanément, quitter le champ de bataille, et le maréchal Ney, quand je fus envoyé près de lui (c'était sur les deux heures de l'après-midi), paraissait commander seul sur toute la ligne. Le feu s'était d'ailleurs ralenti de part et d'autre, et on eût dit que le combat allait finir, faute de combattants, tant avait été grande la perte des deux armées dans le courant de la matinée; seulement, des batteries continuaient, à assez grandes distances, à se répondre les unes aux autres par de fréquentes décharges, et dans le trajet que j'eus à parcourir pour arriver jusqu'au maréchal Ney, je me trouvai suivre le fond d'un petit vallon, entendant les boulets se croiser sur ma tête; leurs sifflements, et, apparemment, les émotions de la matinée avaient tellement impressionné mon pauvre cheval, que d'un modèle de docilité qu'il avait toujours été, il était devenu, à ce moment-là, complètement rétif; si bien que je fus obligé de mettre pied à terre et de le mener par la bride; ce qu'il y a de singulier, c'est que ce n'était pas le bruit du canon qui le faisait frissonner de tous ses membres, mais bien le sifflement du boulet, tant il comprenait que le danger était là, et non dans l'explosion.

Le maréchal Ney m'envoya dire au général Friederichs de se porter en avant, et au duc d'Abrantès, qui était avec le corps westphalien, à notre droite, d'en faire autant. Je m'acquittai le plus promptement que je pus de cette double mission; le général Friederichs obéit et prit position de manière à avoir les Westphaliens en arrière de lui, en se liant toujours, par la droite, avec le corps polonais du prince Poniatowsky; quant à Junot, je le trouvai dans une clairière de bois, ayant mis pied à terre, fait former les faisceaux à ses troupes et ne paraissant nullement disposé à remuer; aussi ne tint-il aucun compte de ce que je venais de lui dire, continuant à faire, là, ce qu'on l'accusait d'avoir fait à Valoutina.

La soirée s'avançait; l'ennemi était en pleine retraite et chacun s'attendait à voir l'Empereur descendre, avec sa garde impériale, du plateau où il était demeuré en position toute la matinée, et achever la journée et la défaite de l'armée russe par un mouvement décisif; mais non, il ne bougea pas, et le général Kutusoff put se retirer paisiblement, emmenant avec lui tous ses canons, équipages et ambulances, et ne laissant que ses morts et ceux de ses blessés qui se trouvaient sur le terrain que nous occupions, après l'avoir forcé de l'abandonner...

... Pour moi, je fus ce jour-là aussi heureux que de coutume, et ne fus pas même touché dans mes habits ou ma coiffure; mon cheval eut une balle à un pied, au-dessus du sabot, laquelle ne lui fit qu'une petite écorchure, et une autre qui lui fit tout le long du col une trace où le poil était rasé comme avec un rasoir, sans que la peau fût entamée.

... Dans la soirée, je rejoignis le bivouac du général Dessaix, que je retrouvai au milieu de son monde, et supportant patiemment les douleurs que lui causait sa blessure.

Il me chargea immédiatement de rédiger le rapport qu'il avait à adresser au maréchal Davout, et qu'il signa de sa main gauche.

(Général baron Girod, de l'Ain, *Dix ans de mes souvenirs militaires, de 1805 à 1815.*

Du champ de bataille, Napoléon revint au bivouac où

il avait passé la nuit précédente. Accablé de fatigue et fort enrhumé, il avait besoin de repos et de soins; il passa pourtant encore la nuit suivante dans sa tente, ce qui augmenta son incommodité au point qu'il perdit tout à fait la voix. A la pointe du jour, je me rendis au bivouac impérial pour voir ce qu'il y avait de nouveau, et prendre les ordres du grand écuyer. On avait allumé, devant la tente occupée par Napoléon, un grand feu autour duquel se tenaient les officiers de service. Bientôt nous vîmes arriver le roi de Naples, qui vint s'y chauffer avec nous, demanda des nouvelles de la santé de l'Empereur, et s'informa s'il était déjà visible. Quelques minutes après, survint le maréchal Ney. Les deux héros de la bataille se saluèrent amicalement, et le roi dit au maréchal : « La journée d'hier a été chaude; je n'ai jamais vu de bataille comparable à celle-là, quant au feu de l'artillerie; à Eylau, l'on a tiré autant de coups de canon, mais c'était à boulets. Hier, les deux armées étaient si rapprochées, que l'on tirait presque toujours à mitraille. »

— « Nous n'avons pas cassé des œufs, reprit le maréchal; la perte de l'ennemi doit être immense, et son moral est sans doute fortement ébranlé; il faut le poursuivre et profiter de la victoire. »

— « Ils se sont pourtant retirés en bon ordre, » repartit le roi.

— « J'ai peine à le croire, répliqua le maréchal; comment cela pourrait-il être après un tel choc ? »

Cette intéressante conversation en resta là ; car Ney, mandé par l'Empereur, fut en ce moment introduit près de lui.

... Dans la matinée du 8, Napoléon monta à cheval, et, accompagné d'une nombreuse suite, dans laquelle je me trouvais, parcourut le champ de bataille de la veille, et passa en revue les différents corps qui y avaient si vaillamment combattu. Je remarquai que l'effectif de nos bataillons était considérablement diminué, il y en avait qui me parurent ne pas compter 100 hommes dans leurs rangs ; mais cette diminution extraordinaire ne devait pas être uniquement attribuée aux pertes considérables, que notre infanterie avait éprouvées pendant le combat ; elle provenait sans doute aussi, en partie, du grand nombre d'hommes qui en avaient été détachés, soit pour relever les blessés et les porter aux ambulances, soit pour chercher des vivres dans les campagnes, environnantes. En approchant d'un petit village, qui était entièrement incendié, nous trouvâmes le terrain jonché de morts ; des rangs entiers de gardes moskowites étaient là, couchés à terre ; c'étaient les régiments de Siemienowski et de Litewski, qui avaient été entièrement détruits.

De là, nous nous dirigeâmes vers Borodino, en longeant les hauteurs sur lesquelles avait été rangée l'armée moskowite ; elles étaient également couvertes de cadavres. Nous remarquâmes que, sur toute la ligne, il y avait généralement 3 morts moskowites pour 1 français, ce qui peut donner une idée assez juste de la proportion des pertes des deux armées, vu que l'on n'avait pas encore pu s'occuper d'enterrer les morts, et qu'ils gisaient à la place où ils étaient tombés. Quant à nos blessés, le couvent de Kolockoy avait été converti pour eux en hôpital central. Ce couvent, d'une vaste étendue, et qui ne se trouvait qu'à deux lieues du champ de bataille, offrait la facilité d'en pouvoir placer un grand nombre. A l'arrivée de Napoléon sur le champ de bataille, cette mesure d'humanité fut étendue aux blessés moskowites; il indiquait lui-même ceux que l'on devait emporter, à mesure qu'il les apercevait, ou qu'il entendait leurs gémissements; il envoya successivement tous les officiers de son état-major pour hâter cette opération, et donner de prompts secours à ces blessés. Napoléon prenait à eux le plus vif intérêt, et je vis, dans cette circonstance, ses yeux se remplir plusieurs fois de larmes. Impassible et calme pendant le combat, il était humain et sensible après la victoire.

(Comte Roman Soltyk, *Napoléon en 1812*.)

Le 5 septembre, auprès de Gridnwa, nous nous préparons à combattre le général Kutusow. A deux heures de l'après-midi, notre division, formant l'avant-garde du 1er corps, rencontre l'ennemi. Nous nous emparons de sa position. Le 6, à deux heures du matin, notre armée occupe toutes ses positions, à côté d'un ravin, de l'autre côté duquel, en avant de Seminsko, est l'armée russe, protégée par plusieurs grandes batteries. Cette journée se passe en reconnaissances et manœuvres. Le 30e est employé en tirailleurs. A huit heures du soir, je suis blessé par une balle, qui me traverse la jambe gauche au-dessous du jarret. Malgré la douleur que je ressens, je ne quitte pas ma compagnie, et je ne me retire avec elle que lorsque j'en reçois l'ordre, à onze heures du soir. Ayant rejoint mon régiment, je fais faire l'appel : il me manque vingt-trois hommes. Je me fais ensuite panser par le chirurgien-major du 30e, qui sonde ma plaie, en faisant passer sa sonde par l'ouverture de la balle; puis, clopin-clopant, je rejoins ma compagnie, avec laquelle je passe le reste de la nuit.

Le 7 septembre, à trois heures du matin, l'armée est sous les armes. Quoique blessé, je suis à la droite de ma

BATAILLE DE LA MOSKOWA

compagnie. Le régiment étant en bataille, mon colonel et plusieurs de mes camarades insistent pour que je quitte les rangs et que j'aille à l'ambulance, mais je veux partager la gloire de nos armes dans cette journée et je refuse d'abandonner mes voltigeurs... C'était la *bataille de la Moskowa* qu'on allait livrer, et je voulais aussi, moi, avoir le droit de dire un jour : J'étais à cette grande bataille sous les murs de Moscou.

A trois heures et demie, nous commençons nos mouvements pour passer le ravin. A cinq heures et demie, le régiment fait halte à demi-côte du ravin. Un soleil sans nuages brille au-dessus de nos têtes : *c'est le soleil d'Austerlitz;* il est le présage de la victoire.

A six heures du soir, un coup de canon tiré par l'artillerie de la garde est le signal du combat. Cent vingt bouches à feu commencent l'action, à notre extrême droite. Notre régiment descend le ravin et en monte ensuite l'autre côté, en ligne de bataille; marche fatigante et difficile, surtout lorsque les obus éclatent au-dessus de nos têtes et portent la mort dans nos rangs. Pendant cette marche, tous les autres corps de l'armée effectuent leurs mouvements. A huit heures, notre régiment a gravi la côte et passé le Kologha, petite rivière qui va se jeter dans la Moskowa et qui nous sépare des Russes. A dix pieds du niveau de la plaine masquée par le faîte du ravin, on rallie la ligne de bataille, et le général Morand nous fait marcher sur la grande batterie ennemie. En parcourant la ligne pour encourager les soldats, ce général, arrivé devant ma compagnie, voit que je suis blessé grièvement. « *Capitaine,* me dit-il, *vous ne pouvez suivre, retirez-vous à la garde du drapeau.* » Je lui réponds : « *Mon général, cette journée a trop d'appas pour moi, pour que je ne partage pas la gloire que le régi-*

ment va acquérir. » — « *Je vous reconnais,* » réplique le général en me prenant la main; et il continue de parcourir la ligne de bataille, au milieu des boulets qui tombent de toutes parts. Notre régiment reçoit l'ordre d'avancer. Arrivés sur le faîte du ravin, à demi-portée de la grande batterie russe, nous sommes écrasés par la mitraille de cette batterie et par le feu de plusieurs autres qui la flanquent: mais rien ne nous arrête. Ainsi que mes voltigeurs, malgré ma jambe blessée, je saute pour laisser passer les biscayens qui roulent dans nos rangs. Des files entières, des demi-pelotons tombent sous le feu de l'ennemi, et laissent de grands intervalles. Le général Bonamy, qui est à la tête du 30°, nous fait faire halte au milieu de la mitraille; il nous rallie, et nous continuons de marcher au pas de charge. Une ligne russe veut nous arrêter : à trente pas d'elle, nous faisons un feu de régiment et nous passons dessus. Nous nous élançons vers la redoute, nous y montons par les embrasures; j'y entre au moment où une pièce vient de faire feu. Les canonniers russes nous reçoivent à coups de leviers et de refouloirs. Nous combattons avec eux corps à corps, et nous trouvons de redoutables adversaires. Un grand nombre de Français tombent dans des trous de loup pêle-mêle avec les Russes qui sont déjà dedans. Entré dans la redoute, je me défends avec mon sabre contre les canonniers, et j'en sabre plus d'un. Telle est l'impétuosité de nos soldats, que nous dépassons la redoute de plus de cinquante pas. Mais nous ne sommes point suivis par les autres régiments de la division, qui sont eux-mêmes aux prises avec les Russes, excepté un bataillon du 13° léger qui nous seconde, et nous sommes contraints de battre en retraite, en traversant la redoute, la ligne russe qui s'est relevée et les trous de loup;

aussi notre régiment est-il foudroyé. Nous nous rallions derrière la redoute, toujours sous la mitraille de l'ennemi, et nous tentons une seconde charge ; mais, n'étant pas soutenus, nous sommes en trop petit nombre pour réussir, et nous nous retirons avec 11 officiers et deux cent cinquante-sept soldats : tout le reste est tué ou blessé. Le brave général Bonamy, qui n'avait pas quitté la tête du régiment, a été laissé blessé dans la redoute après avoir reçu quinze blessures : il est prisonnier des Russes.

J'ai fait plus d'une campagne, mais je ne m'étais pas pas encore trouvé dans une aussi sanglante mêlée et avec des soldats aussi tenaces que les Russes. Je suis dans un état épouvantable : mon schako a été emporté par la mitraille ; les pans de mon habit sont restés dans les mains des soldats russes en combattant corps à corps avec eux ; je suis couvert de contusions de tous côtés ; la blessure de ma jambe gauche me fait horriblement souffrir, et, après quelques minutes de repos sur un plateau où nous nous sommes ralliés de nouveau, affaibli par la perte de mon sang, je tombe sans connaissance. Des voltigeurs me font revenir à moi et me portent à l'ambulance, au moment où l'on y panse le général Morand, qui a été blessé au menton par un biscayen. Il me reconnaît, me tend la main, et, lorsqu'il est pansé, il fait un signe au chirurgien pour me recommander à ses soins. Le docteur s'approche de moi, et examine ma blessure, pousse son petit doigt dans le trou de la balle, atteint son bistouri, fait la croix d'usage à chaque trou, et, avec sa sonde, me traverse la jambe entre les deux os. *Blessure heureuse !* me dit-il ; puis il en retire des esquilles. Ensuite il me met le premier appareil et me dit de me rendre à l'ambulance de l'armée, à Kologha, où sont déjà des milliers de blessés, mais peu du 30ᵉ : ils sont restés dans la redoute... Cependant, j'arrive dans une chambre où sont 27 officiers du régiment, dont 5 amputés, couchés sur la paille ou sur le carreau et manquant absolument de tout. Il y a plus de 10,000 blessés à cette ambulance; toutes les maisons de Kologha en sont remplies.

Mon soldat de confiance, échappé au carnage, s'était rendu le soir sur le champ de bataille pour m'y chercher; mais d'autres soldats du régiment lui ayant appris que j'étais à l'ambulance, il vint m'y joindre avec mes chevaux. C'est à lui que je dois la vie, ainsi que plusieurs de mes camarades, par l'activité qu'il mit à nous procurer des vivres. J'ai payé un œuf 4 francs, une livre de viande 6 francs et un pain de trois livres 15 francs. Je possédais heureusement 400 francs, que m'avaient envoyés à l'ambulance ceux de mes chefs échappés au carnage.

Le lendemain quelques soldats du 30ᵉ, blessés légèrement, parcourent les salles. Un de mes voltigeurs m'aperçoit et s'écrie : *Ah! mon Dieu! capitaine, on vous avait dit tué... Ah! que je suis content ne vous revoir... aussi pourquoi diable ne vous êtes-vous pas contenté de votre blessure?...* Et ce témoignage d'affection, que ne m'ont jamais refusé ceux qui ont servi avec moi, me fait pour un moment oublier ma triste situation. Ce même voltigeur m'apprend que mon lieutenant est tué, que mon sous-lieutenant est grièvement blessé; que mon sergent-major, 3 sergents, 6 caporaux et 57 soldats sont morts; et qu'il ne reste que 5 hommes de toute ma compagnie. Le régiment est réduit à environ 300 hommes, de 4,100 qu'il comptait dans ses rangs. Dans la nuit du 9, 7 officiers de ma chambrée meurent.

Enfin, j'apprends les résultats de la bataille de la Moskowa, dans laquelle nos troupes ont remporté la plus éclatante victoire... Dix jours après cette mémorable journée, plus des trois quarts des blessés de l'ambulance de Kologha meurent faute de secours et de nourriture.

Pendant mon séjour à l'ambulance, le 14 septembre, l'armée française entre dans Moscou... Assez de relations ont parlé du terrible incendie de cette capitale : je n'ai point vu cet effroyable spectacle.

Le 28 septembre, me trouvant assez bien de mes blessures, quoique je ne puisse marcher qu'à l'aide d'une béquille, j'obtiens de partir avec un détachement pour rejoindre mon régiment à Moscou. Je fais mes adieux à mes camarades. Mon soldat, qui avait eu tant de soins pour moi, m'amène mes chevaux le lendemain. Comme j'ai perdu mon portemanteau, je suis bientôt prêt. Je quitte mes compagnons d'infortune, en leur laissant le peu de vivres qui me restent encore, et je me réunis à un détachement de près de 700 hommes, qui accompagne le prince Poniatowski.

Nous passons par Mojaisk, où nos troupes ont remporté, le 8, une nouvelle victoire. Nous y trouvons une immense quantité de blessés, tant Français que Russes. Nous traversons le champ de bataille. Des centaines de chevaux, blessés grièvement ou ayant des jambes cassées, y paissent tranquillement. Des soldats russes, encore existants, ayant des jambes amputées, se traînent sur ce champ de carnage où on les a abandonnés : ils n'ont vécu qu'avec ce qu'ils ont trouvé dans les havresacs des soldats morts et qui n'ont pas été ramassés. J'en vois un, entre autres, qui s'est traîné sur le bord de la route; sa jambe, fracturée, est attachée avec des chiffons; la moitié de son corps est dans le ventre d'un cheval, dont il dévore la chair comme un chien. Ce malheureux ne se retire qu'en entendant le bruit de nos pas. Nous lui donnons de l'eau et quelques vivres, puis nous nous éloignons.

Le 30 septembre, devant traverser un bois, où, nous dit-on, se sont réfugiés plusieurs bandes de cosaques, nous nous formons en colonne, par sections. Les hommes à cheval (je suis du nombre) composent l'avant-garde, que commande un aide de camp du prince Poniatowski. A l'entrée du bois, cet aide de camp, marchant en avant avec 4 hussards, est attaqué. Il est pris avec 3 hussards, et le quatrième est blessé. Nous ne sommes qu'à cinquante pas de lui : nous chargeons; mais des centaines de cosaques, sortant du bois, tombent sur nous, coupent une partie de l'avant-garde, où je me trouve, et repoussent l'autre partie jusqu'à la tête de la colonne, qui les accueille par une décharge de mousqueterie. Ils se rejettent alors dans le bois, où les poursuivent quelques tirailleurs. Dans leur fuite, ils rencontrent la moitié de l'avant garde qu'ils ont coupée, et ils sabrent plusieurs des nôtres. Grâce à la bonté de mon cheval, je parviens à traverser leurs rangs et à rejoindre la colonne. Je n'ai reçu aucune nouvelle blessure, mais celle de mon jarret se rouvre, je perds beaucoup de sang et je ne peux ni marcher, ni me tenir à cheval. On me place sur un fourgon, et j'arrive ainsi à Moscou à huit heures du soir.

A l'aide de deux soldats, je me rends au quartier du 30°. Mes chefs et mes camarades me reçoivent avec le plus vif intérêt. Deux voltigeurs ont rejoint ma compagnie, qui est maintenant de sept hommes. Parmi eux, c'est à qui me manifestera le plus vivement le plaisir qu'ils éprouvent de me revoir. Ils m'apportent des vivres, du vin, du sucre, du café. Chacun d'eux veut me faire un cadeau, en me faisant présent de quelques-uns des objets qu'ils ont trouvés dans les ruines fumantes de Moscou. Celui-ci me donne des couverts en argent; celui-là, un lingot d'or fondu; l'un une cuiller à soupe; l'autre une pelisse doublée en hermine; et tout cela forme une somme considérable.

(*Mémoires du capitaine François.*)

BATAILLE DE BORODINO

26 AOUT / 7 SEPTEMBRE

(Version russe)

Les troupes russes, réunies sur le champ de bataille de Borodino, se composaient de la 1re armée, commandée par Barclay, qui formait l'aile droite et le centre, et de la 2e, aux ordres du prince Bagration, qui, à elle seule, constituait l'aile gauche. Les troupes furent disposées de la manière suivante : Bagowout avec le 2e corps d'infanterie prit place à l'extrême droite. A sa gauche, plus en avant, et en échelons, venait le 4e corps d'Osterman, et derrière celui-ci le 2e corps de cavalerie de Korff. Ces troupes qui formaient l'aile droite étaient subordonnées au général Miloradowitch, tout récemment venu à l'armée avec des renforts, dont 12,000 hommes de la milice de Moscou. En arrière, venaient les réserves, savoir : le 1er corps de cavalerie d'Ouwaroff et neuf régiments de cosaques aux ordres de Platoff. Le centre de la position était occupé par le 6e corps de Doctoroff, qui couvrait tout l'espace entre Gorki et la grande lunette, ayant pour réserve le 3e corps de cavalerie, commandé par Pahlen Second. A l'aile gauche, le 7e corps de Raeswki occupait tout l'emplacement compris entre la lunette du centre et Semenowskoë, avec le 4e corps de cavalerie de Siewers pour réserve. La 2e division de grenadiers, détachée du corps de Borosdine, avait pris position derrière le village de Sémenowskoë entièrement démoli, et la division des grenadiers réunis du comte Woronzow fut destinée à défendre les flèches construites sur les éminences à gauche du village. Faisaient aussi partie de l'aile gauche, la 27ᵉ division de Néwérowsky (du 8ᵉ corps), et la division de cuirassiers de Douka, rangées sous les ordres du prince Gortchakoff, spécialement chargé de défendre la redoute de Schéwardino. La 27ᵉ division s'établit derrière cette batterie, ayant la cavalerie aux flancs; trois régiments de chasseurs furent placés près de Doronino, à l'extrême gauche, et occupèrent toutes les broussailles qui environnent ce village : douze pièces de batteries furent mises en position dans la redoute même. La grande réserve de l'armée se trouvait entre Tatarinowo et Kniaskowo : elle se composait du 3ᵉ corps de Toutchkoff, du 5ᵉ de Lawroff (garde impériale), et de la 1ʳᵉ division de cuirassiers, commandée par Borosdine. Cent quatre-vingts pièces de canon, formant le grand parc de réserve étaient rangées à Psaréwo : à Tatarinowo, était établi le grand quartier général. Toute l'infanterie de ligne était disposée le jour de la bataille sur deux lignes, en colonnes serrées de pelotons : la cavalerie, également rangée en deux lignes, seulement avec front déployé. Tout les régiments de chasseurs avaient été dispersés en tirailleurs devant le front de la position, dans les broussailles, les ravins et les bois, situés aux deux extrémités. Le village de Borodino était défendu par le régiment des chasseurs de la garde : cinq régiments de cosaques devaient observer les bords de la Kalotcha et de la Moskwa, sur la droite, et six autres régiments aux ordres du général Karpoff, couvraient l'extrême gauche, en éclairant l'ancienne route de Smolensk.

Napoléon avait couché la nuit du 23 au 24 août[1] à Gridnewo, après avoir eu un vif combat à soutenir contre l'arrière-garde de Konownitzin. Le 24, au matin, il poursuit sa marche. Bientôt, inquiété par le feu de nos tirailleurs, disposés sur les bords de la Kalotcha, et par celui de la redoute de Schéwardino, il lance sur la rive droite la cavalerie de Murat, et la division Compans pour emporter à tout prix ce poste avancé : mais la résistance qu'il rencontre l'oblige à renforcer l'attaque, et Gortchakoff, qui a sur les bras un ennemi trois fois plus nombreux, demande du secours. Les grenadiers du prince Charles de Meklembourg et ceux de Woronzow accourent pour le soutenir, mais les efforts de l'ennemi vont toujours en croissant, surtout vers le soir. Trois points essentiels sont menacés, le bois de gauche, la redoute de Schéwardino et les approches de Sémenowskoë. Gortchakoff renforce chacun de ces points par un régiment, et se réjouit déjà de pouvoir soutenir la lutte jusqu'à la nuit tombante. Mais l'obscurité survient, et le combat, loin de cesser, n'en devient que plus acharné. Sur ces entrefaites, on croit entendre des pas lourds de colonnes de cavalerie qui se portent dans l'intervalle qui sépare Schéwardino de Sémenewskoë. En effet : l'ennemi, profitant de l'obscurité, est sur le point d'enfoncer notre position. Que fera Gortchakoff ? il ne lui reste plus pour toute réserve qu'un seul bataillon du régiment d'Odessa, qui, après toutes les pertes essuyées depuis l'ouverture de la campagne, est réduit à deux cent cinquante hommes. Quant aux cuirassiers de Douka, il a dû les reléguer hors de la portée du canon, pour les soustraire aux épouvantables ravages de l'artillerie en-

---

[1] Il faut ajouter 12 jours de plus pour le calendrier français.

nemie, et cependant il n'a pas un moment à perdre pour sortir de ce mauvais pas. Dans cette extrémité, Gortchakoff imagine un stratagème qui a le succès le plus complet. Il ordonne au bataillon du régiment d'Odessa, de battre la charge, de pousser des cris d'hourra et de marcher à la rencontre de la cavalerie ennemie; toutefois, il a soin de recommander au chef de ce bataillon de se bien garder d'en venir aux mains, attendu que ce mouvement n'est qu'une ruse de guerre pour donner le change à l'ennemi : en même temps il fait courir après la division Douka. Les Français que les cris étourdissants d'hourra et le roulement du tambour ont subitement saisis, s'arrêtent incertains, ignorant quel est le nouvel et invisible ennemi que cache la profonde obscurité du soir. C'est tout ce qu'a voulu Gortchakoff; il les a tenus assez longtemps en arrêt, pour donner le temps à la division Douka d'accourir. Le bataillon d'infanterie se range, et quatre régiments de cuirassiers se précipitent à l'attaque au milieu des ténèbres, fondent sur la cavalerie française forte de plus de 4,000 hommes, enlèvent de vive force cinq pièces de canon et portent la destruction dans les rangs ennemis. En attendant la redoute continuait à être l'objet des attaques furieuses de l'ennemi; trois fois elle passe de mains en mains, et le 61ᵉ de ligne est presque entièrement détruit dans ce massacre affreux. Cette lutte sanglante pendant laquelle on vit des combattants demeurer plus de trois quarts d'heure sous une grêle de balles à dix toises les uns des autres, ne finit que bien avant dans la nuit. Une heure après que tout fut rentré dans le silence, Gortchakoff, qui avait conservé ses positions, reçoit l'ordre de les abandonner pour rejoindre le gros de l'armée. Le but pour lequel la redoute de Schéwardino avait été construite venait d'être atteint, et d'ailleurs, elle était trop éloignée de la ligne principale, pour qu'elle pût être conservée le jour de la bataille sans d'immenses sacrifices : aussi son abandon fut-il résolu. Les Français s'y installèrent aussitôt après que les Russes l'eurent évacuée.

Le combat de Schéwardino, dont on a trop peu parlé parce qu'il a été absorbé par les gigantesques événements du surlendemain, a cela de bien remarquable que 14,000 à 15,000 Russes tinrent en échec plus de 45,000 Français combattant sous les yeux de Napoléon, résultat d'autant plus important, que le but de l'ennemi était de tourner tout d'abord la position de Borodino en se frayant un passage par l'ancienne route de Smolensk, qui le menait droit sur les derrières de l'armée russe. Il est juste de dire que toute la gloire de cette journée appartient au prince Gortchakoff, auquel la rude tâche de contenir l'ennemi avait été confiée. On ne s'étonnera pas que beaucoup de détails intéressants et de faits d'armes glorieux aient échappé aux rapports officiels, qui ont été faits sur cette journée, quand on se rappellera que les généraux qui devaient les recueillir et les faire connaître, tels que le prince Bagration, son chef d'état-major le comte de Saint-Priest et le prince Gortchakoff lui-même furent blessés dans la journée du 26, et durent quitter l'armée. Quand, plus tard, en 1813, ces deux derniers généraux eurent reparu, d'autres événements s'étaient succédé, et des détails comme ceux que nous venons de rapporter ne pouvaient plus être que d'un intérêt secondaire.

Le lendemain 25 août, le silence le plus profond régnait dans les deux camps, où deux formidables armées, dont l'une composée de tous les contingents de l'Europe, se trouvaient en présence, brûlant de mesurer leurs gigantesques forces. C'était le calme qui précède la tempête. Ce même jour, l'image révérée de la sainte Vierge de Smolensk, qui avait suivi l'armée depuis l'abandon de cette ville, fut promenée solennellement sur tout le front de la ligne de bataille, et chacun put se préparer avec recueillement à faire le sacrifice de sa vie à son souverain et à sa patrie; scène religieuse et muette, plus éloquente mille fois que tous les discours humains, et qui ne s'effacera jamais de la mémoire de ceux qui en furent les témoins!

BATAILLE DU 26 AOUT

Napoléon n'avait eu besoin que de jeter un coup d'œil sur l'ensemble de notre position, pour juger au premier aspect que notre flanc gauche offrait le plus de prise à l'attaque; aussi se décida-t-il à diriger de ce côté tous ses efforts, se bornant à de fausses attaques ou à la défensive sur le centre, et à une plus simple observation de notre droite par de la cavalerie. Poniatowsky, avec ses Polonais, a ordre d'attaquer par la vieille route de Smolensk et de chercher à déborder la gauche des Russes. Davoust avec trois divisions du 1er corps, Ney avec le 3e, et Junot avec le 8e, composé de Westphaliens, devaient se former en échelons et attaquer notre aile gauche; le roi de Naples, avec les trois corps de cavalerie de Nansouty, Montbrun et Latour-Maubourg, était désigné pour les soutenir. Toutes ces troupes avaient franchi la Kalotcha. Le vice-roi d'Italie, avec le 4e corps, la cavalerie de Grouchy et deux divisions du corps de Davoust, était destiné à agir contre le centre, et se trouvait par conséquent sur la rive gauche de cette même rivière. La cavalerie d'Ornano fut placée à

Beszoubowo, afin d'observer notre droite. La vieille et la jeune garde, formant la grande réserve de l'armée française, avaient d'abord pris position à Fomkino, mais aussitôt après le combat du 24, elles passèrent à Schéwardino. Plusieurs redoutes avaient été élevées tant au flanc droit des Français qu'en face de Borodino : d'autres, qui n'avaient été qu'ébauchées, devaient servir à couvrir la gauche du vice-roi.

Koutousoff, voyant que l'ennemi concentrait des forces imposantes contre son aile gauche, et pénétrant l'intention de Napoléon de le déborder par l'ancienne route de Smolensk, renforça ce point de la position par le 3° corps de Toutchkoff, et 7,000 hommes de la milice de Moscou aux ordres du général Markoff. Toutchkoff disposa son corps en avant d'Outitza, et dispersa quatre régiments en tirailleurs pour garnir tout l'espace qui le séparait du flanc gauche de la principale position. De leur côté, les Français avaient établi à Schéwardino deux batteries de soixante pièces de canon chacune, pour soutenir les attaques de leurs colonnes. Ce fut sur cette même redoute de Schéwardino, si furieusement disputée l'avant-veille, que Napoléon s'établit pour observer le combat.

Le 26 août, à cinq heures et demie du matin, le soleil, se dégageant d'un brouillard qui tombait en pluie fine, présageait une belle journée. Napoléon s'écrie : « C'est le soleil d'Austerlitz », fait distribuer dans tous les régiments une proclamation qui exalte le courage de ses soldats, et donne le signal de l'attaque. Aussitôt la fusillade partie de notre flanc gauche s'étend avec la rapidité de l'éclair sur tout le front de la ligne de bataille, et l'artillerie commence à lancer ses foudres meurtrières. La grêle de boulets, d'obus, de mitraille et de balles que vomissaient plus de quinze cents bouches à feu et deux cent cinquante mille fusils faisait trembler la terre sous nos pas, et semblait ne devoir épargner personne, tant la mort était prompte à moissonner ses victimes. Mais tâchons de suivre cet épouvantable carnage dans ses différentes phases.

Poniatowsky se porte en avant par la vieille route de Smolensk. Toutchkoff, après une résistance opiniâtre, obligé de céder au nombre, se replie jusqu'au mamelon qui domine la plaine d'Outitza : le feu de son artillerie, avantageusement placée sur cette hauteur, arrête les progrès de l'ennemi. En même temps, Davoust, soutenu par le feu de cent vingt pièces, s'ébranle pour emporter les hauteurs de Sémenowskoë, que Gortchakoff défend avec les divisions Woronzow et Néwérowsky, tandis que le vice-roi s'apprête à attaquer Borodino avec la division Delzons. Davoust se précipite avec impétuosité contre les flèches à gauche de Semenowskoë, que les Russes, trois fois plus faibles, défendent avec un courage héroïque. Les colonnes françaises, subissant un épouvantable feu de mitraille au sortir du bois, serrent leurs rangs et marchent droit sur nos batteries, mais les baïonnettes russes arrêtent leur élan et les culbutent en leur faisant éprouver une perte excessive. Davoust, obligé de rallier sous la mitraille les deux divisions de Compans et de Dessaix, se voit deux fois refoulé avec perte jusque dans le bois. Bientôt après, Ney, soutenu par le feu de la grande batterie, vient renforcer Davoust par sa gauche, et l'attaque est renouvelée avec furie. L'artillerie et l'infanterie russes accueillent l'ennemi par une pluie de balles et de mitraille, mais les Français, sans se déconcerter, se précipitent dans les intervalles des canons, et parviennent à pénétrer dans les flèches par la gorge. Cependant leur triomphe n'est pas de longue durée. Les divisions Woronzow et Néwérowsky chargent à la baïonnette, et avec l'aide du 4° corps de cavalerie, parviennent à culbuter l'ennemi qui, cette fois encore, subit une perte prodigieuse. Les immenses et nombreuses masses que Napoléon pousse toujours en avant, sont une preuve évidente qu'il ne s'agit point ici pour lui de mouvements stratégiques, mais qu'il veut, n'importe à quel prix, écraser par le nombre, sans s'inquiéter des immenses sacrifices que cette manière de procéder doit lui coûter. Déjà, des deux côtés, on a acquis la certitude que le sort du combat se réglera sur les hauteurs de Sémenowskoë, véritable clef de la position des Russes. Le comte Woronzow, chargeant lui-même à la baïonnette à la tête de ses bataillons, reçoit un coup de feu à la jambe, qui le force de quitter le champ de bataille. Bagration, menacé de se voir enlever ses flèches, ordonne à Toutchkoff de détacher la division Konownitzin au secours de Woronzow et de Néwerowsky, et Koutousoff prend dans sa réserve les deux régiments de la garde (Izmaïlowsky et Lithuanie) pour renforcer l'aile gauche : il les fait suivre d'une brigade de grenadiers, de trois régiments de cuirassiers et de trois compagnies d'artillerie de la garde. En même temps, le colonel Toll, quartier-maître général de la première armée, reçoit l'ordre de faire passer le 2° corps de Bagowout de l'extrême droite à l'extrême gauche.

Passons maintenant au centre où, comme nous l'avons vu, la division Delzons s'apprêtait à attaquer le village de Borodino. Les chasseurs de la garde, surpris à l'aube du jour par des forces infiniment supérieures, repoussent longtemps les attaques des Français, mais enfin, écrasés par le nombre, ils évacuent Borodino et repassent la Kalotcha : l'ennemi se précipite sur leurs pas, et le moment allait devenir critique pour les nôtres, lorsque l'intrépide colonel Karpenko, à la tête du 1er régiment de chasseurs, vole à leur secours, commence par arrêter l'ennemi par une bordée lâchée à bout portant, et puis se précipite sur lui à la baïonnette. Les Français sont refoulés derrière la Kalotcha, et Karpenko détruit le pont sous leurs yeux mêmes. L'ennemi renonce ensuite pour toute la durée du combat à repasser la rivière sur ce même point.

Les attaques infructueuses dont les flèches de Sémenowskoë ont été l'objet, n'ont fait qu'accroître encore l'ardeur des Français. Ney et Davoust s'apprêtent de nouveau à les enlever. Longtemps, ils luttent avec désavantage, mais, à la fin, les trois flèches tombent en leur pouvoir et le général Dufour, en tête de la division Friant, franchissant le ravin de Sémenowskoë, pénètre dans le village même. Mais cette fois encore l'ennemi ne parvient pas à se maintenir dans les positions qu'il a emportées au prix de tant de sang. Le général Borosdine, avec les grenadiers de la 2e division, exécute une brillante charge à la baïonnette, arrache à l'ennemi les trois flèches dont il s'était emparé, et le poursuit l'épée dans les reins jusque dans le bois, tandis que Konownitzin reprend possession de Sémenowskoë, et refoule l'ennemi au delà du ravin. Au plus fort de cette lutte sanglante, Gortchakoff, atteint d'un boulet au bras, quitte le champ de bataille.

Les deux maréchaux français, voyant tous leurs efforts infructueux, se renforcent des corps de cavalerie de Nansouty et Latour-Maubourg, reviennent encore une fois à la charge, s'emparent de nouveau des flèches, mais derechef en sont débusqués par la division Konownitzin. C'est alors que Ney sent la nécessité de s'adjoindre le corps de Junot, jusque-là tenu en réserve. Aussitôt ce général entre en ligne, se met en rapport avec Poniatowsky, et se prépare à nettoyer le bois de tous les tirailleurs qui le garnissent. S'il réussissait, notre position devenait des plus critiques, car les flèches courraient risque d'être tournées et Toutchkoff séparé du gros de l'armée. Mais Bagowout arrive à un point nommé pour rétablir l'équilibre. Deux de ses régiments, conduits par Olsoufieff, se portent au secours de Toutchkoff : la division du prince Eugène de Wurtemberg va renforcer les cuirassiers du prince Galitzin, chargés de défendre le plateau à gauche de Sémenowskoë, et quatre régiments d'infanterie chargent les Westphaliens qui déjà talonnaient de près nos chasseurs et étaient sur le point de prendre en flanc nos cuirassiers. Le danger est conjuré pour cette fois : l'ennemi est culbuté, chassé jusque dans le bois, et tous les efforts qu'il tente pour reprendre ses avantages demeurent infructueux.

Sur ces entrefaites, Poniatowsky avait porté sa droite en avant, pour se rendre maître de la batterie placée sur le mamelon d'Outitza, que défend Strogonoff, soutenus par le feu de quarante pièces que les Polonais ont placées à droite d'Outitza, leurs colonnes courent à l'attaque, et malgré la vigoureuse résistance des Russes, le nombre l'emporte, et cette hauteur tombe en leur pouvoir. La perte de ce point important qui domine tous les alentours exposait les Russes à livrer tout à fait la vieille route de Smolensk, et à se voir débordés par la gauche. Toutchkoff, qui apprécie le danger de la situation, a résolu d'arracher à tout prix cette éminence à l'ennemi. Il se met à la tête des grenadiers de Pawlowsk, et tandis qu'il charge les Polonais de front, Strogonoff avec quatre régiments de grenadiers les attaque par la droite, et Olsoufieff, avec deux régiments de chasseurs, se précipite sur leurs derrières. Cette attaque simultanée obtient le succès le plus complet : Strogonoff replace aussitôt nos batteries sur le mamelon, et leur feu bien dirigé achève de porter le désordre dans les rangs des Polonais, réduits à chercher un refuge hors de la portée du canon. Dans cette attaque, le commandant du 3e corps, Toutchkoff, est blessé à mort : il remet le commandement à Olsoufieff, en attendant l'arrivée de Bagowout.

Transportons-nous maintenant au centre qui est le théâtre d'un combat des plus acharnés. Les chasseurs de la 12e et 26e division, après s'être longtemps défendus avec opiniâtreté et vigueur dans les broussailles qui se trouvent au confluent de la Kalotcha et du ruisseau de Séménowskoë, doivent céder à la fin devant les nombreux bataillons du vice-roi qui, débouchant tout à coup dans la plaine, se présentent devant la grande lunette du centre. La 26e division de Paskewitch contient encore l'ennemi pendant plus d'une heure, mais, écrasée dans cette lutte inégale, elle se replie, et le général français Bonami, avec le 30e de ligne, pénètre dans la lunette à travers la grêle de mitraille qui pleut sur lui. Les généraux Yermoloff et Koutaisoff, l'un chef d'état-major, l'autre chef de l'artillerie de la première armée, craignant que ce succès ne facilite à l'ennemi les moyens d'enfoncer notre centre, sont décidés à conjurer ce danger à tout prix. Ils se mettent à la tête du 3e bataillon du régiment d'Ouffa, qui se trouve à leur portée, et se précipitent sur le retranchement avec une impétuosité digne de la gravité du cas. En même temps, Wassiltchikoff, avec une partie de la 12° division, attaque par la droite, les 19° et 20° chasseurs chargent par la gauche, et Paskéwitch, avec les débris de sa division, fond sur les derrières. En un instant, la lunette est reprise, et le général Bonami, criblé de blessures, tombe entre nos mains. L'ennemi est mis en fuite, et Barclay le fait poursuivre par deux régiments de dragons, qui portent le désordre jusque dans la réserve française. La perte de l'ennemi, à l'attaque de cette lunette, est incalculable : toute l'esplanade devant ce retranchement est couverte de ses morts. Les Russes ont aussi une perte sensible à déplorer. Le comte Koutaisoff, jeune héros, auquel souriait le plus bel avenir, périt de la mort des braves. Après cette infructueuse tentative, le vice-roi ramène des troupes en deçà du ravin de Sémenowskoë : puis il redouble le feu de ses batteries, et occasionne de si grands ravages dans la 26° division, qu'on est obligé de la remplacer par la 24°, commandée par Lihatcheff, auquel Yermoloff, blessé, remet le commandement de la lunette. Une vive fusillade continue encore sur ce point pendant plusieurs heures de suite.

Il faut rapporter à ce moment de la bataille le mouvement opéré par la cavalerie d'Ouwaroff et les cosaques de Platoff contre la gauche des Français. L'hetman des cosaques qui, dès le commencement de l'action, avait trouvé moyen de passer la Kalotcha à gué avec deux mille chevaux, avait poussé assez avant pour s'assurer que la gauche du vice-roi était tout à fait à découvert. Sur le rapport qu'il en a fait à Koutousoff, il lui est enjoint ainsi qu'à Ouwaroff de tenter une diversion de ce côté, pour distraire l'attention de l'ennemi de son attaque principale contre notre flanc gauche. Ouvaroff passe à gué la Kalotcha avec le 1er corps de cavalerie, près du village de Maloé rencontre la division Ornano, qu'il refoule au delà de la Woyna, puis se précipite sur la division Delzons, qui n'a que le temps de se former en carrés pour échapper à une destruction complète : le vice-roi lui-même est réduit à chercher un refuge dans un de ces carrés. Après plusieurs attaques de cavalerie, et une décharge des quatorze pièces d'artillerie volante qu'il a avec lui, Ouvaroff force l'infanterie française à repasser la Woyna ; mais bientôt la garde italienne paraît, et arrête les progrès de la cavalerie russe. Alors Ouvaroff se replia sur Novoë, où il demeura jusqu'au soir. Les cosaques de Platoff, franchissant la Woyna, se dispersent au milieu des colonnes ennemies, et portent partout le désordre et la confusion. Bientôt cependant ils sont forcés de rejoindre Ouvaroff.

Il est près de onze heures : malgré les immenses sacrifices des Français, ils n'ont encore obtenu que les plus insignifiants avantages. Déjà l'ardeur des combattants semble se calmer de part et d'autre ; quand Napoléon, mécontent de la lenteur du succès, ordonne de reprendre une vigoureuse offensive. Aussitôt, plus de quatre cents bouches à feu sont dirigées contre les flèches de Sémenowskoë : de nombreuses et fortes colonnes tant d'infanterie que de cavalerie sont prêtes à s'élancer de nouveau pour emporter ce point important de notre position. Koutousoff, de son côté, voyant ces apprêts, porte jusqu'à trois cents le nombre des canons destinés à répondre aux batteries françaises. En même temps il fait filer vers la gauche le 4e corps d'infanterie et le 2e de cavalerie. C'est alors que commence la plus épouvantable et la plus sanglante scène de ce terrible drame. Sept cents bouches à feu réunies sur un emplacement d'environ une verste carrée, ouvrent un feu dont les annales des batailles meurtrières n'offrent aucun exemple. L'enfer semblait avoir déchaîné toutes ses foudres. Mais le feu de nos pièces n'arrête point les Français; méprisant le danger, ils serrent leurs rangs à mesure que la mitraille les enlève, et marchant à une mort presque certaine, ils continuent à s'avancer d'un pas ferme, l'arme au bras, avec une impassibilité remarquable. Cette contenance militaire arrache même au prince Bagration une exclamation involontaire d'admiration; les colonnes françaises ne peuvent avancer qu'en foulant aux pieds les corps de leurs camarades, cependant elles sont déjà sur le point d'atteindre nos pièces. En ce moment critique, au signal de Bagration, toute la ligne des colonnes russes s'ébranle, le général en chef à leur tête; la baïonnette se croise avec la baïonnette, et une lutte d'extermination s'établit corps à corps. La cavalerie accourant des deux côtés dans cette horrible mêlée, achève de porter la confusion au comble, et bientôt, fantassins, cavaliers, artilleurs, russes et français ne forment plus qu'une seule et même masse confuse, où chacun donne la mort avec tout ce qui lui tombe sous la main. Dans le plus fort de cette action meurtrière, au moment où l'ennemi semble être sur le point de céder, le prince Bagration reçoit à la jambe une blessure, devenue mortelle depuis. Il cherche d'abord à cacher son état, continue quelque temps encore à diriger le mouvement, mais bientôt, vaincu par la douleur et trahi par le sang qui coule de sa botte, on le descend de cheval, et on le couche sur le gazon; dans son ardeur militaire, il ne veut pas quitter le champ de bataille, et reste encore quelque temps à observer le combat; mais que peut le courage d'un héros contre le plomb mortel qui par les décrets de la Providence doit trancher ses jours? Bagration est forcé de se faire emporter; toutefois ses regards se tournent sans cesse vers le champ de bataille, et il a la satisfaction de voir en partant, que ses soldats n'ont point encore cédé le terrain. Mais bientôt la nouvelle fatale a parcouru tous les rangs; le bruit se répand même que Bagration a été tué; plusieurs autres généraux de marque ont aussi été blessés, et ont dû quitter le champ de bataille. Les troupes russes qui au plus critique moment sont privées de leurs plus habiles chefs, écrasées par un ennemi qui reparaît toujours plus nombreux à mesure qu'on l'extermine, sont forcées de se replier et les Français restent définitivement maîtres de nos flèches tant disputées. Encore quelques moments d'une confusion pareille chez les Russes, encore quelques troupes fraîches du côté des Français, et la bataille pouvait avoir les suites les plus désastreuses pour nous. Déjà Napoléon était sollicité par le roi de Naples de lancer sa garde au combat, mais la nouvelle qui parvient en ce moment de l'attaque exécutée par Ouwaroff, lui fait rejeter cet avis, dans la crainte de compromettre le vice-roi. De cette manière, le mouvement d'Ouwaroff, quoique de peu d'importance par lui-même eut une influence salutaire sur le sort du combat.

Le général Konownitzin qui, jusqu'à l'arrivée de Dochtoroff, avait pris le commandement, que le prince Bagration blessé lui avait remis au moment de quitter le champ de bataille, ramène, avec le sang-froid qui le caractérise, toutes les troupes derrière le ravin de Sémenowskoë, rétablit l'ordre, garnit de batteries les hauteurs en deçà du village, et tient ferme dans cette attitude jusqu'à la fin du combat. C'est en vain que les

Français font de nouveaux efforts pour pousser plus loin. Mais voilà que soudain on aperçoit les corps de cavalerie de Nansouty et de Montbrun franchir avec rapidité le ravin, et venir fondre à l'improviste sur les deux régiments de la garde d'Izmailowsky et de Lithuanie, commandés par le colonel Chrapowitzky. Aussitôt ces deux régiments, placés à la droite de Sémenowskoë un peu en arrière de ce village, se forment en carrés sous les yeux des cavaliers ennemis, les laissent approcher à une vingtaine de pas, et ne lâchent leur bordée que quand ils sont certains que tous les coups doivent porter. Trois attaques consécutives exécutées par la cavalerie saxonne de Thieleman contre les six bataillons de notre garde, sont repoussées avec un sang-froid et une fermeté dignes de servir de modèles aux troupes les mieux exercées et les plus aguerries, et nos soldats n'ont pas reculé d'un pas, quoique la mitraille n'eût cessé de les foudroyer avant chaque charge de cavalerie. L'intrépide Chrapowitzky est si sûr de ses bataillons, qu'il n'a pas même jugé à propos de prendre place dans l'un des carrés. Il désirerait même que les charges de cavalerie se renouvelassent plus souvent, parce que c'est d'autant de relâche que le canon ennemi donne à sa troupe. Bientôt la cavalerie de Borosdine paraît et trois régiments de cuirassiers se précipitent sur l'ennemi, qu'ils culbuttent et chassent au delà du ravin.

Cependant l'alerte causée à l'aile gauche des Français s'est calmée, et l'ennemi se prépare à diriger de nouveaux efforts contre la lunette du centre. Murat ordonne à Caulaincourt qui vient de remplacer Montbrun tué, de se porter avec deux corps de cavalerie par la plaine située entre Sémenowskoë et la lunette sur les derrières de ce retranchement pour chercher à y pénétrer par la gorge. Pendant ce temps le vice-roi se met en devoir de l'aborder de front avec trois divisions d'infanterie, soutenus encore par les légions de la Vistule (division Claparède) que Napoléon détache à son secours. Le 4ᵉ corps d'Ostermann vient remplacer celui de Raewsky presque entièrement détruit. Les régiments de la garde Préobrajensky et Sémenowsky forment la réserve d'Ostermann, et derrière eux se rangent le 2ᵉ et le 3ᵉ corps de cavalerie, les chevaliers-gardes et la garde à cheval. La cavalerie française franchit avec la rapidité de l'éclair le ravin de Sémenowkoë et se précipite avec furie sur l'infanterie russe. Mais les troupes du 4ᵉ corps laissent approcher cette cavalerie à une demi-portée de fusil, puis ouvrant tout à coup un feu de file bien nourri, ils la mettent en fuite. Caulaincourt seul avec ses cuirassiers réussit à pénétrer dans la lunette, mais c'est pour y trouver la mort; sa troupe s'enfuit en désordre. Cependant le vice-roi obtient plus de succès. Malgré la résistance désespérée des Russes de la 24ᵉ division, il parvient à pénétrer de front dans la lunette. Les défenseurs de ce retranchement, résolus de mourir à leur poste plutôt que de se rendre, se laissent hacher en pièces et succombent presque tous. Lichatcheff, leur chef, cherche la mort et se précipite dans les rangs ennemis, mais trahi par ses marques de distinction, criblé de blessures, il est fait prisonnier. Napoléon lui rend son épée pour honorer son courage. Rien ne saurait se comparer au tableau qu'offrait la scène de carnage dont cette lunette était le théâtre, au moment qui décida de son sort. On eût dit un volcan qui vomissait la flamme et la fumée de tous les points de sa circonférence. Cette montagne ardente, assaillie de toutes parts, tonne, éclate, lance des torrents de feu, puis soudain à tout ce fracas succède un lugubre silence, le cavalier qui sabre, le fantassin qui frappe et se défend à coups de crosse ou de baïonnette, le cliquetis des armes, le soleil se reflétant sur l'acier, les casques, les cuirasses, les cris poussés dans cette horrible mêlée, tout cela réuni faisait de cette affreuse scène un tableau digne d'exercer le pinceau du plus habile peintre. C'était sans contredit une des plus magnifiques horreurs qu'on ait jamais rencontrées à la guerre.

Sur ces entrefaites, le général Grouchy, calculant sur la désorganisation que doit avoir produite dans nos rangs l'attaque et la prise de la lunette, pense avoir bon marché de la 7e division de Kapezéwitch, placée à droite d'Ostermann, et fond dessus avec toute sa cavalerie. Mais l'infanterie russe l'accueille par un feu de mousqueterie bien nourri, tandis que les régiments des chevaliers-gardes et de la garde à cheval, conduits par le général Schéwitch, s'élançant dans les intervalles de l'infanterie, réussissent par plusieurs charges heureuses à contenir l'ennemi, jusqu'à l'arrivée des 2e et 3e corps de cavalerie, venus à temps pour consommer la déroute de Grouchy, qui, chassé, poursuivi, se voit ramené jusqu'à son infanterie.

Après toutes ces attaques, le combat, pendant longtemps, se résume en une simple canonnade, dont l'effet est pourtant si meurtrier au vice-roi, qu'il se voit obligé de cacher ses troupes dans les fossés et les ravins, où le soldat doit se tenir ou couché ou agenouillé pour se soustraire aux projectiles. Les avantages obtenus par les Français par la prise de nos flèches et de la lunette du centre sont cependant bien médiocres en proportion des pertes immenses qu'ils ont essuyées, et les Russes, quoique considérablement affaiblis, présentent encore un ordre de bataille imposant sur les hauteurs en deçà de Gorki et de Sémenowskoë. Il semblait qu'il n'eût tenu qu'à Napoléon de s'assurer de la victoire en faisant donner les vingt-cinq mille hommes d'élite qu'il tenait en réserve; mais il ne se rangea pas à l'avis de ses maréchaux, qui le pressaient d'user de cette ressource; il craignait de compromettre le sort de la campagne s'il se privait de ce dernier soutien, d'ailleurs il ignorait si les Russes n'avaient pas aussi en réserve des troupes fraîches à lui opposer. La fusillade continue encore sur toute la ligne avec plus ou moins de vivacité; de temps à autre on tente quelques charges de cavalerie, mais sans résultat marquant des deux côtés. Déjà une lassitude générale semblait succéder à l'acharnement du combat. Les coups de fusil commençaient à devenir de plus en plus rares, et la lutte expirait d'elle-même. Cependant Poniatowsky tente encore de rallumer le combat, il reprend l'attaque par la vieille route de Smolensk. Bagowout, qui voit, qu'à sa droite la ligne de bataille a été ramenée en arrière de quelques centaines de toises, ne veut plus s'épuiser en efforts pour conserver le mamelon d'Outitza, qui devient pour lui une position déjà trop avancée. Tout en combattant Poniatowsky, il se replie sur une hauteur qui domine le ruisseau de Sémenowskoë d'où il repousse toutes les attaques ultérieures dont il devient l'objet. Vers le soir, l'ennemi débouchant de Sémenowskoë, tente de s'installer dans le bois, qui se trouve en arrière du village, mais le régiment de la garde de Finlande l'en expulse à coups de baïonnette.

La nuit met fin au combat; les Français reprennent leurs positions du matin, et les Russes campent immédiatement derrière leur première ligne, leur flanc gauche seul s'est replié de quatre cents toises environ. Le mamelon que Poniatowsky vient d'emporter est bientôt abandonné par lui et un simple parti de Cosaques en prend posession, sans le moindre obstacle. Toute la nuit les Cosaques ne cessent de harceler les Français, et l'inquiétude gagne même la tente de Napoléon au point que la vieille garde a dû courir aux armes. Nos éclaireurs qui ont été lancés au delà de la Kalotcha pour observer ce qui se passe dans l'armée ennemie, viennent rapporter que les Français ont leurs chaînes d'avant-postes bien au delà de Borodino, ce qui annonce un mouvement rétrograde de leur part; aussi Koutousoff se décide-t-il à reprendre l'offensive le lendemain matin. Mais l'immensité des pertes éprouvées par l'armée et qu'on ne put approximativement évaluer que dans la nuit qui suivit le combat, peut-être aussi l'idée qui commençait déjà à germer dans la tête du général en chef sur le parti qu'il pourrait tirer et qu'il tira en effet de l'abandon du champ de bataille, décidèrent la retraite de l'armée russe, sans qu'elle y eût été réduite par la force des armes. A six heures du matin, le champ de bataille fut abandonné, et les Français s'y attendaient si peu qu'ils ne s'aperçurent qu'à dix heures de la retraite des Russes. L'acharnement avec lequel on combattit de part et d'autre fut cause qu'il n'y eut que peu de prisonniers de faits ; les trophées furent tout aussi insignifiants; nous perdîmes quinze canons et en prîmes treize. Sous le rapport stratégique, la bataille de Borodino n'offre rien de bien remarquable, à cause de la simplicité des évolutions ; on a seulement observé que jamais encore on n'avait combattu avec ce resserrement et cette profondeur de colonnes, circonstance à laquelle il faut attribuer la force de résistance opposée par les Russes, la vigueur de l'attaque, et la grandeur des pertes essuyées de part et d'autre. Le bataille de Borodino peut être en outre considérée comme le tombeau de la cavalerie française, qui ne se releva plus tant que subsista l'Empire.

(*La bataille de Borodino*, par un témoin oculaire [le prince Nicolas Boris-Galitzin], 2ᵉ édition, Saint-Pétersbourg, Charles Kray, 1840, in-8°, 51 pp.) — Cette publication a été faite au sujet de l'anniversaire de la bataille, célébré le 26 août 1839, au camp de Borodino.

MOSCOU

Pour moi, n'ayant pas eu encore le temps de me soigner, après la contusion que j'avais reçue à la tête, et sentant le besoin de prendre quelque repos, je pris les devants et arrivai à Moscou le 31 août.

Mais que l'aspect de cette grande et imposante capitale était déjà différent de ce qu'il était autrefois ! Les rues, jadis si animées, étaient devenues presque désertes ; la circulation des équipages avait presque entièrement cessé, la noblesse et une grande partie des habitants ayant émigré dans les provinces ; le peu de monde qu'on rencontrait dans les rues avait plutôt l'air d'âmes en peine qui semblaient avoir le pressentiment d'une grande catastrophe. Il suffisait de paraître quelque part en uniforme militaire, pour se voir accosté de tous côtés, questionné sur les événements, la bataille de Borodino, les probabilités d'un combat aux portes de Moscou. A toutes ces questions j'étais assez embarrassé de répondre, toutefois, je pris sur moi de calmer les inquiétudes de ceux qui me demandaient s'ils devaient se hâter de fuir la ville, en les assurant que, comme il paraissait impossible qu'on livrât Moscou sans en venir encore une fois aux mains, on aurait tout le temps de prendre la détermination de partir, quand le canon commencerait à gronder. J'avoue que j'étais parfaitement dans cette illusion, fortifiée en moi par la connaissance que j'avais de l'ordre qui avait été donné pour prendre l'offensive le lendemain de la bataille de Borodino. Je ne pouvais m'arrêter un instant à l'idée qu'on ferait le sacrifice de Moscou sans brûler une amorce pour sa défense; ce sentiment, je le partageais avec tous les militaires de l'armée qui, comme moi, ignoraient le résultat du conseil de guerre, tenu près de Moscou, à Fili.

Le lendemain 1er septembre, c'était un dimanche, je me rendis au Kremlin, à la cathédrale de l'Assomption; c'était la dernière fois que l'archevêque Augustin devait y célébrer l'office divin; mais qui l'eût pu prévoir alors? L'église était remplie; je puis dire que jamais il ne m'est arrivé d'assister à un service divin où tous les cœurs semblassent si universellement disposés à la prière, et qui offrît un recueillement plus religieux; c'est que le malheur enseigne à prier. Le souvenir de cette messe toute d'onction et de vraie ferveur ne sortira jamais de ma mémoire. Le pontife lui-même officia avec la plus touchante onction, et au moment où, élevant les yeux au ciel, il prononça d'une voix émue ces paroles : *Élevons nos cœurs, rendons grâce à Dieu!* les yeux de tous les assistants, inondés de larmes, se portèrent spontanément vers l'unique consolateur des affligés. Chaque fois qu'il m'arrive, depuis, de repasser par Moscou, je ne manque pas de me rendre à cette cathédrale, pour me reporter dans le silence du recueillement à ce moment si solennel, gravé dans mon cœur en traits ineffaçables. Le Souverain des cieux a exaucé les prières de cette assemblée de fidèles, et s'il a permis que ce saint temple fût profané dès le lendemain, c'est pour exterminer ses profanateurs, et le faire ressortir de ses ruines plus splendide que jamais.

Le 2 septembre, jour à jamais mémorable pour la ville de Moscou, je me levai de grand matin et me mettant à cheval, je me dirigeai bien vite vers la barrière de Smolensk, pour chercher à apprendre ce qui avait été décidé, brûlant de prendre part à la bataille qui devait avoir lieu. Je ne l'avais pas encore franchie, que j'aperçois de loin le général Koutousoff, qui s'apprête à faire son entrée dans Moscou, escorté de son nombreux état-major ; l'occasion était des plus favorables pour moi, pour lever toutes mes incertitudes, et je m'adjoignis à sa suite.

Nous cheminions à travers la ville de Moscou dans un morne silence, personne ne se communiquait ses idées, et chacun avait l'air absorbé dans de sombres réflexions. La solennité de cette marche silencieuse, dont personne, hormis le commandant en chef, ne connaissait ni le but ni le terme, avait quelque chose de sinistre à travers toutes ces rues, jadis si peuplées, maintenant presque désertes. On rencontrait çà et là quelques groupes d'habitants, sur les figures desquels se peignaient l'anxiété et la crainte, et qui ne recevaient aucune réponse aux questions pressantes que quelques-uns d'entre eux nous adressaient. Enfin, après avoir cheminé plus de trois heures à travers les rues tortueuses de Moscou, nous découvrons de loin les poteaux d'une barrière. « Mais quelle barrière est-ce donc ? se demande-t-on à voix basse. — Ce doit être celle de Kolomna. — Mais où donc nous mène-t-on ? — Dieu le sait ! » Telles furent les questions et les exclamations qui rompirent le sombre silence qui avait présidé à cette marche si imposante par son mystère, au milieu des dangers qui menaçaient la capitale. Ici, nous trouvâmes le gouverneur général, comte Rostopchine, sur l'impassible visage duquel il nous fut impossible de rien démêler. Il semblait attendre le général en chef, et après avoir échangé avec lui quelques paroles à voix basse, il retourna dans la ville, et nous... nous l'abandonnâmes, et, dès ce moment la triste vérité nous fut révélée ! Moscou allait être livré à l'ennemi sans défense.

Je ne suis pas de ceux qui, après l'événement, prétendent avoir prévu les suites d'une détermination telle que la reddition de Moscou ; pour moi, j'avoue que j'en eus le cœur navré de douleur et que ce sentiment, je le partageais avec l'immense majorité de ce qu'il y avait de militaires, qui jugeaient d'après l'impression qu'une telle catastrophe devait produire sur eux, et n'étaient pas doués de cet esprit de prévision, dont les généraux Koutousoff et Barclay ont fait preuve en cette circonstance. La douleur causée par cet événement se trahit par des larmes abondantes, quand bientôt après notre camp fut éclairé par la lueur des flammes de Moscou en feu. Je me calmai cependant en me rappelant alors les paroles prophétiques prononcées par le prince Bagration, à Viazma[1], et mon cœur reprenant courage se réjouit en lui-même du désappointement de l'ennemi qui, au lieu des délices de Capoue, qu'il se promettait, n'au-

---

[1] Le fait est que le 15 d'août, nous trouvant réunis en grand nombre chez le général en chef Bagration, la conversation roula sur les événements qui nous occupaient tous, et l'on se demandait où s'arrêterait ce système de retraite qui finirait par livrer Moscou sans défense à l'ennemi. Là-dessus, le prince Bagration, prenant la parole, nous dit : « *Je ne pense pas que les Français viennent jamais jusqu'à Moscou ; mais je sais de source certaine que, si ce malheur arrive, ils n'y entreront qu'au milieu des ruines et des cendres de la capitale.* » Le prince Bagration s'exprimait ainsi sur la foi d'une lettre du comte Rostopchine qu'il avait reçue la veille.

rait que les flammes de Moscou, pour attester la réception que nous lui avions préparée.

Il y a des moments dans la vie qui laissent après eux des impressions si profondes que rien ne peut plus les effacer. Témoin d'une catastrophe si grande et du résultat merveilleux que la Providence en a tiré à la confusion de nos ennemis, je n'ai jamais pu depuis m'approcher de la ville de Moscou sans éprouver une certaine émotion, que des souvenirs si profondément empreints réveillent en moi à l'aspect de cette ville si essentiellement nationale...

Devant songer à rejoindre mon régiment, je m'informai du lieu où il se trouvait; mais j'appris que son chef, le colonel Emanuel, était absent par suite d'une blessure reçue à Borodino, et ayant été présenté au commandant de notre division, le général comte Siewers, sur la proposition de ce dernier, je restai auprès de lui en fonction d'aide de camp. Après avoir fait semblant de vouloir continuer notre marche par la route de Kolomna, et y avoir laissé un corps de cosaques, pour dérouter la poursuite de l'ennemi et lui dérober notre mouvement, nous nous rabattîmes sur Podolsk, où l'incendie de Moscou continuait à nous éclairer. C'était vraiment un spectacle unique que de voir une armée entière éclairée dans sa marche par la lueur des flammes de sa capitale en feu, sans qu'il lui ait été accordé de combattre pour sa défense. Et comme si elle eût dû se repaître de ce spectacle, elle tournait autour de cet immense brasier, qui consumait tant de fortunes, dans un rayon d'à peu près 30 verstes.

[Nicolas Boris-Galitzin], *Souvenirs d'un officier russe, pendant les campagnes de 1812, 1813 et 1814.* Saint-Pétersbourg, Imprimerie française, 1849.)

C'était le 14 septembre, je pensais que nous aurions au moins quelque combat près de la ville, car plusieurs officiers d'ordonnance vinrent presser ma marche. Cependant nous entrâmes sans coup férir, à six heures du soir, et ma batterie fut la première qui parut à Moscou. L'Empereur n'y était pas encore entré et nous vit passer sur le pont; les généraux l'entouraient, mais je ne vis pas un seul Russe auprès de lui. Je sus quelques jours après qu'il avait été surpris de ne pas trouver aux portes les principaux habitants lui apportant les clefs et implorant sa clémence; un détachement de cavalerie envoyé en avant de lui avait ramené quelques malheureux couverts de haillons, qu'il avait refusé de recevoir.

Cependant je traversais à la suite de l'infanterie des rues, des quartiers immenses. Je cherchais les habitants derrière les fenêtres de leurs maisons, et, ne voyant âme qui vive, j'étais glacé d'effroi. Nous étions quelquefois croisés par des régiments de cavalerie qui couraient au galop çà et là, sans rencontrer non plus personne. Je disais à haute voix que la ville était abandonnée, et je ris encore du ton sentencieux du capitaine Lefrançais me répondant : « On n'abandonne pas une grande ville, ces canailles sont cachés, nous les trouverons bien, et nous les verrons à nos genoux. »

Après une marche assez longue, au déclin du jour, les régiments qui me précédaient se formèrent en bataille sur une place publique. Étant sans ordres, j'en demandai au major d'un de ces régiments ; comme il ne pouvait m'en donner, je vins occuper une place voisine sur la route du Kremlin, au château de Petrowski. D'un côté était une promenade longue et étroite, plantée d'arbres, de l'autre un couvent de femmes. Cette place a été depuis appelée par les Français : *Place des Pendus*, parce qu'on y pendit douze Russes surpris, disait-on, la torche à la main.

Je formai mon parc en carré, mes pièces en batterie aux angles, les hommes et les chevaux au centre ; je défendis à la troupe de s'écarter ; puis, ayant mis pied à terre, je distribuai mes lieutenants avec quelques canonniers dans les rues voisines pour faire des vivres. Partout ils trouvèrent les portes closes et barricadées. Il fallut se décider à les enfoncer. En un instant tout fut au pillage, et il en fut sans doute de même dans le reste de la ville. Crainte d'une surprise, je recommandai que moitié des canonniers gardât le parc et que tous rentrassent au premier coup de fusil.

Il était presque nuit lorsque je fus abordé par un homme qui se dit Français et m'offrit très civilement l'hospitalité pour moi et mes officiers. Sa maison touchait à mon parc, j'acceptai. Nous fûmes reçus par une femme qui se dit aussi Française, femme d'un employé du bureau général de la loterie de Paris. Nous étions dans une maison, nous conversions en français ; il y avait près de trois mois que nous n'avions été à pareille fête. On nous servit un potage au vermicelle, une grosse côte de bœuf, du macaroni, quelques excellentes bouteilles de vin de Bordeaux ; de ma vie peut-être je n'ai fait un meilleur repas.

Après le café nous causâmes. Notre hôtesse, qui n'avait pas perdu en Russie la démangeaison de parler des femmes françaises, nous entretenait des richesses et du luxe de Moscou, des plaisirs qui nous y attendaient en hiver. « Il y a tant de palais ici, disait-elle, que vous en aurez chacun un. » A l'en croire, l'empereur Alexandre allait venir humblement demander la paix au nôtre, et toute la population rentrer pour nous faire fête. Mes lieutenants s'extasiaient de joie, lorsque notre hôte, qui nous avait quittés un instant, rentra tout effaré et s'écria en tremblant : « Ah ! messieurs, quel malheur ! la Bourse brûle ! — Qu'est-ce que la Bourse ? — Un bâtiment plus grand que le Palais-Royal, plein d'ouvrages d'orfèvrerie, de bijouterie, des plus riches productions du monde. La perte de cette nuit sera incalculable. » Je sortis, et je vis en effet l'horizon en feu. Je dis à l'oreille de mes lieutenants : « Nous sommes perdus, les Russes vont brûler Moscou. Sauvons-nous au parc. »

Ma troupe était répandue dans le voisinage : je la ralliai de mon mieux et lui recommandai de se procurer l'essentiel, c'est-à-dire de la farine, des liqueurs et des vêtements chauds. Je fis moi-même forcer les portes d'un magasin et enlever bon nombre de sacs de farine, non sans peine, par mes canonniers qui préféraient fouiller plus avant et chercher de l'or. Ces sacs en sûreté au milieu du parc, je rentrai chez mon hôte et y passai la nuit sur une chaise, vêtu et armé.

Le lendemain je me levai à la pointe du jour, convaincu que nous quitterions Moscou, où l'incendie ravageait déjà plusieurs quartiers. Etant sans ordres et ne sachant où en prendre, je pensai à m'établir avec ma troupe. Le fils de mon hôtesse, âgé de quinze à seize ans, parlait russe et français ; je le priai de m'aider à explorer les maisons du voisinage. Les premières avaient déjà été pillées. Je logeai mes canonniers dans un très grand palais, dont les appartements étaient brillants, mais sans meubles ; il était de plus pourvu de fours où je me proposais de faire cuire beaucoup de pain, sans perte de temps. Un autre, de moins belle apparence, appartenant au prince Baryatinski, lui était contigu; mon guide y trouva à qui parler, et me rapporta qu'il était encore intact, meublé, mais sans autres provisions, que quelques volailles, beaucoup d'avoine et une cave très riche. Une cave! Je loge là, sauf à échanger le vin contre d'autres denrées que me procureront les soldats.

Quelques domestiques habitaient encore le palais; je les reléguai, en leur promettant la nourriture, dans une partie éloignée du logis avec défense d'approcher de nous, puis je me fis conduire à la cave. La porte était forcée, et je finis par apprendre que les gens du prince y avaient passé la nuit à boire, le sol était couvert de traces de vin et de bouteilles vides. La cave m'ayant paru néanmoins étoffée, je plaçai un poste dans la cour, où entrèrent mon fourgon et mes chevaux, et un factionnaire à ma porte. A peine installé, je descendis à la cave, où de nouvelles surprises m'attendaient. A part un énorme tonneau de plus de quatre cents bouteilles, tout le vin était en bouteilles couchées dans le sable; nous reconnûmes, le verre en main, les crus les plus exquis : bordeaux, frontignan, malaga, madère sec; ailleurs des liqueurs, des sirops. Cette cave valait, sans exagérer, plus de dix mille écus. Toujours frappé de l'idée que nous allions bientôt partir et être soumis à de grandes privations, je fis de suite placer dans mon fourgon un tonneau qui fut rempli de deux cent cinquante bouteilles de madère, quelques sacs de farine et du poisson salé, dont nous trouvâmes aussi provision. Mes canonniers cherchaient aussi à se munir, mais sans intelligence. Ils m'apportèrent d'un magasin de sucreries des corbeilles pleines de dragées, de macarons, d'amandes grillées; j'eus grand'peine à les en arracher pour leur faire enlever des tonnes d'excellent porter découvert dans une glacière, et un bœuf fraîchement tué suspendu dans une boucherie.

De ce jour, 15 septembre, datent l'incendie et le pillage général de Moscou. J'appris dans la matinée que l'Empereur avait évacué le Kremlin de peur d'y être cerné par les flammes ou englouti par l'explosion de quelque magasin. L'armée était entièrement débandée; on voyait de toutes parts des officiers et des soldats ivres chargés de butin et de provisions enlevées aux maisons en flammes. Les rues étaient jonchés de livres, de faïences, de meubles, de vêtements de toute espèce. Les nombreuses femmes à la suite de l'armée s'approvisionnaient avec une avidité incroyable, afin de nous faire payer cher dans la retraite le fruit de leur pillage; on les voyait chargées de barriques de vin et de liqueurs, de sucre, de café, de riches fourrures. Cependant l'incendie ravageait tous les quartiers; les soldats évacuaient leurs abris à mesure que le feu les atteignait, et cherchaient dans la maison voisine un asile bientôt atteint à son tour.

Les Russes ont-ils eux-mêmes incendié leur capitale, en laissant à dessein quelques soldats et quelques domestiques dans les maisons? On l'a dit; pour mon compte, j'ai vu les flammes pétiller dans l'intérieur d'une église dont les portes étaient fermées avec soin, puis sortir par les croisées et la charpente. Mais je ne doute pas non plus que, dans la nuit du 14 au 15, les soldats, pénétrant dans les maisons la torche à la main, n'y aient mis le feu sans le vouloir. Puis le défaut de secours et la violence du vent rendirent, dans une ville construite en bois, l'embrasement général. Si quelques régiments de cavalerie fussent entrés à Moscou cette nuit-là, ils nous eussent facilement taillés en pièces; car les troupes campées hors des murs, au lieu de nous couvrir, se débandèrent dès la première lueur pour prendre leur part du pillage. Aussi je craignis, devant les progrès de l'incendie, que ce ne fût une ruse de l'ennemi, propre à faciliter une attaque à la faveur du désordre, et je retins mon monde de mon mieux dans le voisinage de mon parc.

Dans la matinée du 15 au 16, au moment où nous nous jetions tout habillés sur nos lits pour prendre un peu de repos, Rivière vint me dire qu'un violent incendie venait d'éclater non loin de nous. J'accourus, je fis prendre les armes et garnir les chevaux du train; puis, ayant marché dans la direction du feu pendant plus d'une demi-heure, je constatai qu'il ne pourrait atteindre mon parc avant le jour, et en rentrant j'ordonnai qu'on attelât le lendemain matin à six heures. Comment, en effet, sortir de nuit d'une grande ville dont je ne connaissais pas les portes? A l'heure dite, j'évacuais mon parc, et m'établissais à gauche de la sortie, sur la route du château de Petrowski. Un poste gardait la porte et l'officier qui le commandait, ne pouvant aller piller, mettait un impôt sur tous les soldats qui sortaient avec du butin. Il croyait se faire honneur en me montrant son corps de garde rempli de bouteilles de vin et de corbeilles d'œufs. Tous ses soldats étaient ivres-morts, et lui-même, pensant devoir donner l'exemple, ne pouvait se tenir debout.

Au Kremlin, il se commettait un brigandage bien plus révoltant. Ce château était gardé par les grenadiers et les chasseurs à pied de la garde. Les fantassins y entraient, en quête de provisions de toute espèce qu'il contenait en abondance. Or, au sortir de la cour intérieure, chacun d'eux était obligé de verser 5 francs aux grenadiers, ou d'abandonner son butin ; puis, quand il se présentait à la porte intérieure, il était traité par le poste de brigand, de canaille, dépouillé et chassé. Qu'ils démentent le fait, ces grenadiers qu'on nous cite comme des modèles du courage et de l'honneur, l'armée entière le certifiera. Le maréchal Lefebvre donna un ordre à ce sujet et accabla la garde à pied des reproches les plus sanglants.

Le 18, l'incendie commençant à s'apaiser autour du Kremlin, l'Empereur y rentra, et un arrêté parut où il accusait les Russes d'avoir brûlé eux-mêmes leur capitale. Tout habitant qui n'irait pas faire sa déclaration devant un des douze commandants d'armes devait être *tué ;* même peine contre tout individu saisi la torche à la main. Autant valait dire assommé comme un bœuf. En conséquence, douze Russes furent pendus sur la place où j'avais d'abord stationné. Plusieurs généraux s'érigeant en juges, en firent pendre d'autres à la porte de leurs maisons. Le fait est certain.

Cependant on parlait de négociations ; Lauriston avait été envoyé à l'empereur Alexandre, et bien accueilli par lui. Les gobe-mouches, et presque toute l'armée méritait ce nom, crurent à ces bruits extravagants. Comment croire que, nous ayant attirés au cœur de leur empire et nous ayant enlevé pendant leur retraite ou à Moscou même tout moyen d'existence, les Russes viendraient nous demander la paix ?

L'incendie apaisé, autour du Kremlin, continuait ses ravages dans d'autres quartiers. Le mien fut atteint un des derniers. J'attachais une grande importance à la conservation de ma maison, à cause des provisions qu'elle renfermait, de la cave, qui méritait à elle seule les plus grands sacrifices. Aussi fus-je sur pied nuit et jour pendant une semaine; mes canonniers et moi arrachâmes, à l'approche du feu, toutes les palissades du voisinage, si bien que leur habitation et la mienne furent des rares maisons du quartier épargnées par les flammes. Je vis brûler ensemble vingt autres qui les entouraient. Si M. le prince Baryatinski a retrouvé son palais à Moscou, c'est à moi qu'il en doit la conservation.

L'incendie étant apaisé, nous commençâmes à goûter les douceurs de Moscou, c'est-à-dire à jouir des provisions du palais. Nous n'avions point de linge et fort peu de vaisselle. Sur l'indication des domestiques, je fis percer un mur fraîchement crépi derrière lequel nous trouvâmes une quantité prodigieuse de porcelaine, de verreries, d'ustensiles de cuisine, du vinaigre et de la moutarde, du meilleur thé de la Chine et quelque linge de table. Dans un autre coin également muré, je découvris une belle bibliothèque. Je fis part à mes camarades et même à des généraux de mes richesses; ma maison devint le rendez-vous de ceux qui, moins heureux que moi, aimaient la bonne chère et le bon vin. Cependant les jours s'écoulaient tristement; nous n'avions d'autre moyen de distraction que nos bibliothèques, et on n'est guère tenté de lire avec des sujets d'inquiétude tels que les nôtres. Comment passerions-nous l'hiver à Moscou? Comment opérerions-nous notre retraite à l'entrée de la mauvaise saison?

Le général Sorbier venait de faire passer colonels dans la ligne le chef d'escadron Chauveau de l'artillerie à cheval et le chef de bataillon Cottin de l'artillerie à pied. De l'avis général, Georges devait remplacer l'un, et moi l'autre. La bonne opinion qu'avait de moi le général me fortifiait dans cet espoir. Le 3 octobre, à dix heures du soir, les capitaines Pailhou et Eggerlé, attachés à son état-major, vinrent me chercher de sa part; et en effet, après quelques paroles aimables, il me remit une lettre du prince de Neuchâtel, datée de la veille, et m'annonçant que, par décret du 1er, l'Empereur m'avait nommé chef de bataillon dans l'artillerie à pied de la vieille garde en remplacement de Cottin. Cette nouvelle me combla de joie; j'avais désormais la perspective de passer après peu d'années dans la ligne comme colonel. Je vis alors que je jouissais de l'estime et de l'amitié de tous les officiers du régiment : rien n'est plus aisé de distinguer si les compliments sont sincères. Ce fut principalement de ce moment que je tins table ouverte : rarement nous étions moins de sept à huit à dîner; le vin de madère sec que nous buvions à plein verre attirait chez moi nombre de convives.

C'est peut-être à ma nomination que je dois mon salut durant la retraite. Capitaine, j'avais pour moi et mes lieutenants un fourgon à moitié rempli par mes effets et des chaussures de réserve pour ma troupe; devenu chef de bataillon, j'avais un fourgon pour moi seul, plus petit à la vérité, mais suffisant pour mes approvisionnement de bouche pendant une retraite de trois à quatre mois. Je m'occupai dès lors de le remplir; j'y plaçai une centaine de galettes de biscuit d'un pied de diamètre, un sac d'un quintal de farine, plus de trois cents bouteilles de vin, vingt à trente bouteilles de rhum et d'eau-de-vie, plus de dix livres de sucre, trois à quatre livres de chocolat, quelques livres de bougie; puis, au cas d'un cantonnement d'hiver sur la rive gauche du Niémen, que je jugeais inévitable, une caisse contenant une assez belle édition de Voltaire et de Rousseau, l'*Histoire de Russie* de Le Clerc et celle de Levesque, le *Théâtre* de Molière, les œuvres de Piron, l'*Esprit des lois* et quelques autres ouvrages, tels que l'*Histoire philosophique* de Raynal, reliés en veau blanc et dorés sur tranches. Ces provisions devaient suffire à me nourrir le corps et l'esprit pendant plusieurs mois; j'avais en outre acheté pour quatre-vingts francs une des plus belles fourrures qui aient été rapportées de Moscou.

J'attendais donc tranquillement, mais non sans inquiétude, le signal du départ. J'avais sous mes ordres la 1re compagnie d'artillerie à pied de la vieille garde, commandée par le capitaine Lavillette, ayant pour sous-lieutenants MM. Dumas-Cutture et Aubertin, et la 2e compagnie d'artillerie à pied de la jeune garde commandée par le capitaine Framery, ayant pour lieutenants MM. Muguerant et Lesueur. Le capitaine Bérenger était directeur de mon parc; MM. Brenière et Lemercier commandaient le train. Enfin j'avais pour officier de santé de l'équipage, M. Pichot, chirurgien sous-aide du train.

Le 18 octobre, j'allai à la parade au Kremlin. Le 3e corps était passé en revue par l'Empereur, en même temps qu'un grand nombre de cavaliers de toute arme démontés. A l'arrivée d'une ordonnance apportant des dépêches, la revue cessa, et le maréchal Lefebvre m'enjoignit de me tenir prêt à partir, à la suite des chasseurs à pied de la garde. Un ordre si précipité nous en fit rechercher la cause, et nous ne tardâmes pas à apprendre que le roi de Naples avait été vigoureusement attaqué dans les environs de Moscou et qu'il avait perdu le peu de cavalerie qui lui restait.

Nous quittâmes donc Moscou le même jour à quatre heures du soir.

(Maurice Chipon et Léonce Pingaud, *Mes Campagnes* (1792-1815), notes et correspondances du colonel d'artillerie Pion des Loches, mises en ordre et publiées par MM.... Paris, Firmin-Didot et Cie, 1889, in-8°, 520 pp.)

Depuis la paix de Tilsit qui avait facilité les relations de la France avec la Russie, il existait à Moscou une troupe de comédiens français sous la direction de Mme Bursay, femme de quarante-cinq à cinquante ans, de beaucoup d'esprit et d'un caractère ferme et courageux. Les Russes, en s'éloignant de leur capitale, ne s'étaient nullement occupés, comme on le pense bien, du sort de nos malheureux compatriotes. Sacrifiant leurs propres blessés, ils durent également sacrifier tout ce qui leur était étranger; mais comme cette indifférence, très facile à expliquer, ne se borna pas au seul mépris, nos pauvres comédiens furent d'abord pillés par les Russes qui s'enfuyaient, et ensuite par nos soldats qui arrivaient et qui s'inquiétaient peu de s'informer de quelle nation ils étaient; l'incendie mit le comble à leur infortune; j'eus occasion d'en parler à l'Empereur pendant son déjeuner. Il leur fit distribuer un premier secours, me nomma leur surintendant, et m'ordonna de m'assurer si, dans leur composition existante, il serait possible de faire donner quelques représentations capables de procurer un peu d'amusement à l'armée cantonnée dans Moscou. Mme Bursay m'amena les acteurs dont j'ai conservé le nom, c'étaient MM. Adnet, que j'avais vu jouer à Paris sur le théâtre de la Porte-Saint-Martin, Pérou, Lequaint, Bellecour, Pérond, Gosset, Lefebvre et Mmes André, Périgny, Lequaint, Fusil, L'Admiral et Adnet. Nous arrêtâmes une espèce de répertoire; dans la triste position où se trouvaient ces acteurs, aucune prétention ne s'éleva : la distribution des rôles fut très facile à faire; jamais il n'y eut de troupe plus unie, plus souple et plus aisée à diriger. Mme Bursay avait d'ailleurs une grande influence sur eux et une parfaite connaissance de leurs moyens et de leur talent. Je m'occupai sans perdre de temps à leur procurer de quoi se costumer et un local convenable pour leur représentation; les administrations militaires avaient fait réunir dans la *Mosquée d'Yvan* tout ce que l'on avait pu arracher aux flammes et grâce à l'obligeance de M. le comte Dumas, intendant général de l'armée, je trouvai dans cette mosquée des vêtements de toute façon. Les comédiens français en tirèrent des robes et des habits de velours qu'ils arrangèrent à leur taille et sur lesquels ils appliquèrent de larges galons d'or qui étaient en abondance dans ces magasins. Réellement ils étaient vêtus avec une grande magnificence, mais leur détresse était telle, que quelques-unes de nos actrices sous ces belles robes de velours avaient à peine le linge nécessaire, du moins c'est ce que me disait Mme Bursay. Je découvris une jolie petite salle de spectacle dans l'hôtel Posniakoff que les flammes avaient respecté. Cette salle particulière, un peu moins grande que celle du *Théâtre de Madame* à Paris, était parfaitement décorée et garnie avec beaucoup de luxe de tous les accessoires nécessaires. J'en pris possession et donnai tous mes soins à rendre l'exécution aussi parfaite qu'il était possible. L'ouverture s'en fit par la représentation des *Jeux de l'amour et du hasard*, suivie de l'*Amant auteur et valet*. Ce début fut brillant : il n'y avait point de cabale ni dans la salle, qui était remplie de militaires, ni sur le théâtre où il n'existait aucune rivalité d'amour-propre. Le parterre était rempli par les soldats, et les deux rangs de loges étaient occupés par les officiers de toute arme. L'orchestre était excellent : c'étaient les musiciens de la garde. Il n'en coûtait à la porte qu'une faible rétribution qui était partagée entre les acteurs, les frais seulement de l'éclairage prélevés. Pendant notre séjour il fut donné onze représentations. Les mêmes pièces furent données plusieurs fois, entre autres le *Distrait*, qui fut très bien joué par M. Adnet, chef du premier emploi. Les *Trois Sultanes* eurent un grand succès, ainsi que le *Procureur arbitre*, etc., etc. Il y eut même plusieurs fois une espèce de ballet, exécuté par les demoiselles L'Admiral. C'était un véritable pas russe, non point tel qu'il est exécuté à l'Opéra de Paris, mais tel qu'on le danse en Russie. La grâce de cette pantomime consiste principalement dans le jeu des épaules, de la tête, et dans toute l'attitude du corps.

Napoléon n'assista jamais à ces représentations improvisées.

(De Bausset, ancien préfet du palais impérial, *Mémoires anecdotiques sur l'intérieur du palais et sur quelques événements de l'Empire, depuis 1805 jusqu'au 1er mai 1814*. Paris, Beaudoin, 1827, 4 vol. in-8°.)

A chaque pas du Kremlin, ce palais-forteresse, on trouvait des grenadiers de la garde en sentinelle ; ils étaient affublés de pelisses moscovites, serrées à la ceinture par des schalls de Kachemyr. Ils avaient à côté d'eux des pots en cristal opalisé, de quatre pieds de haut, remplis de confitures des fruits les plus recherchés, et dans lesquels vases étaient de grandes cuillers à soupe en bois ; autour de ces mêmes vases était entassée une énorme quantité de flacons et de bouteilles auxquels on cassait le col pour en avoir meilleur marché ; quelques-uns de ces soldats s'étaient affublés de coiffures moscovites au lieu de leurs bonnets à poil ; ils étaient tous plus ou moins ivres, ils avaient déposé leurs armes, et c'était véritablement avec leurs cuillers à pot qu'ils montaient la garde. — Halte-là ! mon capitaine, me dirent-ils en entrant, il faut parler à l'officier de poste. N'entendant pas d'abord cette plaisanterie je voulus continuer mon chemin sans les écouter ; mais armés de leurs fusils et de leurs ustensiles de bois, ils me barrèrent le passage, et moitié riant, moitié fâché, je fus obligé de me conformer à cette exigence inspirée par un accès de gaieté bachique. Ces pauvres diables avaient tellement pâti de la soif et de la faim, que l'indulgence me parut une sorte de justice en cette occasion-ci. Ils me conduisirent donc à cet *officier de poste*, qui était le plus ancien soldat de l'escouade, et qui, établi, sous une voûte à l'abri du vent, en face d'un bon feu de planches, était habillé plus grotesquement que les autres, avec un air important dans son ivresse, et il tenait un conseil de guerre sur des bouteilles et des pots de confiture. — Mon camarade, me dit-il, on ne passe pas ici sans boire un coup, par l'ordre de l'empereur de Chine ; et aussitôt, prenant de la main gauche une bouteille de vin, et de la droite une grande cuillerée de confitures, il me dit, en me présentant la bouteille :

— A votre santé, mon camarade, mais *rubis sur l'ongle*, au moins!...

Il prit aussitôt une autre bouteille, et après avoir trinqué le plus cordialement du monde, nous les vidâmes sans respirer.

— Ce n'est pas tout, me dit-il, voilà des confitures faites par la bonne amie de l'empereur de la Chine, il faut aussi que vous en mangiez : ce que je fis de bonne grâce, et je croyais avoir fini, lorsqu'une seconde bouteille me fut présentée (c'était d'excellent vin de Bordeaux), après quoi nous pensâmes à nous séparer. — Adieu donc, camarade, adieu donc, me dit-il, au revoir, et n'oubliez pas les amis de l'empereur de la Chine. Je partis donc et j'entendis tous les hommes du poste répéter à l'unisson : — Adieu, mon capitaine ; c'est un bon enfant qui vide proprement les bouteilles de vin.

Chemin faisant, je m'aperçus que le feu augmentait et que les soldats commençaient à piller. De retour chez le général Durosnel, je l'aidai à écrire le nom des quartiers de la ville, ainsi que des proclamations de l'Empereur et des lettres aux différents commandants de ces divers quartiers. On apporta un grand nombre de sabres pour lesquels je donnai des reçus, et, quelques instants après, voyant qu'on n'avait pas besoin de moi, je sortis pour chercher Lacour; je le trouvai qui dînait chez un bourgeois russe dont j'ai déjà parlé, avec les mêmes officiers du 16e chasseurs à cheval, le capitaine polonais et un pauvre apothicaire allemand dont la maison avait été complètement dévastée. En dépit de la circonstance et des malheurs du temps, la conversation devint assez gaie, et tout le monde y prit part, à l'exception du pauvre bourgeois russe qui pleurait toujours. Nous lui avions fait des exhortations superflues, et lorsque, en racontant mes aventures, je dis qu'on assurait que les Russes devaient brûler leur ville, il prit la parole et nous dit :
— Et comment voulez-vous que je ne sois pas triste? et ces mots diminuèrent un peu notre gaieté. Après avoir pris du thé dans des bols de la Chine, étant retourné près de mon général, il me fit encore copier différentes pièces assez fastidieuses, et le soir, je retrouvai Lacour avec ses camarades établis chez le même Russe, où ils buvaient à qui mieux mieux. Je les laissai dans un état qui ressemblait beaucoup à l'ivresse, et je m'en retournai à mon poste. Au milieu de la nuit, les progrès du feu devinrent tellement alarmants, que le général m'envoya avec Dampierre afin de prendre des informations, à défaut de précautions impossibles.

En sortant de la maison, nous prîmes à gauche et fûmes tout droit devant nous dans la direction de la

Moskwa. De ce côté sont des promenades, plantées en tilleuls ; on trouve aux environs une grande quantité de maisons et de palais de bois, séparés les uns des autres par une espèce de petit boulevard. C'est là que le feu se manifestait avec le plus d'activité. Les malheureux habitants de l'autre côté du boulevard, à quarante pas de l'incendie, étaient là debout, avec leurs femmes et leurs enfants, regardant, dans le plus morne silence, les tourbillons de flammes et de fumée qui dévoraient leurs habitations. Ce silence n'était interrompu que par la chute des édifices embrasés, les pétillements du feu et les hurlements douloureux de quelques pauvres chiens enfermés au milieu des flammes.

La rue où nous étions venus était fort bien bâtie ; c'était comme une suite de petits palais à l'italienne entourés d'arbres, et dont les entrées étaient garnies par de belles grilles. Nous observâmes, Dampierre et moi, que le feu prenait spontanément à l'intérieur de toutes les maisons situées de l'autre côté du boulevard ; il se manifestait d'abord par les fenêtres, et le toit s'écroulait peu de temps après. Nous le vîmes éclater ainsi dans l'espace de cinq à six minutes à plusieurs maisons en pierres qui ne pouvaient communiquer avec celles qui étaient déjà enflammées. Ne pouvant obtenir aucun renseignement dont nous aurions eu besoin, nous nous dirigeâmes vers le Kremlin, où nous n'en sûmes pas davantage ; mais en retournant auprès du général, nous fûmes à même d'observer une partie des malheurs qui fondent toujours sur une ville qui est livrée au pillage. Ici on criait au meurtre et la voix des malheureux s'éteignait dans les flots de leur sang ; là des habitants soutenaient un siège, et défendaient leurs foyers déjà pillés et dévastés, contre des soldats exaspérés par l'ivresse et furieux de la résistance. D'un autre côté on voyait des hommes et des femmes à peu près déshabillés, traînés dans les rues et menacés d'être égorgés s'ils ne déclaraient pas le lieu qui devaient recéler leurs prétendues richesses. Les boutiques étaient toutes grandes ouvertes, les marchands en fuite, les marchandises éparpillées, et les pillards dormaient quelquefois profondément dans ces mêmes habitations, dont une partie était déjà la proie de l'incendie, qui s'avançait à pas de géant. Le lendemain, le feu étant devenu presque général, et toute espérance étant perdue, l'Empereur songea à quitter la ville. Il faut dire à notre louange que nous avions travaillé de toutes manières à la sauver de cet embrasement; moi-même j'avais été chargé plusieurs fois (conjointement avec des Russes) de chercher tous les moyens de l'éteindre. Nous trouvâmes des pompes, mais elles étaient toutes bouchées, crevées et hors d'état de servir. Beaucoup d'individus furent saisis dans des maisons et des clochers avec des mèches soufrées.

Cependant le général Durosnel, gouverneur de la ville ne voulut pas la quitter, si ce n'est à la dernière extrémité; il nous envoya Savignac et moi, pour lui découvrir et lui indiquer un autre logement. Nous descendîmes la rue à notre droite, et puis, tournant à gauche, ensuite à droite, sur un boulevard nouvellement planté; mais nous ne trouvâmes plus aucun logement habitable et nous fûmes alors au palais du prince Galitzin.

(De Mailly-Nesle, *Mon journal pendant la campagne de Russie écrit de mémoire après mon retour à Paris.*)

J'entrai dans Moscou à 8 heures du matin, la ville était paisible et silencieuse; on n'y remarquait aucune apparence de désordre. Je vis aux fenêtres des maisons quelques habitants qui nous regardaient d'un air craintif. Avant leur départ, les Russes avaient mis le feu à l'hôtel des Monnaies ; cet incendie n'avait pas eu de suites. De ce côté, quelques hommes du peuple avaient commencé à enfoncer les boutiques ; je me joignis à des soldats de la garde pour les chasser ; les boutiques furent fermées. Je montai au Kremlin ; cette antique forteresse dominait Moscou, et formait comme un panorama d'où l'on voyait la noble cité dans toute son étendue. Un calme lugubre régnait au loin ; il n'était interrompu que par le hennissement des chevaux et la marche des troupes traversant les rues pour aller prendre position.

J'élus domicile dans une maison d'assez belle apparence ; une façon d'intendant nous en fit les honneurs. Les gens riches avaient abandonné la ville, mais la plupart avaient confié leurs maisons à des domestiques.

C'était un homme bien avisé que notre hôte ; il avait sagement pensé que la cave de son patron allait être exposée à de rudes attaques ; il avait pris les devants et bu autant de vin que son estomac en pouvait supporter. Cet excès de prévoyance lui coûta cher : au moment de l'incendie, il n'y eut aucun moyen de secouer son sommeil, il périt dans les flammes.

Il était dix heures du soir ; mes camarades et moi nous dormions d'un profond sommeil. De lamentables clameurs nous réveillèrent en sursaut. Au feu ! au feu ! criaient des voix sinistres. Habillés à la hâte, nous courûmes à la rue. L'horizon était rouge ; l'incendie marchait dans toutes les directions, imitant le bruit lointain des torrents débordés. Les habitants et nos soldats fuyaient pêle-mêle ; à la clarté de l'embrasement, on lisait sur leurs fronts la stupeur et le désespoir. Nous donnâmes l'ordre d'atteler nos caissons, et de quitter la ville en passant à gué la rivière, dont nous n'étions qu'à peu de distance.

Accompagné d'un de mes amis, j'errai quelques instants encore au milieu de ces scènes de désolation. J'étais arrivé à une grande rue : de pauvres femmes, des enfants à peine vêtus, affluaient de tous côtés, et déjà la flamme menaçait, en se croisant, de leur fermer la retraite. Une vieille cantinière s'était placée en travers du chemin. Je la connaissais : le matin même je l'avais vue repoussant, de son poing fermé, un grenadier qui ne voulait pas la laisser entrer en ville. Elle était là debout, regardant de son œil vert et fauve les fugitifs qui pressaient le pas ; elle les arrêtait et les fouillait. Absorbé dans la contemplation d'un grand désastre, j'avais fait peu d'attention à la vieille cantinière. Un groupe se dirigea de mon côté ; il y avait un vieillard, deux ou trois enfants, une jeune fille, belle malgré sa pâleur, et une femme que deux hommes du peuple portaient sur un brancard ; ils pleuraient tous à fendre le cœur. La vieille cantinière se rua sur la femme malade, et d'une main sacrilège chercha si ses vêtements recelaient quelque objet précieux. Je fus bon ce jour-là à en devenir furieux ; je saisis brusquement cette infâme... Le ciel m'aura sans doute pardonné d'avoir frappé une femme.

Le lendemain notre bivouac fut établi à une demi-lieue de Moscou ; nous y restâmes cinq jours. L'incendie s'étant enfin calmé, nous rentrâmes en ville, et chacun s'industria à se caser dans les maisons que le feu avait épargnées.

On a raconté le désordre et la confusion qui suivirent ce déplorable événement ; le pillage officiellement organisé, la discipline méconnue, les généraux et les soldats, les vainqueurs et les vaincus, se retrouvant en présence parmi les ruines, et luttant de cupidité pour en retirer l'or, les bijoux et surtout les denrées qui devaient leur assurer une existence de quelques jours ; les chiens poussant de plaintifs hurlements, et, dans leur instinct patriotique, menaçant les étrangers qui avaient envahi le domaine de leurs maîtres.

Il est digne de remarque qu'il soit resté un doute et de l'incertitude sur les causes de l'incendie de Moscou. Un grand nombre d'incendiaires, couverts de haillons, à faces de brigands et d'esclaves, ont été saisis au moment même du crime, et portant à la main la mèche fatale ; ils étaient bien Russes, je les ai vus, et toute l'armée les a vus comme moi. Les lâches qui leur ont délivré le mandat de destruction et de mort se sont effacés, cherchant ainsi à détourner le stigmate vengeur qui doit les signaler à la malédiction des nations civilisées ; ils ont osé retourner contre les Français l'accusation qui pesait sur eux. Il faut convenir qu'elle est étrange, la pudeur des despotes.

M. de Ségur a fait de l'incendie de Moscou un tableau brillant de style ; il est à regretter qu'il ait représenté Napoléon, sa garde et l'artillerie, abandonnant en désordre le Kremlin, et fuyant au milieu des rues embrasées. L'Empereur a fait mieux ; il a suivi le cours de la rivière ; cette retraite a moins d'intérêt dramatique, mais elle est conforme aux règles du bon sens.

L'incendie ne s'éteignit pas tout à coup ; de temps à autre, et surtout au milieu de la nuit, la flamme reparaissait, imprévue et soudaine ; c'était l'agonie d'un grand attentat contre l'humanité. Je m'installai avec plusieurs de mes camarades dans un hôtel qui semblait être resté sur pied tout exprès pour donner l'alignement de la rue dont il avait fait partie. Quelques habitants s'y étaient réfugiés, et avec eux une jeune fille qui nous fut fort utile ; elle parlait allemand et un peu français. Catherine, c'était son nom, n'avait pas ajouté foi aux calomnies que l'on débitait contre nous ; elle voulut faire connaissance avec les ogres, qui, disait-on, mangeaient des enfants, et s'en trouva bien. J'avais sous mes fenêtres une promenade publique et une longue avenue d'arbres, chaque matin la garde d'Italie venait y défiler aux sons d'une ravissante musique.

Une salle de spectacle fut ouverte, triste parodie de nos théâtres de Paris ; les décorations et les costumes étaient formés, comme on dit, de pièces et morceaux.

Je vis jouer *Marton et Frontin*; les premiers sujets étaient Mlle Aurore, Mme Fusil et Adnet. Je retrouvai Adnet dans la retraite ; il pleurait sur sa famille, que le froid avait fait périr.

Je ne m'étais pas oublié dans le commun désastre, et j'avais pris ma part de butin. J'étais riche de fourrures et de tableaux ; j'étais riche de caisses de figues, de café, de liqueurs, de macaroni; de poissons et de viandes salés ; du pain blanc, de la viande fraîche, du vin ordinaire, je n'en avais pas. Il me prit fantaisie de donner un dîner ; j'invitai le bon général S..., qui tant de fois m'avait fait asseoir à son bivouac et admis au partage de son frugal repas ; il eut le courage d'accepter. Le matin du grand jour, je me rendis chez l'ordonnateur de la garde, et, après maint effort diplomatique, j'obtins une cuisse de bœuf tout entière ; triomphant, je rapportai ma proie au logis. Mon domestique était un juif sale et mal peigné ; je lui signifiai de s'arranger de façon à faire avec la cuisse de bœuf le premier et le second service : il nous donna pot-au-feu, bouilli, boulettes frites à l'huile et filet piqué. Dans la journée, je parvins à obtenir un beau pain blanc, et du vin ordinaire en échange de vin de liqueur ; somme toute, avec les provisions que je possédais déjà, le banquet fut confortable. Nous étions douze à table; un toast solennel fut porté au succès de la campagne prochaine, et à notre entrée à Saint-Pétersbourg.

(B. T. Duverger, *Mes aventures dans la campagne de Russie.*)

Le 2° corps de réserve de cavalerie dont je faisais partie resta trois jours dans la position qu'il avait prise le jour de notre arrivée à Moscou ; le quatrième, le général Sébastiani nous fit porter en avant sur la route de Kasan; ensuite, ayant fait un *à droite*, nous changeâmes de route, et prîmes celle de Kaluga. Nous eûmes trois forts combats en deçà de cette ville ; le dernier eut lieu le 3 octobre.

Le roi de Naples nous avait rejoint ; il avait établi son quartier général au *Clocher à cinq flèches*, et la cavalerie avait pris position en se plaçant *à cheval* sur la grande route de Moscou à Kaluga ; mais nous éprouvions une disette extrême de fourrages ; les chevaux n'avaient d'autre nourriture que la paille des toits, les cavaliers commençaient aussi à manquer de vivres ; autour de nous la campagne était abandonnée, et les suites funestes de l'incendie de Moscou se faisaient déjà sentir cruellement.

Tel était l'état des choses lorsque je reçus l'ordre de prendre le commandement d'un fort détachement que l'on tira de tous les régiments de notre cavalerie légère ; je devais réunir à ces forces la moitié de mes escadrons de canonniers à cheval. L'opération dont j'étais chargé était l'approvisionnement de notre corps d'armée.

Je me mis donc en route pour aller fourrager, promettant à mon départ de ne rentrer que lorsque j'aurais trouvé les provisions qui nous manquaient.

Je poussai mon *fourragement* à plus de quarante lieues à gauche de notre position : je fus contraint d'aller si loin, car dans les environs de l'armée je ne rencontrai que des villages abandonnés. Je m'enfonçai dans l'Ukraine et ce ne fut qu'aux environs de Pultawa que je trouvai les campagnes habitées : ce pays est très fertile; j'y remontai parfaitement la totalité de ma cavalerie, et je fis rassembler une quantité considérable de chariots que je chargeai de grains, de farines et de fourrages.

Lorsque mon convoi fut prêt, je repris le chemin de Kaluga, et fis toutes les dispositions nécessaires pour le défendre en cas de fâcheuse rencontre ; heureusement que toutes mes précautions furent inutiles ; je ne fus pas inquiété un seul instant dans ce voyage, et mon approvisionnement, qui était très considérable, arriva sans accident, et fut d'un très grand secours à notre corps d'armée.

Lorsque je fus de retour je me présentai chez le roi de Naples pour lui rendre compte de mon expédition et les observations que j'avais eu l'occasion de faire pendant cette longue absence : il me reçut de la manière la plus distinguée. Il attendait probablement ma visite, car il avait près de lui, sur une table, un papier qu'il me remit aussitôt après que je lui eus fait mon rapport : ce papier, daté de Moscou, et signé de Napoléon, était ma lettre de nomination au grade de commandant de la Légion d'honneur. La date de ce brevet était du 9 octobre; or, je n'avais pas vu l'Empereur depuis le jour de la bataille de la Moskowa, où il m'avait doté de 4,000 francs de rente en France; cela me prouva que Sa Majesté avait songé à moi pendant mon absence, car ma récompense était prête d'avance pour mon retour. Je me croyais heureux autant qu'un brave militaire peut l'être; cette dernière campagne, faite sous les yeux de Napoléon qui m'avait toujours distingué, et qui après chaque affaire me comblait de gloire et de bienfaits, semblait m'assurer le sort le plus fortuné pour toujours, mais le dernier degré de félicité touche au premier degré de misère. Mon expédition d'Ukraine me coûta cher. Une suspension d'armes avait été convenue entre quelques corps d'armée pendant les négociations entamées par l'intermédiaire du général Kutusow : on devait se prévenir avant de reprendre les hostilités; le prince vice-roi d'Italie avait, dès le 5 octobre, recommencé les opérations militaires, qui eurent du succès; mais la suspension d'armes durait encore aux avant-postes du roi de Naples, lorsque l'ennemi, sans dénoncer la reprise des hostilités, résolut d'attaquer l'avant-garde française qui se gardait négligemment, comptant sur la suspension d'armes. Le 17 octobre, vers le soir, plusieurs corps russes, commandés par le général Beningsen, vinrent prendre position sur la rive droite de la Nara ; ils passèrent cette rivière à minuit et s'avancèrent sur trois colonnes par la grande route de Moscou.

Le corps d'armée du roi de Naples demeura jusqu'au 17 octobre dans la position que j'ai décrite; mais le 18, l'ennemi vint à l'improviste m'attaquer, le signal qu'il prit pour tomber sur nous fut un obus qu'il lança sur mon bivouac. Je fais sonner à cheval, les officiers veulent se rendre à leurs postes, mais chacun se trouve entouré de toutes parts par une nuée de cosaques; on y voyait à peine, et je n'avais pas alors quinze hommes autour de moi. Mes canonniers à cheval et à pied ne pouvant recevoir mes ordres, se mirent à se défendre avec leur courage ordinaire; mais cette fois, ne pouvant avoir l'ensemble que donne le commandement du chef, ce ne fut pendant longtemps qu'une mêlée, où la supériorité du nombre devait finir par nous accabler.

Pendant le combat j'entendis de tous côtés prononcer mon nom aux Russes; j'ai su depuis que le comte Orlow commandait la partie de l'attaque dirigée contre ma troupe. Le comte, furieux du succès de l'expédition que j'avais faite sur ses domaines jusqu'aux environs de Pultawa, voulait absolument se venger de moi, et avait juré de m'avoir; il donna en conséquence, l'ordre à ses cosaques de me prendre vivant; aussi, dans cette attaque tous leurs efforts se dirigeaient-ils vers l'endroit où ils croyaient me rencontrer.

Dans le premier moment du désespoir que j'éprouvais de m'être laissé surprendre, je cherchai à me faire tuer; n'ayant pu y réussir et voyant mes soldats se rallier peu à peu, j'eus l'espoir d'échapper, si je parvenais à n'être pas reconnu (puisqu'il semblait que c'était à moi particulièrement qu'on en voulait). Je réfléchis qu'un chef se devait à sa troupe, et que je pourrais encore être utile à mon pays; je me fais donc donner un collet pour couvrir mes décorations et n'être pas reconnu pendant le combat. Je parviens à joindre un gros de canonniers qui s'étaient réunis, et qui me cherchaient: je me mets à leur tête, je sabre l'ennemi; pendant ce temps, la cavalerie légère accourait à mon secours; en moins de rien ces misérables cosaques avaient abandonné mon camp en nous laissant plusieurs blessés; ils fuyaient à la débandade de toute la vitesse de leurs chevaux. J'empêchai ma troupe de les poursuivre, craignant une embuscade. Je doublai les postes, et, en passant la revue, je vis que nous avions eu heureusement plus de peur que de mal.

(*Mémoires du baron Séruzier*, colonel d'artillerie légère, mis en ordre et rédigés par son ami M. Le Mière de Corvey. Paris, Anselin et Pochard, 1823, in-8°, 344 pp.)

COMMENCEMENT DE LA RETRAITE DE MOSCOU A SMOLENSK

Le 18 octobre à minuit, l'ordre du départ fut donné, et le gros de l'armée se dirigea sur Kalouga.

C'était un spectacle bizarre que cette caravane désordonnée de voitures de toute espèce, chariots de guerre, petites charrettes, calèches, drouski, attelées pour la plupart de petits chevaux russes, et se traînant péniblement au travers d'une plaine de sable ; que ce mélange d'individus de tous pays et de tout sexe, isolés d'intérêt et de langage au milieu de la foule, et suivant machinalement l'impulsion qu'ils recevaient de la nécessité. Les Français, les Allemands eux-mêmes, qui, avant notre arrivée, habitaient Moscou, avaient quitté cette ville : ils craignaient, en y restant, de s'exposer aux représailles des barbares. Ils fuyaient, emmenant avec eux leurs femmes et leurs enfants, et quelques débris de ce qu'ils possédaient.

Malgré le pressentiment des misères qui nous étaient réservées, chacun de nous prétendait bien rapporter sa part de trophées, et il n'était pas si mince employé qui n'eût pris équipage et emballé des objets précieux. J'avais, moi, des fourrures, des tableaux des grands maîtres, roulés pour la commodité du transport, et quelques bijoux. Un de mes camarades avait chargé une énorme caisse de quinquina; un autre, une bibliothèque tout entière de beaux livres, dorés sur tranches et reliés en maroquin rouge, entre autres les *Lettres à Émilie*, de Demoustier. Je n'avais pas oublié le confortable : j'avais fait provision de riz, de sucre, de café; je comptais dans ma réserve trois grands pots de confitures, dont deux de cerises, un troisième de groseilles à maquereau.

Nous passâmes Barow, petite ville située sur le bord d'une rivière. Le canon qui grondait devant nous annonçait un engagement sérieux : la retraite précipitée des lanciers hollandais de la garde jusqu'au centre du quartier général, et la vive poursuite des Russes nous firent assez connaître que l'ennemi avait repris de l'audace.

De Borow à la grande route de Smolensk il n'y avait pas de chemin de tracé : on se fit passage au travers des bois, des terres et des marais. Le temps était encore beau; nous prenions courage.

Les villages qui se trouvèrent à notre portée furent brûlés; nous avançâmes jusqu'à Smolensk entre deux haies de flammes. Cette mesure avait été commandée, dit-on, par la nécessité de ralentir les poursuites de l'ennemi; elle était renouvelée des Russes; la postérité dira s'il appartenait aux Français de se modeler sur eux.

Une marche ou deux avant Viasma, les brouillards et une pluie fine nous annoncèrent la prochaine rigueur de la saison. Je m'enveloppai d'une pelisse de femme que recouvrait un taffetas jaune : les manches dépassaient de beaucoup la longueur de mon bras; l'excédent me servit de mouchoir. Nos provisions s'épuisaient; nos chevaux marchaient toujours et ne mangeaient pas; ils tombaient de fatigue et d'abstinence. C'était une bonne fortune que la chute d'un cheval; le pauvre animal était mis en pièces; on s'en disputait les morceaux. La chair du cheval n'est pas malsaine; elle est dure et filandreuse. Quelques-uns préféraient le foie : je ne m'y suis jamais habitué.

Les nuits commencèrent à devenir longues et froides; nous couchions sur un sol humide et glacé. Le bivouac par excellence était celui où, devant un feu de bois sec, abrités par une forêt de sapins, nous pouvions nous étendre mollement sur un peu de paille; il y avait fête complète avec un civet de chair de cheval, du pain de sarrasin et la gourde d'eau-de-vie de grain que l'on passait à la ronde. Mes camarades et moi nous faisions la cuisine à tour de rôle. Ce service ne m'allait guère; mon civet sentait toujours le brûlé.

Les jours se suivent et ne se ressemblent pas : nous n'avions pas toujours de la chair de cheval ni de l'eau-de-vie de grain : l'eau pure nous manquait souvent. C'est alors que nous préparions le brouet des Spartiates, dont voici la recette : faire fondre de la neige, et il en faut beaucoup pour obtenir une petite quantité d'eau; délayer de la farine; puis, à défaut de sel, de la poudre : servez chaud, et mangez quand vous avez bien faim.

J'étais bien à plaindre quand j'étais de cuisine, et qu'il me fallait alimenter le feu avec des branches de sapin : la flamme brille et s'éteint presque aussitôt; elle laisse après elle une fumée noire et résineuse qui vous prend aux yeux.

Lorsque nous avions l'estomac à peu près restauré, on causait quelques instants; chacun racontait ses projets d'ambition, et pendant ces récits, le sommeil venait engourdir nos membres. Après un repos de quelques heures, le réveil nous rendait au sentiment de nos misères. Glacés et endoloris, nous avions d'abord quelque peine à nous soulever; la chaleur de notre corps avait fait fondre la glace sur le lieu où nous avions dormi, et nos places pouvaient se compter. Nous nous levions, et tels que ces vieux débris de chevaux condamnés à traîner les chars numérotés et les coucous de Paris, nous mettions en hésitant un pied devant l'autre : on avançait d'un pas incertain et oblique; puis le sang reprenait son cours; on s'échauffait en marchant, et l'on recommençait à vivre au jour le jour.

Ces nuits-là avaient fait bien des victimes; au moment du départ, nos bivouacs restaient couverts de cadavres. et parmi les hommes qui avaient survécu, il en était beaucoup qui ne devaient pas voir la fin du jour; ils tombaient sur la route et ne se relevaient plus. On les voyait, les jambes tremblantes et le corps penché en avant, préluder à la mort. Leurs compagnons les suivaient de l'œil et spéculaient sur leur chute. Vivants, ils étaient dépouillés, mis à nu; on se disputait leurs vêtements, on s'arrachait les faibles ressources qu'ils avaient conservées. Mon ami P..., aujourd'hui député, eut le malheur de faire un faux pas : il allait être dépouillé si nous n'étions arrivés à son aide.

La mort s'annonçait par d'étranges symptômes : celui-ci vous abordait, l'œil riant, la figure épanouie : il vous serrait la main avec effusion, c'était un homme perdu; cet autre vous regardait d'un œil sombre, sa bouche proférait des paroles d'indignation et de désespoir; c'était un homme perdu.

Tel fut, pendant deux mois, le tableau qui s'offrit chaque jour à nos yeux. Je traversai deux cents lieues de pays, depuis Moscou jusqu'au Niémen, suivant le flot qui s'écoulait devant moi, obéissant au mouvement qui m'était imprimé, avançant toujours sur cette mer de glace, et n'ayant d'autre guide que l'instinct de la conservation. Ainsi que la plupart de mes camarades, j'ignorais quelles contrées étaient à ma droite, quelles contrées à ma gauche; je savais seulement que l'ennemi était derrière moi; j'espérais que la patrie était devant moi, mais bien loin, bien loin... Je ne fus ni gai ni triste; je m'étais fait indifférent, et j'avais pris mon parti sur les destins qui s'accomplissaient. Je crois me rappeler que je m'étais jeté tête baissée, dans le fatalisme, et que j'avais fini par me persuader que mon heure de mourir n'était pas arrivée. Certainement c'est à cette heureuse conviction, qui ne m'a pas abandonné, que je dois la force morale qui m'a soutenu. La plupart de mes compagnons périrent de faim ou de froid; quelques-uns furent brûlés dans les chaumières où ils avaient cherché un abri.

Il faut le dire aussi, la Providence m'avait ménagé quelques douceurs; nos caissons me furent d'une grande ressource. Je conservai plus longtemps que les autres du riz, de la farine, du café et du sucre. Il y avait défense rigoureuse d'ouvrir les caissons et de s'y coucher; plus d'une fois, je bravai la défense : le sommeil de contrebande me fit beaucoup de bien.

Nous avons revu Viasma, Iaspech, Dorogoboush; quelques marches nous séparaient de Smolensk. Je fus envoyé en avant, avec mission de prendre dans cette dernière ville des chevaux et des vivres, et de les ramener au quartier général. La foule se pressait aux portes de Smolensk : il fallait lutter des pieds et des mains pour se frayer un passage, et Dieu sait les efforts que je tentai. Dans l'excès de mon ardeur, je heurtai un homme, gros et court, vêtu d'une pelisse et portant une casquette de velours vert; l'homme se retourna; c'était lui, l'Empereur, qui m'apostropha fort incivilement. Je fis, tant bien que mal, des excuses à Sa Majesté, et je la priai de me céder le pas, m'engageant à lui ouvrir un passage. Napoléon s'écarta un peu et je m'avançai : au nom de l'Empereur, chacun fit place; ce nom exerçait toujours sa magique influence. Au milieu des désastres qui nous accablaient, nous le maudissions, l'Empereur; nous l'accusions de nos souffrances : s'il paraissait, le prestige, cette sorte d'auréole qui environne les grands hommes, nous éblouissait; chacun reprenait confiance et obéissait au moindre signe de sa volonté.

Je revins au-devant de mes camarades; l'abondance du moment m'avait rendu compatissant et prodigue : j'essayai de relever quelques malheureux qui s'étaient couchés sur la route : je leur donnai du biscuit et quelque peu d'eau-de-vie; ils s'essayaient à se tenir debout, à manger et à boire, puis ils se couchaient de nouveau. Un triste spectacle m'attendait au bivouac; ma pauvre *Cocotte* n'était plus, elle n'avait pu s'accoutumer à la privation quotidienne du foin et de l'avoine; je regrettai ce fidèle animal, qui, depuis le Mecklembourg, m'avait porté jusqu'à Moscou.

Aux approches de Smolensk, le convoi du trésor et celui des trophées se prolongeait jusqu'aux portes : nous avions l'ordre d'empêcher toute espèce de voiture de se placer entre nos caissons. Une magnifique berline, attelée de quatre chevaux, s'avance avec rapidité; je fais signe au cocher d'arrêter; celui-ci refuse et continue sa marche. Mes camarades et moi nous saisissons les chevaux à la bride, et la voiture est déjà sur le bord d'un fossé, lorsqu'une femme se montre à la portière :

elle est jeune et belle; la richesse et la fraîcheur de ses vêtements, le luxe qui l'entoure indiquent qu'une mystérieuse protection a dû veiller sur elle et la soustraire à la commune misère. Elle nous signifie, au nom de l'Empereur, au nom du major-général, de la laisser passer. Refus de notre part, insistance de la sienne; tant il est qu'elle mit pied à terre et qu'elle fut réduite à marcher *elle-même*. Quel était le nom de cette dame, sa position ? qu'est-elle devenue ? Je l'ignore.

(B. T. Duverger, *Mes aventures dans la campagne de Russie.*)

MALO-JAROSLAWITZ

23 OCTOBRE

Nous nous dirigeâmes sur Borusk, nous arrivâmes dans cette ville le quatrième jour (23 octobre): elle était abandonnée. Cependant Kutusoff s'occupait tranquillement à faire ses proclamations : il était paisible dans son camp de Tarentino : il n'éclairait ni son front ni ses ailes : il ne se doutait pas du mouvement que nous faisions. Il apprit enfin que nous marchions sur Kaluga ; il leva aussitôt ses cantonnements et parut à Malo Jaroslawitz en même temps que nos colonnes. L'action s'engagea : nous entendions de Borusk une canonnade lointaine. Je souffrais beaucoup de ma blessure ; mais je ne voulais pas quitter Napoléon ; nous montâmes à cheval. Nous arrivâmes vers le soir à la vue du champ de bataille : on se battait encore ; mais le feu cessa. Le prince Eugène avait enlevé une position qui eût dû être défendue à outrance ; nos troupes s'étaient couvertes de gloire. C'est une journée que l'armée d'Italie doit inscrire dans ses fastes. Napoléon bivouaqua à une demi-lieue de là ; le lendemain nous montâmes à cheval à sept heures et demie pour visiter le terrain où l'on avait combattu ; l'Empereur était placé entre le duc de Vicence, le prince de Neuchâtel et moi. Nous avions à peine quitté les chaumières où nous avions passé la nuit, que nous aperçûmes une nuée de cosaques; ils sortaient d'un bois en avant sur la droite; ils étaient assez bien pelotonnés; nous les prîmes pour de la cavalerie française.

Le duc de Vicence fut le premier qui les reconnut. « Sire, ce sont les cosaques. » — « Cela n'est pas possible, » répondit Napoléon. Ils fondaient sur nous en criant à tue-tête. Je saisis son cheval par la bride; je le tournai moi-même. « Mais ce sont les nôtres ? » — « Ce sont les cosaques, hâtez-vous. — Ce sont bien eux, dit Berthier. — Sans aucun doute, ajouta Mouton. » Napoléon donna quelques ordres et s'éloigna : je m'avançai à la tête de l'escadron de service, nous fûmes culbutés : mon cheval reçut un coup de lance de six pouces de profondeur; il se renversa sur moi : nous fûmes foulés aux pieds de ces barbares. Ils aperçurent heureusement à quelque distance un parc d'artillerie; ils y coururent, le maréchal Bessières eut le temps d'arriver avec les grenadiers à cheval de la garde; il les chargea et leur reprit les fourgons et les pièces qu'ils emmenaient. Je me redressai sur mes jambes, on me replaça sur ma selle, et je m'acheminai jusqu'au bivouac. Quand Napoléon vit mon cheval couvert de sang, il craignit que je n'eusse été de nouveau atteint : il me demanda si j'étais blessé : je lui répondis que j'en avais été quitte pour quelques contusions : alors il se prit à rire de notre aventure, que je ne trouvais pas amusante.

Mémoires du général Rapp.

Les 1er et 2e corps de réserve de cavalerie qui avaient commencé leur retraite dès le 18 octobre, se trouvèrent le 24 en observation sur la rive droite de la Louja, pendant la sanglante bataille de Malo-Iaroslavetz. Le lendemain, ils passèrent la rivière, traversèrent le champ de bataille et, longeant les redoutes couvertes de cadavres russes, furent s'établir à environ deux lieues de la ville, pour observer et couvrir la route de Kaluga et masquer le mouvement de retraite. Nous restâmes dans cette position jusqu'au soir ; la nuit venue, chacun se disposait à prendre quelque repos, lorsque notre attention fut réveillée par une lumière éclatante, produite par une longue pyramide de feu qui paraissait détachée dans l'air et éclairait au loin la plaine. L'on observait avec surprise ce spectacle singulier et l'on se perdait en conjectures, lorsqu'une forte détonation très éloignée vint redoubler nos inquiétudes. Ce fut en ce moment que l'on donna à voix basse l'ordre du départ pour minuit. On nous dit que cette pyramide de feu, qui brilla une grande partie de la nuit, était la flèche en charpente d'un clocher que nous avions vu de jour dans le lointain, et qu'elle était, ainsi que la détonation que nous venions d'entendre, un signal pour notre armée. D'après l'ordre donné, chacun se prépara en silence pour le départ. Les feux furent allumés en très grand nombre pour en imposer à l'ennemi. A diverses époques de la nuit de fortes détonations se firent entendre dans le lointain. A minuit, l'on monta à cheval dans le plus grand silence, la gauche en tête, l'on se mit en marche la tristesse dans l'âme. En traversant la plaine nous eûmes occasion de remarquer de distance en distance de petits postes d'infanterie dont les soldats dispersés étaient occupés à entretenir des feux, et qui se repliaient avec nous à mesure que notre arrière-garde les avait dépassés. On marcha de cette manière deux ou trois heures, toujours éclairés par la pyramide de feu jusqu'à un pont jeté sur une rivière assez large, où elle prolongeait son reflet. Enfin l'éloignement et des hauteurs couronnées de bois la dérobèrent à nos yeux.

Le général Grouchy, connu par ses talents militaires, en donna une nouvelle preuve dans cette retraite qu'il exécuta, en présence d'un ennemi nombreux et entreprenant, avec un sang-froid et un courage rares. Le roi de Naples lui avait remis le commandement de la cavalerie et ne s'en mêlait plus, beaucoup de généraux malades ou découragés marchaient pour leur compte particulier. Le général Grouchy, présent partout, l'air serein et calme, inspira au peu de troupes à cheval qui restait une telle confiance, une telle assurance, que l'ennemi, malgré ses efforts réitérés, ne put ni l'entamer ni l'intimider. Ce fut la retraite du lion blessé.

(Manuscrit intitulé : *Quelques notes*, par un capitaine au 16ᵉ régiment de chasseurs à cheval, qui a fait la campagne.)

25 octobre, bataille de Malo-Jaroslawitz.

On doit rappeler ici la conduite admirable que tint dans cette rencontre le général Letort, colonel en second des dragons de la garde. Cet intrépide officier était malade depuis six semaines, et son état de faiblesse tel qu'il ne pouvait suivre l'armée que couché dans sa voiture. Aussitôt qu'il apprend que son régiment marche à l'ennemi, il demande son cheval, se fait attacher dessus, et, une fois en face des cosaques, il retrouve toute son énergie, suit et dirige tous les mouvements de ses braves dragons, et ne retombe dans l'état déplorable où la maladie l'avait mis que lorsque le dernier coup de canon est tiré. Son âme de feu ranima son corps mourant, redonna subitement à celui-ci des forces que de longues souffrances lui avaient insensiblement enlevées.

(Lieutenant-colonel de Baudus, ancien aide de camp des maréchaux Bessières et Soult, *Études sur Napoléon*.)

BOROWSK

26 OCTOBRE

Le quartier général revint le 26 octobre à Borowsk et s'établit le lendemain à Wereia. Ce fut dans une halte sur la route de cette petite ville qu'on présenta à Napoléon le lieutenant général comte de Vintzingerode et son aide de camp le capitaine comte Narischin. Cet officier général, chargé du commandement des forces russes qui couvraient la route de Saint-Pétersbourg, s'était fait prendre de la manière la plus ridicule. A peine instruit du départ de l'armée, il entra étourdiment dans Moscou sans s'informer si cette ville était entièrement évacuée, et s'avança sans précaution aucune jusqu'aux glacis du Kremlin. Là il se trouva tout à coup au milieu d'un poste avancé des troupes du maréchal Mortier. Voyant qu'il n'y avait pas possibilité de se retirer, il essaya, en déployant un mouchoir blanc, de se faire passer pour un parlementaire. Cette précaution fut repoussée comme elle méritait de l'être, par la simple observation qu'il n'était pas d'usage qu'un général en chef se chargeât de remplir en personne une mission pareille. La présence du comte Vintzingerode irrita les plaies profondes dont l'âme de Napoléon avait été déchirée par les événements des jours précédents. « Qui êtes-vous? lui cria-t-il... qui êtes-vous?

Un homme sans patrie! Vous avez toujours été mon ennemi personnel : quand j'ai fait la guerre aux Autrichiens, je vous ai trouvé dans leurs rangs; l'Autriche est devenue mon alliée, et vous avez sollicité du service en Russie. Vous avez été un des plus grands fauteurs de la guerre actuelle; cependant vous êtes né dans le royaume de Wurtemberg, dans les États de la confédération du Rhin; vous êtes mon sujet! Vous ne pouviez prendre de service près de l'Empereur Alexandre sans ma permission. Vous n'êtes pas un ennemi ordinaire, vous êtes un rebelle, j'ai le droit de vous faire juger... Voyez-vous, monsieur, ces campagnes désertes, ces villages en flammes! A qui doit-on reprocher ces désastres? A cinquante aventuriers comme vous, soudoyés par l'Angleterre, qui les a jeté sur le continent. Vous êtes mon sujet, vous avez pris du service à l'étranger sans mon aveu, vous avez été pris les armes à la main; j'ai le droit de vous faire fusiller! » A peine Napoléon laissat-il à ce malheureux général le temps de balbutier quelques excuses en réponse à cette violente apostrophe, qu'il termina cette scène par une action plus violente encore, par l'ordre donné à deux gendarmes d'élite de s'emparer du comte de Vintzingerode et de le fusiller. Ils l'emmenaient, mais le roi de Naples et le prince de Neuchâtel leur enjoignirent de surseoir à l'exécution d'un ordre évidemment dicté par un furieux accès de colère; et certes, nous sommes convaincu que Napoléon eût été au désespoir qu'on l'exécutât à la lettre.

S'adressant ensuite à l'aide de camp du lieutenant général comte de Vintzingerode : « Pour vous, comte de Narischin, dit Napoléon, vous êtes Russe, vous faites votre devoir; mais comment un homme d'une des premières familles de Russie a-t-il pu devenir l'aide de camp d'un étranger mercenaire? Soyez l'aide de camp d'un général russe, cela sera beaucoup plus honorable. »

Napoléon se livra encore à une longue déclamation contre la noblesse russe, qu'il accusait d'être stipendiée par l'or de l'Angleterre et d'avoir causé les malheurs qui étaient venus fondre sur la Russie, en entraînant l'empereur Alexandre à faire la guerre. Ce fut alors qu'il s'écria : « Le poids de la guerre retombera sur ceux qui l'ont provoquée : au printemps j'irai à Saint-Pétersbourg, et l'on me fera raison de toutes ces fanfaronnades ; je jetterai cette ville dans la Néva. » Puis se retournant, il aperçut un château sur le penchant d'une colline, dépêcha quelques chasseurs de son escorte avec ordre de le brûler : ils y coururent et y mirent le feu sur-le-champ. On jugera facilement de l'effet que produisit, sur les personnes qui l'entouraient, cette scène indigne par sa violence du caractère d'un tel homme. Pour mon compte, elle me fut une preuve de plus qu'il entrevoyait parfaitement la profondeur de l'abîme sur le penchant duquel il s'était laissé entraîner.

(Lieutenant-colonel de Baudus, *Études sur Napoléon*.)

DU 29 OCTOBRE AU 15 NOVEMBRE

Le 29 octobre au soir, nous arrivons à Mojaisk. J'ai dit que la bataille du 7 septembre avait eu lieu près de cette ville : toutes les maisons sont encore remplies de morts. En y fouillant, nous en trouvons plusieurs qui, avant de mourir, se sont mangé les bras, leurs blessures les ayant empêchés de se traîner hors des maisons. On y reconnaît le corps d'un capitaine du 30°, qui, après avoir mangé son bras jusqu'à l'os, a encore la bouche dessus.

Le 30, nous nous remettons en route. Mais nos derrières sont assaillis par des nuées de cosaques, qui nous harcèlent sans cesse. Nous ne pouvons marcher mille pas sans être obligés de faire volte-face, mais sans tirer, car ce mouvement seul suffit pour mettre en fuite ces enragés. Ils viennent jusqu'à cent pas de nous, et il nous étourdissent de leurs *houras*. Parfois nous tirons dessus quelques coups de canon. Le 31, à l'approche du village de Kolotskoi, ils se réunissent en immense quantité, et ils attaquent notre corps d'armée. Nous les repoussons après avoir tué quelques hommes et pris cinq caissons.

Le 1ᵉʳ novembre, les mêmes cosaques veulent nous arrêter devant la tête du pont de Giat; mais ils ne peuvent nous empêcher de traverser la rivière, et nous allons bivouaquer sur les hauteurs en avant de la ville. Après une marche lente et pénible d'environ six lieues, par une neige dont le sol est entièrement couvert, nous n'avons pas un brin de paille pour nous coucher, et nous ne pouvons faire du feu, à cause de la violence du vent qui l'éteint à chaque fois qu'on essaie de l'allumer. Les Français maudissent leur triste destinée et attendent impatiemment le lever du soleil pour se mettre en marche sans avoir pris la moindre nourriture pour réparer leurs forces… A cette époque, la position de l'armée est horrible !… Pour moi, depuis mon départ de Moscou, malgré mes deux trous de balles dans la jambe gauche, et plusieurs autres blessures non encore cicatrisées, j'ai continuellement marché le pied droit chaussé dans une botte et le pied gauche dans une savate; mais, ainsi que tous mes frères d'armes, je prévois tant de maux que je ne songe pas à m'occuper de mes blessures; je ne les panse plus, et ma jambe engourdie va comme par mécanique. Mes chevaux me portent encore quelques vivres, mais il n'y a plus de quoi les nourrir, excepté quelques feuilles pourries qu'ils cherchent sous la neige.

Il n'y a pas un soldat qui ne soit effrayé de son avenir. Nous sommes à trente lieues de Moscou, au milieu d'une contrée dévastée, dans laquelle nous n'avons combattu qu'à la lueur des incendies. Le soldat qui, autrefois, partageait son morceau de pain avec son camarade, ayant à peine de quoi manger aujourd'hui, cache avec soin le peu qu'il a. Les chevaux, d'une si grande utilité pour porter les vivres, manquant de fourrages, sont si faibles, qu'il en faut de huit à quinze pour traîner une pièce de campagne. Ils mangent de l'écorce d'arbre ou de la mousse, et quelquefois de la paille pourrie dans les lieux où l'armée a bivouaqué : aussi, en périt-il chaque jour des milliers. Il faut alors faire sauter les caissons, brûler les fourgons et briser ou enclouer les pièces que nous ne pouvons plus emmener. C'est nous qui, d'arrière-garde, sommes chargés de cette triste opération. Aussi le matériel de l'armée disparaît sous nos yeux d'une manière effrayante.

A tant de maux (dont les lugubres détails m'entraîneront dans des répétitions qu'il me sera difficile d'éviter dans une narration, et qu'on pardonnera à un soldat), qu'on joigne les nuées de cosaques et de paysans armés qui nous entourent, et qui poussent l'audace jusqu'à traverser nos rangs, en enlevant les chevaux de bât et les fourgons qu'ils croient le plus richement chargés. Nos soldats n'ont pas même la force de s'opposer à ces enlèvements. Ceux qui s'écartent de la route pour marauder sont égorgés par les paysans. Il y en a qui quittent exprès les rangs pour se faire tuer par les cosaques, ou pour devenir leurs prisonniers ; mais les cosaques mêmes n'en veulent point et se contentent de les dépouiller, quand ils ne les massacrent pas. Ces malheureux, dans leur désespoir, se jettent dans les bois ou dans les marais : là, ils trouvent la fin de leurs infortunes, n'ayant plus la force de rejoindre l'armée. Nul ne songe à conserver l'or ou les bijoux qu'il a ramassés dans les ruines fumantes de Moscou ; il ne songe qu'à ne pas mourir de faim. Bientôt, le froid, qui devient chaque jour plus vif, doit se joindre à la famine pour anéantir notre armée, cette armée si belle, quand elle traversa le Niémen !

Tant de privations démoralisent les soldats, qui, marchant sans regarder devant eux, heurtent indistinctement les généraux ou leurs camarades. Tous, ayant l'air égaré, sont couverts de fourrures plus ou moins riches, qui présentent une diversité de costumes plus bizarres les uns que les autres. Comment reconnaître les mêmes hommes qui, il y a six mois, faisaient trembler l'Europe?

Pour moi, armé de ma béquille, couvert d'une pelisse rose doublée d'hermine, le capuchon sur la tête, je chemine avec mon fidèle soldat et mes deux chevaux, qui, malgré la liberté que nous leur laissons, nous suivent pas à pas. Nous avons le soin de marcher toujours avec la plus grande partie du reste du régiment.

Manquant de vivres, nous mangeons les chevaux dont les cadavres bordent notre route; mais, étant d'arrière-garde, nous ne trouvons souvent que des restes de ces animaux, qui ont déjà été mangés en partie par ceux qui nous précèdent. Heureux ceux qui peuvent s'en procurer! Ils ont été ma seule nourriture jusqu'à Wilna, excepté une livre de pain d'avoine, qu'un militaire de la garde m'a vendue vingt francs. Je mange cette chair à moitié cuite, de sorte que la graisse et le sang tombent sur moi, et du menton aux genoux teignent mes vêtements de couleur rouge et jaune. Qu'on joigne à cela une longue barbe, dont chaque poil est terminé par un petit glaçon, se détachant d'une figure enfumée, des cheveux gras, cachés sous le capuchon de ma pelisse rose bordée en or, et l'on pourra avoir mon portrait. Malgré ma triste situation, je riais quelquefois, lorsqu'il me prenait envie d'examiner ou de regarder mes frères d'armes, dont l'aspect était, pour le moins, aussi plaisant que le mien.

Bientôt la ressource des chevaux morts n'est plus suffisante pour les trois quarts d'une armée affamée. Il n'y a donc que ceux qui ont encore un peu de courage qui peuvent se procurer cette nourriture. Les soldats qui n'ont conservé ni couteau ni sabre, ou ceux qui ont les mains gelées, ne peuvent même user de cette ressource. J'en ai vu cependant à genoux et d'autres assis, mordant à pleines dents dans ces carcasses décharnées, comme des loups furieux... Grâce à mon brave et fidèle soldat, je n'ai pas été réduit à une telle extrémité : j'avais, par jour, de deux à trois livres de cheval, à moitié cuit et sans sel, il est vrai, mais que j'étais encore trop heureux d'avoir. Ma boisson était de la neige fondue dans une casserole, conservée soigneusement par mon soldat.

Malgré la démoralisation générale, un reste d'humanité empêche de tuer les montures des blessés. Je garde donc les miennes pour porter mes vivres; mais je ne monte pas dessus; car tout homme à cheval, quelque couvert de vêtements qu'il soit, est sûr de geler en peu d'heures.

Tel est le tableau qu'offre notre armée, dans les premiers jours de novembre. Mais, si les hommes épargnés par le climat et échappés aux hasards de la guerre ont autant à souffrir, que dirai-je donc de la situation des malades et des blessés? Entassés pêle-mêle sur des charrettes, dont les chevaux succombent de fatigue et de faim, abandonnés dans les bivouacs et sur les routes, ces malheureux meurent dans les convulsions de la rage du désespoir, ou terminent eux-mêmes leurs souffrances, quand ils ont la force de se donner la mort. Les compagnons, les amis de ces tristes victimes, sont sourds à leurs voix, ou détournent les yeux pour ne pas les voir... La misère éteint tout sentiment d'amitié, l'instinct de la conservation domine seul, et le plus froid égoïsme a remplacé cette douce fraternité d'armes dont, jusqu'alors, les Français avaient donné de si touchants exemples.

Le 2, auprès de Semlewo, de l'autre côté de Wiazma, les positions avantageuses qu'occupe l'ennemi nous font craindre une affaire sérieuse... craindre... c'est la première fois que cette expression se trouve sous ma plume en parlant de l'armée française.

Le 3 novembre 1812, à six heures, deux divisions du 1er corps et le 5e corps se portent sur Viazma, où les cosaques leur prennent quelques voitures d'équipages, sans inquiéter autrement leur marche. Le général Nagle dépasse le bois de Masaiedowa, il est attaqué par deux régiments russes, près de Postzaerka et l'ennemi cherche à pénétrer dans l'intervalle du 5e corps et de notre division qui est derrière. En même temps, plusieurs colonnes russes gagnent la grande route de Viazma. Voyant leur intention de nous couper, nous faisons halte et les pièces sont mises en batterie, et on forme les troupes dont la moitié au moins est sans armes. A peine formés, nous sommes attaqués par une cavalerie nombreuse.

Notre perte est considérable. Pendant cette brusque attaque, le maréchal Davoust fait filer son corps d'armée sur les derrières des 4e et 5e corps, à droite de la route, et nous prenons position sur la gauche, en avant du bois de Masaiedowa, d'où une division marche sur Nowaia. Cette division attaque les Russes et les repousse dans les bois où ils s'appuient. Les autres divisions se déploient devant l'ennemi, et, formées en demi-cercle, lui présentent la bataille. Pendant ce mouvement, les autres corps d'armée sont aux prises avec les Russes, qui s'avancent des deux côtés de la route. Le combat s'engage avec acharnement; mais les Russes sont supérieurs en nombre et nos chevaux, trop faibles, ne peuvent manœuvrer nos pièces avec promptitude. Malgré ce désavantage, le combat se soutient. Alors, les bagages et le matériel des corps engagés traversent Viazma. Le maréchal Ney se porte, avec le 3e corps, sur les derrières de l'ennemi et le combat pendant près de cinq heures. Une nombreuse cavalerie russe tourne les 1er, 4e et 5e corps, mais les Bavarois et les Italiens, en position sur un plateau, avec douze pièces de canon, l'arrêtent court et lui font éprouver une grande perte. Le 1er corps rejette la droite des Russes sur Lubtza, et le 3e corps gagne la grande route à gauche, en forçant l'ennemi à battre en retraite. Notre perte est de quatre mille hommes, celle de l'ennemi de sept mille... Nous ne pouvons emmener nos blessés.

Le combat cesse à trois heures de l'après-midi : nous sommes maîtres du champ de bataille. A cinq heures, notre corps d'armée traverse Viazma et va bivouaquer en avant de cette ville. Nous sommes remplacés, à l'arrière-garde, par le 3e corps.

Dans la nuit, bivouaquant sur les hauteurs de Dandreieskaia, nous nous attendons à une nouvelle affaire. Le nombre des combattants diminue chaque jour, les deux tiers de l'armée n'ayant plus la force de porter leurs armes, à cause du froid qui est à 8 degrés au-dessous de glace. En peu de jours, il est à 16 degrés : alors je suis témoin de scènes épouvantables de destruction. Il est impossible qu'on se fasse l'idée du nombre de morts et de mourants qui bordent notre route, et de l'immense quantité de carcasses de chevaux dont la chair nous sert de nourriture.

Ma position n'est pas belle! Pourtant, je ne sens plus mes blessures, ma poitrine est bonne et je marche assez bien. J'ai l'attention de ne pas abandonner les débris de mon régiment, et souvent je partage avec mes camarades le foie d'un cheval nouvellement tombé; mais je vois avec peine leur découragement. Me rappelant les campagnes d'Egypte, où j'ai souffert encore davantage, où j'ai eu plus de fatigues et de privations, je leur dis : « On peut encore être plus mal! Ici, nous avons du cheval à manger, et dans les déserts de la Syrie, nous n'avions souvent rien. Vous vous plaignez du froid, mais j'ai plus souffert de la chaleur au milieu des sables brûlants de l'Arabie. Patience et courage! » Ils ne m'écoutent guère, et nous marchons une journée entière dans le plus profond silence!... Plus nous avançons, plus la situation de l'armée devient alarmante.

Le 7 novembre, en quittant Dorogobey, nous perdons plusieurs pièces de canon et plus de cent voitures. Nos chevaux épuisés, glissant à chaque pas sur le verglas, ne peuvent franchir les ravins qui coupent les routes, et nous sommes forcés d'enclouer nos pièces et d'abandonner une grande partie de nos bagages.

Le 9 novembre, après une marche pénible, l'armée arrive sur le bord du Vop, où un pont de bateaux est jeté. A peine il est terminé qu'il est rompu par les glaces et nous ne pouvons le rétablir. Il nous faut passer cette rivière à travers les glaçons, ayant de l'eau jusqu'à l'estomac. Beaucoup de nos soldats y restent, ainsi qu'une partie de notre artillerie et de nos équipages. En peu d'heures, la rivière est encombrée de caissons, de canons, de voitures et d'hommes noyés. Les cosaques, qui n'ont pas cessé de nous harceler, voltigent devant nous en riant comme des fous et en nous assourdissant de leurs *houras*. Ils s'enfuient à l'arrivée du 4ᵉ corps.

Notre armée bivouaque partie sur une rive et partie sur l'autre rive.

Le 10, le reste de l'armée passe le Vop, laissant au moins cinquante à soixante pièces de canon sur ses bords et nous continuons notre retraite sur Duckowchina, toujours suivis par les cosaques.

Depuis le 7, le froid est chaque jour plus vif : on le dit à 18 degrés au-dessous de glace. Le temps devient sombre, le soleil ne se montre plus, un vent violent nous gèle et nous jette sur le sol couvert d'une neige qui tombe en telle abondance que les rivières, les lacs, les fossés, les chemins ne se distinguent plus. Nous ne reconnaissons notre route que par les cadavres des malheureux qui nous ont précédés. Le froid ajoute au nombre des hommes isolés qui suivent avec peine. Un grand nombre d'entre eux, n'ayant plus la force de marcher, tombent sur le dos, en tendant vers nous leurs bras suppliants, et ils gèlent dans cette position.

Ceux qui ont les mains gelées errent à l'aventure, étant repoussés des feux de bivouacs parce qu'ils ne peuvent apporter de quoi alimenter... C'est ici un des plus terribles effets de la démoralisation de l'armée... Ces infortunés, chassés par leurs frères d'armes, tombent inanimés derrière les soldats qui les repoussent, et ceux-ci, en les voyant *faire l'ours* (c'était l'expression), les dépouillent sans penser que bientôt il en sera ainsi pour eux.

Parmi ces terribles effets produits par le froid, des soldats, dont les mains étaient gelées, tombaient dessus et leurs doigts se cassaient comme du verre ; d'autres s'approchaient trop du feu et les parties de leur corps qui étaient gelées se pétrifiaient. Un de mes amis, le capitaine Chidor, du 9º de ligne, avait les pieds gelés : il ôte les linges qui entourent un de ses pieds, trois doigts s'en détachent ; il ôte les chiffons de l'autre pied, il prend son pouce, tire dessus, l'arrache et n'éprouve aucune douleur.

J'ai eu le nez, les oreilles et le menton gelés, ainsi que les mains, mais faiblement. J'ai arraché, sans souffrir, la peau de toutes ces parties. Le pied que j'avais nu dans ma savate n'a pas gelé ; mais ma jambe blessée est devenue noire et je ne la sentais plus. Je n'ai été pansé qu'à mon arrivée à Thorn où, en ôtant les bandes de linge qui me ceignaient la jambe, j'ai enlevé la peau depuis le genou jusqu'à la cheville. Ma chair était noire et marbrée. Je n'ai cependant éprouvé aucune douleur à ce pansement, quoique le chirurgien coupât la peau et la chair morte. Depuis, ma jambe gauche est devenue plus courte que l'autre, mais je n'en souffre pas et elle a autant de force.

Les soldats qui ont pu conserver leurs armes n'en sont pas plus heureux, car ils sont constamment occupés à repousser les cosaques qui nous harcèlent sans cesse.

Quand nous ne pouvons faire du feu à cause du vent, il faut nous livrer à un exercice continuel pour ne pas nous laisser surprendre par le froid.

Nos bivouacs offrent des tableaux affreux. Chaque maison incendiée, dans les villages où nous faisons nos haltes est entourée de cadavres à moitié recouverts de neige. On en a trouvé jusque sous les cendres encore fumantes. Des soldats se couchent sur ces cendres pour se réchauffer et souvent ils expirent sur le corps de leurs frères d'armes.

Ceux qui ont la force d'errer dans les campagnes pour se procurer des vivres y deviennent les victimes des paysans et des cosaques. Si, par une distinction remarquable, quelques-uns sont faits prisonniers, ils sont dépouillés de leurs vêtements et forcés de suivre ces barbares jusqu'à l'instant où ils expirent de fatigue, de froid et de besoin.

Une grande partie de notre artillerie et presque tous nos bagages sont abandonnés sur les routes. La cavalerie, si belle il y a six mois, étant presque entièrement démontée, les hommes se dispersent et n'ont plus de discipline. Tout est anéanti dans cette malheureuse armée. La subordination est méconnue, la hiérarchie militaire cesse : l'officier général n'est plus à même de s'occuper des soldats qui ont fait sa gloire, et la misère de ces braves leur fait méconnaître la voix de leurs chefs. Ils s'en éloignent ou ils leur demandent la mort. Cette demande m'a été faite plusieurs fois !... Que pouvais-je leur dire pour ranimer leur courage ?...

Les hommes qui, comme moi, ont conservé quelque peu de force morale et de confiance, sont tourmentés par la faim : un cheval tombe, ils se précipitent dessus, ils s'en disputent les lambeaux. Afin de chercher le bois pour faire cuire cette viande, il faut s'enfoncer dans la campagne, au risque d'être massacré. Ainsi, les repos sont employés aux courses indispensables pour la cuisson de cette dégoûtante nourriture. Lorsque le repas est terminé, excédés par les longues marches, ne couchant que sur la neige sans pouvoir jouir d'une heure de sommeil, ne trouvant aucun coin pour se garantir du vent qui souvent empêche de faire du feu, généraux, officiers, soldats, se réunissent sans distinction et se serrent les uns contre les autres pour s'échauffer en attendant l'heure du départ.

Aperçoit-on une maison, on y met le feu ; et n'ayant

pas la force de s'asseoir; on reste debout en formant un rond, immobiles comme des spectres, autour de cet immense bûcher.

Nous ne trouvons aucune ressource à Smolensk, où nous arrivons le 13. Les soldats y sont entassés dans des hangars, d'où ils n'ont pas la force de sortir pour aller chercher des vivres.

Pas un Français n'a l'espoir de revoir sa patrie...

On nous apprend que les Russes ont forcé les 2e et 6e corps à la Dwina, et qu'il nous faudra tenter le hasard d'une bataille au passage de cette rivière... Mais comment nous battre, quand les trois quarts de nos troupes n'ont pas d'armes et que l'autre quart peut à peine les porter?

Le peu de matériel que nous traînons encore à notre suite se détruit chaque jour; notre cavalerie étant démontée, notre marche ne peut être éclairée; tandis que nos ennemis, suivis d'immenses magasins, sont soutenus par une artillerie formidable, la majeure partie portée sur des traîneaux.

Le froid est tellement vif qu'on le dit de 28 degrés au-dessous de glace. Notre position est plus affreuse qu'elle ne l'a jamais été; enfin, on peut dire que notre armée n'existe plus. Les soldats ayant perdu cette gaieté qui seule soutient le Français dans l'infortune, ne rêvent que malheurs. Cependant, cette gaieté ne nous a pas tous abandonnés entièrement, et j'espère toujours, sans me livrer au chagrin; car, malgré tous les maux qui m'accablent, il me semble que l'on peut encore être plus malheureux; puis, je vois une espèce de gloire à être tranquille au milieu de tant de calamités : c'est en ne m'abandonnant jamais au désespoir que j'ai été plus fort que les circonstances.

L'ennemi, qui connaît notre triste position, cherche à en profiter en enveloppant nos colonnes.

Le 15, à 8 heures du matin, notre corps d'armée se met en marche. Un vent violent ajoute à la rigueur du froid. Bientôt nous nous trouvons dans une situation extrêmement critique, étant pris par l'ennemi devant et derrière, et tellement que nous ne pouvons ni avancer ni reculer. Nous entendons le canon : c'est la garde et le 4e corps qui se battent contre les Russes ; alors ils essaient vainement, malgré la supériorité de leur nombre, de s'opposer à notre marche.

(Capitaine François.)

SMOLENSK

DU 13 AU 19 NOVEMBRE

Lorsque nous sortîmes de Smolensk (15 novembre), le spectacle le plus déchirant ne cessa de nous affliger. Nous vîmes sous ces mêmes remparts, jadis témoins de notre triomphe, une immense quantité de bouches à feu toutes parquées, et qu'il fallait laisser à l'ennemi. Depuis ce point jusqu'au méchant hameau brûlé de Loubna, éloigné d'environ trois lieues, la grande route était entièrement couverte de canons et de caissons qu'on n'avait pas seulement eu le temps d'enclouer ou de faire sauter. Des attelages entiers, succombant à leurs fatigues, tombaient à la fois l'un sur l'autre. Des chevaux expirants couvraient la route ; plus de trente mille étaient morts en peu de jours. Tous les défilés, que les voitures ne pouvaient pas franchir, étaient remplis d'armes, de casques, de schakos et cuirasses. Des malles enfoncées, des valises entr'ouvertes, des habillements de toute espèce étaient éparpillés dans la vallée. De distance en distance, on apercevait des arbres au pied desquels des soldats avaient tenté de mettre le feu; mais ces malheureux moururent en faisant pour se réchauffer d'inutiles efforts. On les voyait étendus par douzaines autour de quelques branches vertes qu'ils avaient vainement essayé d'allumer : et tant de cadavres auraient obstrué la route si, souvent, on ne les eût employés à combler les fossés et les ornières.

De pareilles horreurs, loin d'exciter notre sensibilité, ne faisaient qu'endurcir nos cœurs.

A Loubna, on ne put préserver de la destruction que deux misérables granges, l'une pour le vice-roi et l'autre pour son état-major. On venait à peine de s'y établir, lorsqu'on entendit en avant de nous une forte canonnade. Comme le bruit semblait venir par notre droite, on crut que c'était le 9° corps qui, ne pouvant contenir l'armée de Wittgenstein, était forcé de rétrograder devant les forces ennemies ; mais ceux à qui les nouvelles étaient connues ne doutèrent que l'Empereur et sa garde n'eussent été attaqués, avant d'arriver à Krasnoé, par Milloradowitch et le comte Orloff-Denisoff, commandant tous deux l'avant-garde de Kususoff, et qui, venus de Elnïa, avaient barré le chemin à notre armée pendant que nous séjournions à Smolensk.

C'était un tableau bien triste et bien déplorable que celui qu'offrait le bivac de notre état-major. Sous les débris d'un hangar découvert étaient accroupis, auprès d'un petit feu, une vingtaine d'officiers confondus avec autant de domestiques. Derrière étaient tous les chevaux rangés sur une ligne circulaire, afin de nous servir d'abri contre la violence du vent. La fumée était si épaisse qu'on voyait à peine les seules figures placées auprès du foyer et occupées à souffler des tisons, sur lesquels on faisait griller quelques morceaux de viande ; le reste, enveloppés dans des pelisses ou des manteaux, le ventre contre terre, se couchaient l'un sur l'autre pour moins sentir le froid, et ne se remuaient que pour injurier ceux qui marchaient sur eux, pester contre les chevaux qui ruaient, ou éteindre le feu que les éclats de tison avaient allumé sur leurs pelisses.

(16 novembre.) Avant le jour, nous continuâmes notre marche, parsemant la route de nos immenses débris. Les chevaux ne pouvant plus tirer, nous obligeaient de laisser nos canons au pied de la plus légère éminence ; le seul et triste devoir qu'il restait alors aux artilleurs était de répandre la poudre des gargousses, et d'enclouer les pièces, pour qu'on ne les tournât pas contre nous. On en était réduit à ces cruelles extrémités, lorsque deux heures avant d'arriver à Krasnoé, les généraux Poitevin et Guyon, qui marchaient en avant, virent venir à eux un officier russe, suivi d'un trompette, qui sonna pour annoncer qu'un parlementaire demandait à s'avancer. Surpris d'une apparition si inattendue, le général Guyon s'arrêta ; et laissant approcher l'officier, lui demanda d'où il venait, et quel était l'objet de sa mission. « Je viens, lui dit-il, de la part du général Milloradowitch, vous annoncer qu'hier nous avons battu Napoléon avec la garde impériale, et qu'aujourd'hui le vice-roi se trouve cerné par une armée de 20,000 hommes ; il ne peut nous échapper, et s'il veut se rendre, on lui offre des conditions honorables. » A ces mots, le général Guyon, d'un air courroucé, lui répondit : « Retournez promptement d'où vous êtes venu, et annoncez à ceux qui vous ont envoyé, que si vous avez 20,000 hommes, nous en avons ici 80,000. » Ces paroles, prononcées avec assurance, interdirent si bien le parlementaire, qu'il s'en retourna promptement au camp d'où il était venu.

Sur ces entrefaites, le vice-roi étant arrivé, ne put entendre cette nouvelle qu'avec une surprise égale à son indignation ; quoique son corps fût détruit et qu'il eût connaissance sans doute de l'affaire sérieuse qui avait eu lieu la veille entre l'avant-garde de Kutusoff et la garde impériale, néanmoins, songeant à la manière glorieuse avec laquelle celle-ci s'en était tirée, il conçut l'espérance de la rejoindre dans peu, en forçant le passage ; bien décidé, d'ailleurs, à succomber honorablement plutôt que d'accepter des conditions qui pussent porter atteinte à sa renommée. Sur-le-champ, il ordonna aux débris de la 14ᵉ division de faire front à l'ennemi, emmenant avec eux les deux uniques pièces de canon qui nous restaient encore ; cette division, formant à peine 1,000 hommes armés, depuis la pointe du jour marchait à gauche de la route pour maintenir les cosaques qui rôdaient sur nos flancs.

Ensuite, le prince prenant en particulier le général Guilleminot, causa longtemps avec lui, et le résultat de leur conversation fut qu'il fallait absolument se faire jour. Pendant ce temps, nos troupes se portaient en avant, et les Russes plièrent à mesure que nous avançâmes ; ils rétrogradèrent jusqu'au pied du plateau sur lequel ils étaient campés, et démasquant aussitôt leurs pièces, placées sur des traîneaux, ils foudroyèrent nos carrés, tandis que la cavalerie ennemie, descendue de la position, accourut dans la plaine pour la charger. Les braves du 35ᵉ. quoique harassés de fatigue, se soutenant à peine, et pour la plupart blessés, reçurent l'ennemi avec cette valeur qui distingue si éminemment le soldat français. Il faut se pénétrer de notre situation cruelle pour pouvoir payer le juste tribut d'admiration que méritait une conduite aussi héroïque.

A travers le feu que faisait l'ennemi, le général Ornano s'avança avec les restes de la 13ᵉ division, pour secourir les troupes de la 14ᵉ, qui étaient si cruellement engagées ; mais un boulet de canon passa si près de lui, qu'il le renversa de son cheval ; on le crut mort, et des soldats s'approchaient pour le dépouiller, lorsqu'on reconnut qu'il n'était qu'étourdi par la violence de sa chute. Alors le prince envoya son officier d'ordonnance, le colonel Delfanti, avec un bataillon, pour chercher à ranimer les troupes. Ce brave militaire, se jetant au milieu d'elles, à travers une grêle de balles et de mitraille, encourageait les siens autant par ses conseils que par son exemple : deux blessures dangereuses l'empêchant de se soutenir, il fut obligé de sortir des rangs. Un chirurgien lui ayant appliqué un premier appareil, il s'éloignait avec peine du champ de bataille ; sur son chemin il rencontra M. de Villeblanche, qui, en qualité d'auditeur au Conseil d'État, devait quitter la ville de Smolensk, dont il était l'intendant, avec le général Charpentier, qui en était gouverneur ; mais, entraîné par la fatalité, il demanda et obtint du vice-roi la faveur de l'accompagner. Ce jeune homme, apercevant le colonel Delfanti blessé, appuyé sur un officier, n'écouta que sa sensibilité, et voulut lui donner le bras. Tous trois s'éloignaient lentement du champ de bataille, lorsque arrive un boulet de canon qui fracasse les épaules du colonel et emporte la tête du généreux Villeblanche. Ainsi périrent deux jeunes gens qui, dans une carrière différente, firent preuve de talent et de courage. Le premier fut victime de sa bravoure et le second de son humanité. Le vice-roi, touché de ce fâcheux événement, honora la mémoire du colonel Delfanti par un acte de bienfaisance envers l'auteur de ses jours ; il eût de même donné des consolations au père de M. de Villeblanche, si les événements survenus par la suite n'avaient arrêté le cours de sa munificence.

Les 200 hommes qu'avait amenés le colonel Delfanti

s'avancèrent pour soutenir le carré du 35°, que commandait le général Heyligers ; mais, privés de leur chef, ils se placèrent partie en avant et partie en arrière de ce carré ; alors la cavalerie ennemie profitant de cette confusion, renouvelle la charge, massacre les soldats et enlève les deux derniers canons dont on n'avait pu tirer que quelques coups faute de munitions. Le général Heyligers cherchait à rallier nos faibles débris, lorsqu'il reçut trois coups de sabre sur la tête, et, tandis que deux tirailleurs russes lui présentaient leur baïonnette, survint un cavalier qui, le reconnaissant pour un général, le prit au collet et l'emmena prisonnier.

Quantité d'officiers, distingués par leur mérite, périrent dans cette sanglante journée. Je regrette de ne pouvoir me rappeler que le major Oreille, si connu par sa valeur, et l'aide de camp Fromage, dont le zèle pouvait seul égaler la prodigieuse activité. Cependant le canon tirait toujours et portait partout le ravage et la désolation ; le champ de bataille était couvert de morts et de mourants, et les nombreux blessés, abandonnant leurs armes, venaient encore augmenter la foule des traînards. Les mêmes coups qui, sur les premiers rangs, avaient été mortels, étendaient ensuite leurs ravages jusque sur les derrières de l'armée, où se trouvaient des officiers démontés ; et c'est là que périrent les capitaines Bordoni et Mastini, faisant partie du petit nombre des gardes d'honneur d'Italie qui existaient encore.

Le vice-roi voyant l'opiniâtreté que l'ennemi mettait à nous fermer le passage, feignit, par un mouvement habile, de vouloir prolonger le combat sur notre gauche, en ranimant et en réunissant la 14° division ; et tandis que les Russes concentraient sur ce point la majeure partie de leurs forces, afin d'envelopper cette division, le prince ordonna à tout ce qui restait encore de profiter de la fin du jour pour filer sur la droite avec la garde royale qui n'était point engagée. Dans cette marche, le colonel Kliski donna une preuve remarquable de présence d'esprit. La langue russe lui était familière, et il allait en avant de notre colonne, lorsqu'il fut arrêté par une vedette ennemie, qui, en russe, lui cria : *qui vive?* Cet intrépide officier ne fut point troublé par une rencontre si fâcheuse et s'avançant aussitôt vers le factionnaire, lui dit dans sa langue : « Tais-toi, malheureux ; ne vois-tu pas que nous sommes du corps d'Ouwarow, et que nous allons en expédition secrète? » A ces mots, le soldat se tut, et dans l'ombre de la nuit, nous laissa pénétrer sans rien dire.

Tout avait trompé la vigilance des Russes, à l'exception de la 15ᵉ division qui, restée en arrière-garde, fut placée sous le commandement du général Triaire, dont l'ordre était de la faire marcher aussitôt que le prince aurait effectué sa manœuvre. Pendant que cette division prenait du repos, il était affligeant de voir la désolation qui régnait parmi les isolés restés en arrière de nous ; ils attendaient également la nuit pour continuer leur route ; beaucoup d'entre eux, harassés de fatigue et se trouvant autour d'un bon feu, ne voulurent plus marcher, disant qu'il fallait attendre le jour. Ainsi ces âmes faibles périrent victimes de leur apathie, car dans cet intervalle la 15ᵉ division filait dans l'ombre, et au milieu du plus grand silence, regardant ce qu'elle laissait derrière elle comme une proie réservée aux cosaques.

On allait passer devant l'ennemi, quand la nuit, au lieu de nous prêter une obscurité salutaire, nous offrit tout à coup un beau clair de lune bien plus funeste qu'utile dans une pareille circonstance. La neige répanduc sur la surface de la terre rendait notre marche plus visible; et ce n'était pas sans inquiétude qu'on se voyait flanqué par des nuées de cosaques qui, s'approchant de nous de fort près, comme pour nous reconnaître, s'en retournaient ensuite au milieu des escadrons qui les avaient détachés. Plusieurs fois nous crûmes qu'on allait nous charger, mais le général Triaire, en faisant faire halte à sa colonne, en imposa tellement à l'ennemi qu'il n'osa jamais l'attaquer. Enfin, malgré les ravins et des monceaux de neige qui obstruaient sa marche, cette division parvint à rejoindre la grande route; une heure après, nous fîmes notre jonction avec la jeune garde qui campait en deçà de la rivière, située à peu de distance de Krasnoé. C'était là qu'était l'Empereur, et c'est là, par conséquent, que nos craintes se dissipèrent.

(Labaume. *Relation circonstanciée de la campagne de Russie en 1812.*)

Ce fut dans la matinée d'un des derniers jours du mois d'octobre 1812, que Napoléon, en revenant de Moscou, avec les débris, encore assez respectables alors, de la plus belle armée que jamais il eût eue sous son commandement, quitta la ville ruinée et aux trois quarts incendiée de Smolensk, pour se diriger sur Krasnoï, Orscha et Kowno, sur Wilna.

La présence du grand homme, si prodigieux encore dans sa défaite, et dont la grande âme était bien plutôt étonnée qu'abattue, avait redonné quelques instants de vie à la malheureuse cité de Smolensk, dont la conquête, si chaudement disputée à quelques mois de là, avait coûté tant de sang aux Russes et aux Français. L'Empereur logea pendant quelques jours dans une maison trois ou quatre fois dévastée qu'il avait occupée à son premier passage, et où cette fois l'on avait eu de la peine à placer son lit de campagne.

Je le vis là pendant son sommeil, presque seul, à peine gardé; la chambre où il reposait était, par plusieurs endroits, exposée aux injures de l'air. Lauriston, de service auprès de lui, ce jour-là, reposait étendu sur une chaise longue; et pour contempler celui qui faisait encore trembler tant de rois, je n'eus qu'à pousser une porte entr'ouverte. Ce n'est pas là qu'on rencontre sur son passage une double haie de courtisans.

Lorsque l'armée revint de Moscou, le général de division comte Charpentier commandait dans Smolensk. Autour de cette ville était cantonné le 9ᵉ corps et obéissait aux ordres du maréchal duc de Bellune, qui n'a jamais dépassé cette ville : c'est là que ce maréchal laissa prendre, on ne sait trop comment, une division entière de son armée.

L'intention de l'Empereur, en quittant à jamais Smolensk, était d'en faire sauter la citadelle et de détruire les fortifications, qui ne se composaient, comme on sait, que d'une muraille flanquée d'un certain nombre de grosses tours. Le général comte Charpentier, à l'état-major duquel j'étais attaché, fut nommé chef d'état-major du 1ᵉʳ corps, commandé par le maréchal prince d'Eckmühl et dut suivre la destination de ce corps.

L'ordre du départ fut donné.

Vers quatre heures de l'après-midi nous abandonnâmes Smolensk, après avoir mis *par ordre*, le feu aux maisons que nous avions occupées, et afin d'achever la destruction de la ville. Une heure après on entendait une terrible explosion : la citadelle sautait.

Cependant il restait encore en ville de nombreux blessés français reconnus intransportables, que l'horrible loi de la nécessité força d'abandonner. Ils étaient sous la garde de quelques officiers de santé ; les uns et les autres se voyaient voués à la mort. Déjà quelques cosaques avaient passé le Borysthène, qui baigne les murs de la ville, du côté de Moscou, et l'on apercevait des masses d'infanterie russe sur les hauteurs qui la dominaient du même côté.

Le 1er corps d'armée marcha toute la nuit ; il suivait le 4e et précédait le 3e, commandé par l'illustre et malheureux duc d'Elchingen, à qui l'Empereur avait confié, comme au plus brave, le périlleux honneur de former l'arrière-garde. On arriva une heure avant le jour au village de Krasnoï, situé sur une hauteur qu'on gravit avec une rampe pénible, où l'artillerie du 4e corps avait dû laisser une partie de ses grosses pièces. Pendant la nuit, un nouveau corps russe s'était joint à celui qui avait tenté d'arrêter la marche de l'Empereur, et celle du 4e corps qui formait l'avant-garde, en sorte que l'ennemi nous attendait là avec des forces importantes.

Dès qu'il fit jour on aperçut des milliers de cosaques à l'horizon, et des masses d'infanterie, appuyées de pièces de canon montées sur des traîneaux, s'ébranlèrent à notre vue, dans toutes les directions.

Le feu commença du côté des Russes. Quand l'action s'engagea sérieusement, je me chauffais à un feu de bivouac qu'avaient improvisé les sapeurs d'un des régiments de droite de la 1re division du 1er corps. Le maréchal, qui n'était pas loin de là, cherchait à pénétrer les intentions de l'ennemi. Le général Charpentier, auprès duquel j'étais accroupi devant le feu, venait de m'adresser la parole ; il s'était levé sans que je m'en aperçusse pour s'éloigner. Un boulet vient tomber au beau milieu de notre feu, se relève après nous avoir couverts de cendres, d'étincelles et d'éclats de bois, et va frapper, cinquante pas plus loin, quelques files de soldats d'infanterie qu'il prend de flanc. La subite apparition du projectile ennemi jette la confusion parmi eux, qui, comme moi, se chauffaient; je me lève étonné, cherchant des yeux le général que le devoir me pressait de ne point quitter. D'autres boulets succèdent au premier; au même instant un mouvement en avant est ordonné à la division qui m'avoisinait ; pendant qu'elle se place en colonne serrée, pour se former en carré, je continue de chercher en vain mon patron. Tout déconcerté, j'aperçois le prince d'Eckmülh, à pied, vêtu d'une riche polonaise, et la longue vue à la main, il était seul, absolument seul ; je m'approche de lui, et après lui avoir appris que je suis attaché à son nouveau chef d'état-major, que je n'aperçois plus depuis quelques instants, je demande et j'obtiens la permission de rester auprès de lui.

L'ennemi montrait alors des forces considérables et paraissait vouloir nous interdire le passage; il n'y avait là que les troupes du 1er corps et la jeune garde, aux ordres du maréchal duc de Trévise.

L'Empereur s'était fait jour, protégé par les débris de sa vieille garde.

On ne voulait donc que passer, et conserver seulement la défensive; mais il fallait faire bonne contenance et ne pas laisser prendre sur nous à l'ennemi cet avantage moral, cet ascendant du vainqueur qui décide souvent du gain des combats, et qu'il n'était que trop porté à s'arroger, eu égard à la position respective des deux armées. Il était indispensable aussi de ne pas trop s'isoler du corps Ney, resté derrière, à Smolensk.

Il y avait une heure que je suivais le maréchal sans qu'il eût pu trouver l'occasion d'utiliser ma bonne volonté! Cette occasion se présenta. Dès le commencement de l'action, la division du général Gérard (aujourd'hui maréchal), avait reçu l'ordre de prendre position dans le village de Krasnoï, face à la gauche de l'ennemi, pour faciliter le mouvement de retraite de notre droite. Le maréchal, ayant jugé que cette division devait aussi se replier, m'enjoignit de lui en porter l'ordre. J'obéis.

J'ai dit qu'il fallait monter beaucoup pour arriver au village; bien qu'à pied, car la gelée obligeait à chaque instant les cavaliers à descendre de cheval, j'y parvins avec quelque peine.

En entrant dans Krasnoï, je suis frappé du silence de mort qui y règne. Je me dirige du côté où je devais rencontrer les troupes de la division Gérard : personne. Je me porte sur un autre point : même silence et même solitude. Au moment où j'allais tourner une rue, un bruit sourd d'armes et de pas parvint à mon oreille; je m'arrête, je regarde sans me montrer, et j'aperçois une colonne russe qui allait déboucher par là, tambours en tête mais ne battant pas... Il était temps d'opérer ma propre retraite... Je me jette à droite, vers la route d'Orsha, et redescends au plus vite. Au bas de la montée, je trouve un poste français, et plus loin, en arrière, je rencontre la division Gérard, qui s'était retirée du village sans attendre l'ordre que je lui portais. Après avoir pris la liberté d'en témoigner de l'étonnement au général Gérard lui-même, je remplis ma mission, bien qu'un peu tard, et m'en retournai vers le lieu où j'avais laissé le maréchal.

Je venais de lui faire part de l'empressement qu'avait

mis le général à se retirer, ce qui n'avait pas paru l'affecter beaucoup, quand il changea de place, en me faisant signe de le suivre. Je remarquai qu'il s'éloignait du point où combattaient les troupes sous ses ordres, pour se rapprocher de celui où se trouvaient les régiments de la jeune garde, qui tenaient bon. Là périt même tout entier un beau régiment hollandais de la garde, jusqu'à ce moment assez bien conservé.

Après avoir marché quelque temps dans la même direction, nous rencontrâmes un officier d'état-major du corps d'armée du maréchal ***, à qui le prince demanda s'il savait où se trouvait ce maréchal. L'officier offrit de nous conduire près de lui, et nous le suivîmes. J'étais loin de m'attendre à la scène singulière, pour ne rien dire de plus, dont j'allais être témoin.

Nous suivions un chemin creux; la fusillade et le canon continuaient à se faire entendre, et les boulets se croisaient sur notre tête. A deux cents pas de là, nous trouvâmes le duc de ***. L'officier d'état-major s'éloigna.

Les deux maréchaux s'abordèrent avec humeur, et sans salut préalable. Ne me croyant pas autorisé à écouter l'entretien, je me tenais à distance respectueuse, et d'abord je n'entendis que quelques mots sans suite ou insignifiants; mais, peu d'instants après, tous deux élevèrent la voix à ce point que je fus promptement au fait du sujet de la conversation.

Il s'agissait des mouvements qu'avait ordonnés l'Empereur à ses lieutenants. Sans doute ils avaient reçu, chacun en particulier, l'ordre de tenir là avec leurs corps d'armée, le plus de temps possible, afin de donner à Napoléon le temps de filer avec son escorte, et de lier autant que possible leurs opérations à celles du duc d'Elchingen. Mais l'Empereur, soit oubli ou pour quelque motif, ne s'était pas expliqué sur la question de savoir lequel des deux corps d'armée aurait le pas sur l'autre. Or, la question que traitaient les deux illustres guerriers était précisément celle-là.

Après qu'on se fut donné mutuellement toutes les raisons qu'on croyait bonnes dans l'intérêt de la cause qu'on défendait, on en vint aux reproches, aux récriminations, aux gros mots, et enfin aux injures... oui, aux injures !

(E. Lemoine, *Souvenirs anecdotiques d'un officier de la grande armée*, Paris, Gosselin, 1833, in-8°.)

Le maréchal Ney rassembla à Smolensk tous les détachements isolés et les réunit à son corps d'armée. Il réorganisa une batterie de six canons; vingt hommes de notre compagnie y furent attachés, ainsi qu'un même nombre des deux compagnies des autres divisions du même corps.

Le 16 novembre, de grand matin, le prince d'Eckmühl après avoir laissé la division Ricard aux ordres du maréchal Ney, quitta Smolensk et se dirigea avec ses quatre autres divisions vers Krasnoë. Les hommes de notre compagnie qui n'étaient point attachés à la nouvelle batterie, suivirent le mouvement de ce corps avec le commandant Mabru, les capitaines Bergeret, Houdart et les quatre fourgons de comptabilité et de bagages qui nous restaient.

Le lieutenant Edouard qui, depuis sa nomination de lieutenant à la revue du Kremlin, continuait le service de sergent-major, avait été envoyé à Smolensk avec 12 hommes pour prendre des vivres, mais à peine eut-il fait une demi-lieue pour nous rejoindre, qu'il fut pris avec son détachement, à l'exception du tambour nommé

La Rose qui nous rapporta cette funeste nouvelle, et la compagnie qui avait encore 67 hommes présents à l'appel, n'en avait plus que 43 le soir, y compris ceux qui étaient détachés à la nouvelle batterie.

Le matin, lorsque nous fûmes environ à une demi-lieue de la ville, nous passâmes près d'un parc de division complet qui était en feu et que, faute de chevaux, on avait préféré brûler que d'abandonner à l'ennemi; mais nous n'apprîmes pas à quel corps d'armée il appartenait.

Lorsque nous eûmes marché environ deux heures, nous aperçûmes la gauche de la route, à une portée de fusil, bordée de cosaques et de pelotons qui traversaient la route, ramassant toutes les voitures et les hommes isolés qui étaient sans défense. Nous allions éprouver le même sort lorsque deux compagnies de voltigeurs du 127e, qui étaient derrière nous, accoururent à notre secours. Le commandant Mabru, les deux capitaines, et notre détachement s'étant joints à ces deux compagnies qui se placèrent en colonnes sur la gauche des fourgons, nous continuâmes notre marche; mais toujours assaillis par des *houras* de cosaques qui, à chaque instant, traversaient la route derrière et devant nous, dans l'espoir d'intimider les compagnies qui nous suivaient.

Après nous avoir harcelé ainsi pendant une lieue, voyant qu'ils ne pouvaient se rendre maîtres de nos fourgons, ils se rejetèrent sur notre gauche, et se reportèrent sur nos derrières pour attendre sûrement une proie plus facile à dévorer que la nôtre et lorsque nous fûmes débarrassés de ces conducteurs incommodes, nous fîmes halte. Les soldats du train et les domestiques donnèrent un peu d'avoine aux chevaux, les soldats allumèrent du feu pour faire cuire de la pâte, de la bouillie ou un morceau de cheval qu'ils avaient toujours la précaution de porter sur leur sac.

Il y avait environ une demi-heure que nous étions dans cette position, lorsque nous entendîmes un nouveau *houra* sur nos derrières, et que tout à coup nous aperçûmes des hommes sans armes, des domestiques et des cantinières accourir vers nous et poursuivis par une horde de cosaques qui, à l'aspect des deux compagnies de voltigeurs, rebroussèrent chemin, emmenant avec eux, attachés à la queue de leurs chevaux, les hommes qu'ils avaient pris.

Lorsque nous fûmes en marche après avoir fait autour de trois quarts de lieue, plus de 500 de ces *hourassiers*, arrivés de toutes parts, nous enveloppèrent, et pour cette fois nous crûmes qu'il fallait capituler; mais les deux capitaines de voltigeurs firent bonne contenance à la tête de leurs compagnies, fortes ensemble de 105 hommes armés, plus déterminés à se faire tuer jusqu'au dernier qu'à se rendre à cette cavalerie indisciplinée; ils montrèrent une intrépidité sans exemple chaque fois que les assaillants voulurent s'approcher. Nous avions fait placer nos 4 fourgons par section sur la route, les hommes sans armes au centre, et les compagnies devant et derrière et sur les côtés intérieurs des voitures; de manière qu'au déclin du jour nous regagnâmes le 1er corps qui était arrêté dans un défilé à environ trois lieues de Krasnoï, où les voitures et les débris de toute espèce annonçaient les bagarres des corps qui avaient passé les jours précédents. Ce ne fut que vers neuf heures du soir que nous parvînmes à franchir ce défilé. Nous bivouaquâmes ensuite à deux cents toises en deçà sur la droite de la route. Le temps était assez supportable, quoiqu'il tombât cette nuit une quantité de neige.

Malgré que les privations, les fatigues et l'intempérie avaient frappé un grand nombre de mes compagnons, le hasard ou mon étoile m'avait jusqu'alors affranchi de leur sort.

Les vivres, l'habillement et la chaussure que j'avais eu l'avantage de placer dans mes fourgons de comptabilité, avaient toujours suffi à mes besoins; mais comme il était décidé que pendant cette tourmente, chaque passager devait être agité, cette même nuit je fus atteint d'une colique qui faillit m'envoyer aux bords du Cocyte.

Depuis dix heures du soir, jusqu'à quatre du matin, des douleurs aiguës semblaient déchirer mes entrailles. Le capitaine Houdart, ainsi que plusieurs canonniers, me prodiguèrent des soins; l'un, faisait chauffer du linge pour appliquer sur les douleurs, l'autre faisait du thé; mais leurs bons offices n'avaient encore produit aucun effet, lorsque le colonel Mabru, homme muni de philanthropie, peiné de mes souffrances, fit chauffer du vin avec du sucre et de la cannelle qu'il me fit prendre. Au bout d'un quart d'heure, les douleurs s'apaisèrent et, en moins d'une heure, elles furent totalement disparues.

Vers sept heures du matin, nous suivîmes le mouvement du 1er corps qui marchait sur Krasnoï. Ainsi que la veille, nous vîmes sur notre gauche, à une portée de fusil de nous, une ligne de cosaques de près d'une lieue d'étendue qui semblait ne tenir cette position que pour nous empêcher de nous éloigner, nous considérant sans doute déjà comme ses prisonniers.

Lorsque nous arrivâmes à cinq quarts de lieue de la

ville, des colonnes d'infanterie russe barraient la route, et voulurent, comme aux corps qui avaient passé les jours avant, arrêter le 1er.

Pendant que les colonnes se formaient en avant en bataille, et en carrés, des pièces placées sur notre gauche, lancèrent des boulets et de la mitraille sur toute notre ligne : les équipages, pour s'en garantir, se jetèrent en désordre sur la droite et suivirent au hasard différentes directions jusqu'à ce qu'ils rencontrassent des obstacles pour les arrêter.

Pendant que ces désordres avaient lieu dans les équipages, la garde impériale, que l'Empereur avait fait rétrograder, attaqua la gauche des Russes, et la força à se replier sur sa droite; mouvement qui facilita le passage du 1er corps ; mais ayant dû défiler en carré et en colonnes serrées sous les boulets et la mitraille de l'ennemi, ce corps perdit beaucoup de monde.

Pendant la marche des divisions vers Krasnoï, les voitures éparses sur la droite furent chargées par les cavaliers du Don, et les hommes qui les escortaient, ainsi que les conducteurs, se virent contraints de les abandonner, ceux qui eurent assez de temps, dételèrent les chevaux, arrachèrent des fourgons les plus précieux effets et, à travers champs, bois et précipices, cherchèrent à rejoindre l'armée.

J'avais pendant plus d'une demi-heure, suivi un fourgon de comptabilité, et celui du colonel Mabru, chose assez naturelle, vu qu'ils contenaient chacun une partie de mes ressources; mais sur le point d'être victime de mon imprudente activité, je tirai *mon cognac*, cheval blanc, vers le sud et, comme tant d'autres, en mouton égaré, à travers le sol couvert de frimas, je cherchai à rejoindre le troupeau.

Lorsque j'eus marché environ une heure, je rencontrai le capitaine Houdart qui était, ainsi que beaucoup d'autres, débarrassé des voitures qu'il avait cherché à sauver. Il lui restait pour tout butin ses deux chevaux et un petit portemanteau; mais, plus heureux que moi, il avait extrait d'un fourgon un baril qui contenait à peu près un pot d'eau-de-vie que je tenais en réserve depuis Moscou. A notre première rencontre, nous nous fixâmes sans savoir quoi nous dire, nous parûmes l'un et l'autre capons comme le renard qui a manqué sa poule.

Quant à la perte de mes effets, je m'en inquiétais peu, vu que depuis Dorogobouj, j'avais prévu l'impossibilité de pouvoir les conserver; mais ce qui me tracassait le plus, c'était la perte des vivres qui ne pouvaient être remplacés avec tout l'or du monde. Mais enfin, pour faire trêve à de sinistres réflexions, je priai le capitaine de me passer le baril, et après avoir avalé quelques gorgées du spiritueux qu'il contenait, nous continuâmes à marcher dans la colonne qui se formait des hommes ayant éprouvé le même sort que nous.

Pendant que nous nous racontions mutuellement nos aventures de l'échauffourée qui venait d'avoir lieu, nous aperçûmes deux compagnies de sapeurs du génie, fortes ensemble de 140 à 150 hommes qui étaient à droite de la colonne des hommes isolés dont nous faisions partie. A notre gauche, nous vîmes la plaine couverte de cavalerie. On entendait en même temps devant nous des *houras* interrompus par des coups de canon et la fusillade; sur quoi j'engageai le capitaine, vu que nous étions sans défense, à nous diriger vers la droite, afin d'éviter la charge qui se préparait; mais il me répondit qu'il était préférable de rejoindre cette colonne de troupes armées, qui allait d'abord atteindre Krasnoï, et se joindre au

1ᵉʳ corps, que de s'isoler pour se faire gober par les *hourassiers*.

Ainsi que tous ceux qui venaient d'abandonner aux partisans de Miloradowitch et Platow, plus de 80 voitures de tout genre, renfermant une grande partie des trésors des états-majors de l'armée, nous nous lançâmes vers les deux compagnies qui, déjà formées en carré, étaient chargées par quatre fortes colonnes de cuirassiers de la garde russe; le capitaine se précipita dans le carré avec ses deux chevaux, dans lequel se trouvait un général dont j'ignore le nom; moi qui étais plus en arrière que le capitaine, je fus contraint d'abandonner mon *Coco* (nom que j'avais donné à mon cheval) et me glisser le plus vite possible dans la masse qui se formait sur le fond du carré, par les colonnes d'hommes isolés qui accouraient de nos derrières. A peine étais-je entré dans cette masse qui s'augmentait toujours, que les quatre escadrons arrivèrent sur les fronts du carré, à la pointe des baïonnettes du premier rang qui resta immobile, tandis que les deuxième et troisième, par un feu de file bien nourri, malgré que les armes rataient assez souvent, lançaient leur plomb meurtrier sur les cavaliers moscovites qui, n'ayant pu pénétrer, excepté qu'ils hachèrent un moment la masse sans défense, durent se retirer en laissant aux fronts du carré plus de cinquante de leurs cadavres.

M'étant dégagé de la masse, où je faillis être écrasé par la pression, j'aperçus mon coursier blanc qui, pressé par la faim, glanait quelques brins de paille épars sur la neige, à peu près à vingt-cinq pas de nous et environ à une même distance des escadrons russes qui se ralliaient.

Je fis autour de dix à douze pas pour aller le rechercher, mais lorsqu'un nouveau commandement de charger se fut fait entendre dans les rangs russes, j'abandonnai mon audacieux projet pour regagner le carré qui continuait sa marche. De sorte qu'en moins de deux heures, j'avais perdu cheval, portemanteau, malles et me trouvais réduit au sort des escargots, sans aucun embarras, portant tout sur mon dos.

L'ennemi qui craignait de ne pouvoir enfoncer les deux compagnies, fit avancer son artillerie pour les ébranler, et lorsque les boulets et la mitraille commencèrent à siffler, un cheval accourant au galop de nos derrières, fut pour moi une ancre de salut ; l'ayant saisi sans me rappeler comment, je m'élançai dessus et pour éviter la seconde charge, je demandai au capitaine s'il était d'avis de me suivre : m'ayant répondu négativement, moi, sans mesurer la distance qui nous séparait de l'armée, sans calculer le danger, je piquai mon nouveau coursier, et, à travers les cosaques disséminés, le fer et le plomb, je regagnai le 1er corps qui descendait la côte qui est en deçà de Krasnoï, où le cheval qui m'avait affranchi du danger fut reconnu appartenir à un général polonais et, contraint de descendre, je dus arpenter à pied.

Echappé à la tempête, je venais comme tant d'autres, de perdre mon frêle équipage, mais j'avais franchi des flots qui allaient peut-être ensevelir ou livrer en esclavage un grand nombre de mes compagnons. Assailli de réflexions sinistres, en suivant la droite des colonnes que je venais de rejoindre, je commençais à sentir les avant-coureurs qui déjà avait fait succomber tant de guerriers. La colique dont j'avais été atteint la nuit précédente, m'avait empêché de prendre des aliments, et la faim commençait à s'emparer de mon individu.

D'un autre côté, le capitaine Houdart, mon plus zélé protecteur et mon plus fidèle compagnon, était resté au fort de la tempête : je craignais son naufrage, déjà je me reprochais de n'être pas resté pour partager son sort; à chaque instant je fixais mes regards sur tous ceux qui arrivaient de nos derrières ; mais ce fut en vain. Dans cette anxiété la nuit étant venue prendre la place du jour, je me vis contraint d'aviser aux moyens de satisfaire à mes besoins.

Confondu dans une foule de soldats de tous les corps, errant çà et là, tel qu'un mouton égaré de son troupeau, je parcourais les différents bivouacs, espérant rencontrer quelques connaissances pour participer à leurs repas, si toutefois le hasard plus propice à eux qu'à moi, les avaient laissés possesseurs de quelques provisions.

Il y avait près d'une demi-heure que je parcourais la ligne, lorsqu'en traversant la route, j'aperçus des soldats qui défonçaient des tonneaux sur une voiture qui venait d'être abandonnée. Là, je pensais toucher au port du salut, mais mon espoir fut déjoué : au lieu de farine, de biscuit ou autre genre de provisions que je m'étais imaginé que ces tonneaux renfermaient, ils ne contenaient que des souliers. Pour profiter de l'heureux hasard, vu que j'avais plus à gagner au pied qu'à la toise, j'en mis plusieurs paires dans un portemanteau de lancier polonais que je ramassai sous la voiture; ensuite je continuai à parcourir les feux de la ligne, et je fus assez heureux de rencontrer les officiers du train de notre parc de division, qui avaient encore leur fourgon, lesquels étaient occupés à faire de la bouillie avec de la farine et de l'eau.

Malgré que nous avions été très liés pendant la campagne, je m'aperçus que mon arrivée ne leur était pas des plus agréables; ce qui paraît fort naturel, vu qu'en participant à leur repas, j'allais retrancher à chacun la portion qui suffisait à peine pour satisfaire son appétit. Dans un moment moins pressant, je me serais bien gardé d'une telle importunité; mais alors la faim l'emporta sur l'amour-propre, et dès que ces messieurs se placèrent à l'entour de la marmite, je ne me fis point prier pour prendre place au cercle.

Lorsque le chétif repas fut fini, et que je me disposais à me livrer aux pavots de Morphée pour faire trêve aux accidents du jour, et réparer la perte de la nuit précédente, une nouvelle scène apparut.

L'ennemi qui, au moyen d'une maison enflammée sur la droite de la route, aperçut nos positions, lança des boulets sur différents points; ce qui causa une confusion sur toute la ligne. Les soldats au lieu de se réunir en masse pour se défendre, se débandèrent en cherchant leur salut dans la fuite. Les officiers firent tous leurs efforts pour les contenir, mais ils furent entraînés par l'élan de ceux des différents corps qui étaient sans armes, et abandonnés à eux-mêmes,

Le maréchal Davoust en se portant à l'instant au point du danger, parvint, par son exemple et des péroraisons, à s'entourer de ceux qui avaient méprisé les vingt-cinq ou trente coups de canon que les Russes avaient tirés sur nous; par cet expédient, ce maréchal cacha à l'ennemi le désordre de son corps d'armée, ce qui l'empêcha de tenter d'autres mouvements.

A environ une demi-lieue en deçà de l'endroit où s'était manifesté le désordre, un fonds marécageux à droite et à gauche d'un pont, sur lequel une seule voiture pouvait passer à la fois, avait occasionné une bagarre, et comme en pareille circonstance personne ne veut rester le dernier, en voulant à tout prix franchir cet obstacle, sans calculer les suites, plusieurs voitures s'embourbèrent, et une partie des équipages fut pillée par les soldats débandés et les officiers, tant supérieurs que subalternes, furent presque tous dépossédés de ressources et réduits à une extrémité plus pénible que celle des simples soldats.

Le 1er corps, qui avait jusque-là marché avec assez d'ordre, fut à la suite de cette nuit presque entièrement désorganisé. L'Empereur qui était logé à Liadi, avec sa garde, y fut dépassé par les hommes débandés, qui propageaient le désordre sur toute la route et ne s'arrêtèrent qu'à Dambrowna.

J'avais, dans le principe du sauve-qui-peut, suivi le mouvement de la foule, mais pressé par le sommeil et harassé de fatigue, je dus m'arrêter à Liadi, où je rencontrai un nommé Manel, sergent-major de l'artillerie de la garde, qui avait été sergent dans la 16e compagnie de notre régiment pendant que j'y étais canonnier, qui me conduisit à leur bivouac, où sur une poignée de paille et la tête sur le portemanteau qui contenait mes souliers, je ne me fis point bercer pour m'endormir; mais lorsque je me réveillai, au lieu de canonniers de la garde, je ne vis plus autour du feu que des hommes de tous les corps qui s'en étaient emparés lorsque les premiers l'avaient abandonné pour suivre l'Empereur vers Dambrowna. Sans l'incident d'un homme qui tomba de son long sur moi, je ne sais trop quand je me serais éveillé; peut-être que les cosaques, qui arrivèrent quelques heures plus tard, m'auraient encore trouvé dans cette position.

Il était alors cinq heures du matin et, me voyant au milieu de toutes figures que je ne connaissais pas, je jetai mon oreiller sur mon épaule, et je regagnai la route qui était marquée par des débris et des hommes qui, comme moi, craignaient quelques heures plus tard d'être ramassés par les cosaques.

Vers onze heures du matin, j'arrivai à Dambrowna, où j'avais l'espoir de trouver quelques ressources pour me restaurer, mais ce fut en vain; les hommes débandés et les corps qui étaient déjà arrivés la veille avaient tout réduit, et pour or ou pour argent, je ne pus rien trouver; de sorte que je fus contraint de quitter cette ville plus disposé à manger qu'à faire diète.

Jusque-là, quoiqu'un petit nombre de l'armée se trouvait dans ce cas, je n'avais point fait usage de viande de cheval, et je me voyais contraint d'en venir à cette extrémité; mais par une fatalité, aucun de ces animaux ne tomba sur la route pendant cette journée. Le temps qui était plus supportable, et les grandes pertes que nous avions éprouvées, en avait tellement diminué le nombre, que l'on commençait à trouver du fourrage suffisamment pour ceux qui restaient à la suite de l'armée. Il semblait que la Providence, pour me faire sentir toute la gravité des maux qui avaient accablé mes compagnons lorsque j'avais de quoi me suffire, voulait m'en punir en s'opposant à tout ce qui pouvait contribuer à ralentir mes besoins. Là, je me souhaitais le champ de fèves de Pythagore; non pas par vénération pour ce légume, préférer me laisser couper la gorge au bord du champ que de le traverser, mais pour calmer ma faim, ainsi que celle de ceux qui se trouvaient dans ma position.

Tout le long de la route, je demandais à ceux dont je voyais qu'un reste de gaieté colorait encore la physionomie, s'ils n'avaient pas quelques provisions à me vendre, mais toujours inutilement. Celui qui avait quelque chose, dans la crainte d'en être dépossédé, soit pendant son sommeil ou de toute autre manière, se gardait bien d'en faire mention. L'égoïsme était transformé en loi; chose assez naturelle à la suite de tant de privations et de rigueurs.

Vers quatre heures, j'arrivai près d'un encombrement d'hommes et de voitures causé par la rupture d'un pont frêle, et d'un ruisseau longé de marais, où je rencontrai le domestique de M. Mabru et deux canonniers de la compagnie, auxquels j'annonçai d'abord la maladie qui sapait mon intérieur; à quoi ils répondirent qu'étant atteints du même mal, ils n'avaient aucun remède à me procurer. Je leur demandai en même temps des nouvelles du capitaine Houdart, mais ils me dirent qu'ils ne l'avaient pas vu depuis le 16, lorsque les voitures s'étaient jetées sur la droite de la route.

De telles réponses étaient loin de calmer l'accès de fièvre qui m'agitait. Déjà le jour était à son déclin, et nulle occasion de satisfaire ma faim dévorante ne se présentait. Enfin, par le plus grand des hasards, j'aperçus des soldats polonais qui venaient de notre droite avec un traîneau, et me doutant qu'ils arrivaient de la maraude, je courus à eux, et je vis effectivement qu'ils avaient du pain. Ces gens, qui connaissaient la langue du pays, avaient cet avantage sur nous. Je leur demandai aussitôt à en acheter, et comme ils tenaient un peu de l'israélite, je dus leur donner une pièce de vingt francs pour un mauvais pain d'environ quatre livres: encore le trouvai-je bon marché dans le moment, tant la faim avait sur moi pris d'ascendant.

Je marchai une partie de la nuit en suivant une colonne débile souvent interrompue, et le 19, vers deux heures après midi, j'arrivai à Orcha, ville déjà encombrée par la garde impériale et les différents corps qui cherchaient à réunir tous les hommes isolés. Des distributions de pain, de viande et d'eau-de-vie y furent faites. Là, je retrouvai M. Mabru, les capitaines Houdart et Bergeret, ainsi qu'une dizaine de canonniers de la compagnie, et j'appris du capitaine Houdart que les deux compagnies de sapeurs, après avoir fait des efforts inouïs, avaient été presque totalement détruites par les boulets et la mitraille des Russes.

(N. J. Sauvage. *Relation de la campagne de Russie.*)

RETRAITE DE NEY

En quittant Smolensk, le commandement de l'extrême arrière-garde, dont je faisais partie, fut confié au maréchal Ney. Il était minuit lorsque nous sortîmes de la ville. L'incendie était si violent, que la clarté des flammes, au milieu d'une nuit très obscure, nous éclaira, pendant l'espace de quatre lieues, jusqu'à mi-chemin de Krasnoï, où nous fîmes une halte pour attendre le jour.

Pendant ce bivouac momentané, nous vîmes accourir vers nous un homme dépouillé de tous ses vêtements, n'ayant absolument que sa chemise (c'était un sergent-major, qui était à l'hôpital de Smolensk). Au plus fort de l'incendie, cet infortuné, oubliant sa maladie et le froid horrible qui régnait alors, se précipita à travers les flammes et les décombres, et après avoir fait quatre lieues toujours en courant, il arriva auprès de nous. Malheureusement, il nous fut impossible de lui prêter le moindre vêtement, nous n'en avions pas nous-mêmes, et, après avoir échappé à l'ennemi, aux flammes et à la fatigue d'une route faite avec tant de célérité, il expira de froid au milieu des siens.

Cependant, nous étions observés de très près par un corps d'ennemis, mais il n'osa point nous attaquer. Dès le point du jour, nous entendîmes une vive canonnade ; c'était le prince d'Eckmülh qui, pour forcer le passage de Krasnoï, en était venu aux mains avec l'armée russe.

De l'endroit où nous avions assis notre bivouac, jusqu'au champ de bataille, il y avait un intervalle de quatre lieues. Pendant cette marche, le colonel du génie Bouvier me saisit par le bras en me disant : « Mon ami, nous sommes perdus, nous sommes trop éloignés de notre patrie, nous manquons absolument de tout, et si nous échappons au feu de l'ennemi, nous ne pouvons manquer de devenir les victimes de l'excessive rigueur du climat. — Colonel, lui répondis-je, je ne conçois que trop toute l'horreur de notre situation présente; mais, quelque critique qu'elle soit, pourquoi ainsi désespérer ? le courage et la persévérance nous tireront peut-être de ce mauvais pas. »

Les funestes pressentiments du colonel Bouvier ne se justifièrent malheureusement que trop, du moins à son égard. Il me fit ses adieux en me serrant dans ses bras : « Adieu, me cria-t-il, c'est pour la dernière fois. »

Enfin, nous arrivâmes devant Krasnoï. L'ennemi nous attendait sur les hauteurs pour nous couper la retraite. Aussitôt, nous nous rangeâmes en ordre de bataille dans la plaine. Notre corps d'armée s'élevait tout au plus à six mille hommes, y compris deux escadrons de lanciers polonais : la moitié de ces soldats était sans armes.

On rassembla tous les sapeurs, et on y joignit cent hommes des plus déterminés, dont le commandement fut confié au colonel Bouvier. Soutenu par quelques pièces d'artillerie et par le reste de notre arrière-garde, il devait attaquer et faire une trouée; mais, au fort de l'action, ce brave officier fut emporté par un boulet de canon, et sa troupe fut repoussée par un feu croisé de l'ennemi qui était d'ailleurs infiniment supérieur en nombre.

La mort du colonel Bouvier fut une grande perte pour l'armée. Cet estimable officier joignait aux talents militaires et à la grande instruction qu'exige l'arme dans laquelle il servait (le génie), une extrême activité et une bravoure à toute épreuve.

Pendant que nous étions en bataille dans la plaine, soutenant toujours un feu terrible et continuel, nos équipages, nos chevaux, une partie de l'artillerie, tous les hommes sans armes, les traînards et les malades restés sur la route, tombèrent au pouvoir d'un *houra* de cosaques : tous les vivres et le peu de ressources qui nous restaient encore furent perdus pour nous. Le maréchal Ney ordonna de soutenir le combat, si cela se pouvait, jusqu'à la chute du jour, afin de pouvoir opérer notre retraite sur le Dniéper. Vers les quatre heures du soir, nous effectuâmes ce mouvement : nous marchions dans les terres labourées et nous souffrions horriblement de la faim. J'étais à pied comme un simple soldat ; au commencement de l'attaque de Krasnoï, j'avais eu mon cheval tué sous moi, et il m'était de toute impossibilité de m'en procurer un autre. Vers les neuf heures du soir, nous arrivâmes à un village, sur le bord du Dniéper : on n'y trouva, pour toute nourriture, qu'une boisson faite avec des betteraves.

Le maréchal Ney était dans l'intention d'attendre le petit jour pour passer la rivière qui, malgré le froid excessif, n'était pas entièrement prise ; par conséquent, il était indispensable d'y voir clair pour sonder les endroits où la glace avait une épaisseur assez forte pour supporter les hommes et les chevaux ; mais, à minuit, on vint nous avertir que l'ennemi approchait, qu'on avait même aperçu des cosaques dans le village.

Le maréchal Ney donna aussitôt l'ordre de passage ; les pièces de canon et leurs caissons furent abandonnés ; le désordre, la confusion étaient au comble; c'était à qui passerait le premier. Nous glissions bien doucement les uns derrière les autres, dans la crainte d'être engloutis sous la glace qui craquait à chaque pas que nous faisions : nous étions sans cesse entre la vie et la mort. Mais, outre le danger qui nous menaçait personnellement, nous étions obligés d'être les témoins du plus triste spectacle. Tout autour de nous, on voyait des malheureux, enfoncés avec leurs chevaux dans la glace, jusque par-dessus les épaules, réclamant de leurs camarades des secours qu'ils ne pouvaient leur donner sans s'exposer à partager leur triste sort : leurs cris et leurs plaintes venaient déchirer nos âmes déjà assez fortement ébranlées par nos propres périls.

Arrivés sur l'autre rive, il fallait gravir une hauteur de douze pieds, d'une pente très rapide : c'était de la terre glaise qui, déjà foulée par ceux qui y avait passé avant nous, rendait le chemin impraticable. Trois fois j'étais parvenu jusqu'au sommet, et trois fois je retombai dans la rivière. Les forces commençaient à me manquer, lorsque j'entendis la voix du maréchal Ney qui me disait de me hâter de monter. — « Il m'est impossible, lui répondis-je, si je ne suis aidé. » Aussitôt, le maréchal coupa avec son sabre une branche d'arbre, me la tendit et me tira ainsi à lui sur la hauteur; sans son secours, j'eusse infailliblement péri.

Au milieu d'un tel désordre et d'une si grande

confusion, il était bien difficile de rallier des troupes éparses, découragées et succombant presque sous la rigueur du froid. La cavalerie surtout nous occasionna beaucoup de retard; il était impossible qu'elle passât sur le même point que nous; elle fut donc obligée d'aller au loin chercher un passage qui eût plus de solidité. Elle nous rejoignit enfin, et nous nous mîmes en route.

Ce jour-là, l'ennemi ne parut point. Mais, la nuit suivante, il nous poursuivit vigoureusement; il était même si près de nous, que, malgré l'obscurité, les boulets et la mitraille arrivaient dans nos rangs et y faisaient de grands ravages. Enfin, les Russes nous avaient presque atteints, lorsque nous nous jetâmes, pêle-mêle avec la cavalerie, dans une mare où l'on enfonçait jusqu'à mi-jambe. A mesure qu'on en retirait un pied, l'autre vous y reportait à l'instant. J'étais au milieu des chevaux et enfoncé dans cette vase dont je ne serais jamais sorti, si je n'eusse pris la précaution de m'attacher à la queue d'un cheval qui, après de pénibles efforts, parvint cependant à me tirer de peine.

La nuit était des plus obscures, néanmoins on se rallia et on se mit en ordre de bataille. Un officier supérieur russe s'approcha de nous à une assez petite distance pour nous crier : « Rendez-vous, rendez-vous, toute résistance est inutile. — *Les Français combattent, mais ne se rendent pas,* » lui répondit le général Ledru des Essarts, et il fit faire un feu de peloton. On s'était partagé les cartouches qui nous restaient encore de la bataille de Krasnoï.

Nous continuâmes notre marche, toujours harcelés par l'ennemi. Le troisième jour, vers les trois heures après midi, le maréchal Ney nous fit prendre position, adossés à une forêt. Nous eûmes beaucoup de peine à rassembler quinze cents hommes en état de tenir leurs armes; mais le froid épouvantable qu'il faisait alors les rendait incapables de s'en servir.

Nous les formâmes en bataille sur deux rangs, afin de présenter un front plus imposant; tous ceux qui avaient jeté ou perdu leurs armes au passage du Dniéper furent mis derrière eux.

Devant nous on apercevait une nuée de cosaques, dont les tirailleurs s'approchaient jusqu'à portée de pistolet. Néanmoins nos troupes demeuraient toujours l'arme au bras et, à défaut de cartouches, on ne faisait le simulacre de faire feu que lorsque les Cosaques s'avançaient par pelotons. Alors ils se retiraient et se contentaient de manœuvrer devant nous. C'est dans cet instant que le maréchal Ney s'approcha de moi et me dit : « *Eh bien! Freytag, que pensez-vous de cela?* — Que notre position n'est pas brillante, maréchal, mais cela ne serait encore qu'un demi-mal, si nous avions des cartouches. — *C'est vrai; mais c'est ici qu'il faut savoir vendre chèrement sa vie.* »

A la chute du jour, le maréchal fit allumer des feux de distance en distance, pour donner à croire à l'ennemi que nous allions passer la nuit dans la forêt. Il nous avertit en même temps (les chefs de corps) d'empêcher nos troupes de se livrer au sommeil, attendu qu'à neuf heures on lèverait le camp.

Dans cet intervalle, le général en chef russe envoya un officier en parlementaire pour sommer le maréchal Ney de se rendre, avec son faible corps d'armée qui, disait-il ne pouvait lutter contre cent mille Russes, par lesquels il était cerné. J'étais présent à l'entrevue et voici la réponse que Ney fit au parlementaire : « *Allez dire à votre général qu'un maréchal de France ne se rend jamais.* » Une heure après, arriva un second parlementaire pour le même objet. « — Pour vous, monsieur, vous resterez avec nous, lui dit le maréchal ; je suis bien aise que vous puissiez voir par vous-même de quelle manière se rendent des soldats français. » A neuf heures moins un quart, un troisième parlementaire survint pour réclamer son prédécesseur et faire au maréchal la même proposition. « — Vous ne serez pas trop de deux, dit-il encore, pour être témoins de la façon dont je vais me rendre aux Russes. » Les protestations de ces officiers furent inutiles. Il était cependant vrai que les Russes nous entouraient de toutes parts.

A neuf heures précises, le maréchal donna ordre de se réunir sans faire le moindre bruit ; il nous recommanda de faire marcher nos troupes très serrées et sans proférer une seule parole. Nous nous mîmes en marche et traversâmes le camp des Russes avec le plus grand sang-froid et le plus profond silence. Cependant les ennemis s'en aperçurent. Mais, avant qu'ils eussent jeté leurs cris de *houra*, nous étions hors de leur camp. Ils ne purent nous atteindre à cause de l'obscurité de la nuit et de notre marche forcée. Néanmoins ils nous envoyèrent de nombreux coups de canon et nous prirent quelques traînards, si l'on peut donner ce nom à des malheureux auxquels il eût fallu une force surnaturelle pour échapper à leur destinée.

Enfin malgré tous les obstacles nous arrivâmes à Orcha, vers les quatre heures du matin. L'armée était campée dans la neige, devant la ville où était le quartier général de Napoléon. On nous avait tous cru perdus. Aussi l'Empereur, à l'aspect du maréchal Ney, lui dit en l'embrassant : « *Je ne comptais plus sur vous.* » Pour toute nourriture, on nous envoya, vers les huit heures du matin, un peu de farine et de mauvais *schnaps*. Les Russes étaient concentrés à Orcha, vers les neuf heures du matin, il fallut de nouveau battre en retraite.

(*Mémoires du général J. D. Freytag*, Paris, Nepveu, 1824.)

COMBAT DE KRASNOÏ

DU 16 AU 18 NOVEMBRE

J'étais parti de Smolensk, le 14 novembre, et j'atteignis vers le soir du 15, Krasnoï. Napoléon venait d'y arriver et me donna l'ordre d'établir mes troupes dans les maisons en avant de la ville. Krasnoï, entouré de plusieurs sources du Borysthène ou Dniéper, avoisine la ligne de partage des eaux qui versent dans les mers Noire et Baltique. Le défilé de Krasnoï était des plus favorables pour arrêter une armée en retraite. Dans un ravin profond, à bords escarpés, une route roide et encaissée, que le verglas rendait encore plus difficile, conduisait à un pont étroit. Un grand nombre de voitures et de bagages confondus s'y entassèrent. L'infanterie marchait gênée par les autres armes désorganisées; l'Empereur s'écarta de la route, réunit les officiers et sous-officiers de la vieille garde, leur dit qu'il ne verra pas les bonnets de ses grenadiers au milieu d'un pareil désordre ; *je compte sur vous comme vous pouvez compter sur moi pour l'accomplissement de grandes œuvres.* Cette allocution les tiendra réunis jusqu'à la fin. Arrêté sur la grande route, Napoléon attendait alors le maréchal Ney. Il apprit que l'armée Russe approchait; le corps d'Ojarowsky, posté près de Krasnoï, menaçait déjà la gauche de la route de

Maleiwo. Eugène, Davoust, Ney restaient en arrière compromis et séparés. Napoléon fit aussitôt venir Rapp « *Que Roguet parte sur-le-champ*, dit-il, *et qu'au travers de l'obscurité, il attaque les Russes à la baïonnette : c'est la première fois que cette infanterie montre tant d'audace, je veux l'en faire repentir de manière qu'elle n'ose plus approcher si près de mon quartier général.* » A neuf heures du soir, je reçus cet ordre et celui d'enlever, par surprise les villages de Chirkowa, Maliewo et Bouianowo, situés à environ une lieue sur la route de Smolensk à Krasnoï, et occupés sur quatre mille toises d'étendue par des forces considérables d'infanterie, d'artillerie et de cosaques. Je jugeai la position des ennemis par la direction de leurs feux : les villages couronnaient un beau plateau derrière un ravin profond. Je formai trois colonnes d'attaque : celles de droite et de gauche s'approchèrent sans bruit et le plus près possible des masses ennemies, puis, au signal que je leur donnai du centre, elles se précipitèrent sur les Russes sans tirer et à la baïonnette. Aussitôt les deux ailes engagèrent le combat vers Bouianowo et Chirkowa. Il était minuit, et l'intensité du froid telle que les Russes restaient blottis dans leurs abris. Pendant que surpris et ne sachant où se défendre, ils allaient de leur droite à leur gauche, je me précipitai, vers une heure du matin, sur le centre, entre Bouianowo et Maliewo ; nous entrâmes pêle-mêle avec eux au milieu de leur camp. Les Russes, divisés et en désordre, n'eurent que le temps de jeter leurs armes, leurs canons dans le lac à la tête du ruisseau de Krasnoï. Je ne jugeai pas convenable de poursuivre au loin, dans l'obscurité, la masse des fuyards : je me contentai des grandes pertes que je leur avais fait éprouver, et restai, pendant la nuit, maître du champ de bataille au milieu des corps ennemis refoulés et dispersés. Ce choc arrêta, pendant vingt-quatre heures, le mouvement de l'armée Russe ; il donna à l'Empereur la possibilité de séjourner à Krasnoï, et, au prince Eugène, celle de l'y rejoindre pendant la nuit du 16 au 17.

..... Le 16, au matin, j'aperçus, dans une reconnaissance, les ennemis en force, au sommet de quelques collines voisines : je fis prendre les armes à ma division et marchai dessus, mais les Russes se retirèrent en demi-cercle à mesure que nous avançâmes. Après m'être assuré de leurs projets, je repris une position d'où j'étais plus en mesure de recevoir et d'exécuter de nouveaux ordres.

..... Cependant j'avais été rappelé le 16, dans la nuit, par le maréchal Mortier, sur la route, en arrière de Krasnoï, vers Katowa. Je devais faciliter l'arrivée des corps réunis sous les ordres de deux maréchaux dont les Russes espéraient couper la retraite. Je pus arriver à temps. L'ennemi poussait des colonnes profondes en travers du village de Maliewo, que j'avais précédemment évacué, et s'étendait de plus en plus au delà de notre droite pour nous environner.

La bataille s'engagea alors, mais terrible, pour nous défendre, arracher aux Russes les corps isolés et sans espoir de ces coups imprévus avec lesquels Napoléon rappelait la fortune. Les Russes, par une attaque vigoureuse, pouvaient nous écraser, mais le prestige de tant de victoires, une si grande renommée et la garde dont ils venaient d'éprouver la vigueur leur en imposaient. Ils pensèrent que les canons pouvaient seuls démolir cette réserve, firent de larges brèches dans les rangs de la jeune garde, mais tuèrent sans vaincre : sous Mortier et Laborde, cette troupe reçut la mort pendant trois heures sans faire un mouvement pour l'éviter et sans pouvoir la rendre; elle était privée d'une partie de ses canons, dès lors traînés par les artilleurs eux-mêmes, et les Russes se tenaient hors de la portée du fusil. Chaque instant renforçait l'ennemi et affaiblissait Napoléon; le canon et le général Claparède l'avertissaient qu'en arrière de lui et de Krasnoï, Beningsen se rendait maître de la route de Lyadi et de sa retraite. L'est, le sud et l'ouest étincelaient de feux ennemis. Un seul côté restait libre, celui du nord et du Dniéper vers une éminence auprès de laquelle était, sur le grand chemin, l'Empereur; elle se couvrit tout à coup de batteries, presque à bout portant: il y jeta les yeux : *qu'un bataillon de mes chasseurs s'en empare*, dit-il, puis ses regards se portèrent vers le péril de Mortier. Alors parut Davoust dissipant devant lui un nuage de cosaques; ses troupes, à notre vue, coururent dépasser la droite de la ligne ennemie et se rallier à Krasnoï.

Après quelques engagements glorieux des bataillons de vieille garde, Napoléon, le 17 au matin, juge que son arrière-garde ne peut plus se défendre dans Krasnoï; Ney est peut-être encore à Smolensk; l'ennemi, d'ailleurs, déborde de toutes parts et atteint déjà Lyadi; on doit songer à la retraite des corps déjà écoulés; l'Empereur ordonne donc à Davoust et à Mortier de tenir dans Krasnoï jusqu'à la nuit, s'éloigne lentement du champ de bataille, vers dix heures, traverse Krasnoï où il s'arrête encore et se fait ensuite jour jusqu'à Lyadi avec sa vieille garde. Ma division occupa la place qu'il venait de quitter, mais les Hollandais de la garde perdaient en ce moment, avec le tiers des leurs, un poste que l'ennemi couvrit aussitôt d'une formidable artillerie. Les Russes continuaient d'occuper un village sur le plateau d'où ils foudroyaient la route par laquelle devaient passer les corps restés en arrière. Me sentant écrasé sous leurs feux et croyant pouvoir les éteindre, je voulus faire quelques efforts pour enlever la position et me maintenir le plus longtemps possible sur la route où Ney était si impatiemment attendu. Je poussai le régiment des flanqueurs. Cette troupe intrépide ne pouvait faire aucun progrès et la division continuait d'être accablée par l'artillerie ennemie ; je fis alors partir les voltigeurs qui, avec un irrésistible élan, se firent jour à travers des forces supérieures ; un régiment de cuirassiers Russes s'étant avancé pour les prendre en flanc, ils furent obligés de former le carré. La situation devint plus critique : mon artillerie se retirait faute de munitions ; mes troupes étaient dominées, entourées d'un cercle de feux de plus en plus resserrés ; de nouvelles masses de cavalerie ennemie entraient en action ; l'ordre de gagner du temps était plus qu'exécuté : je me déterminai enfin à la retraite par échelons ; le régiment de flanqueurs, moins aventuré, protégeait le mouvement rétrograde de l'autre.

Le colonel des flanqueurs, voyant les voltigeurs trop engagés, désespéra de les soutenir et se mit en retraite, faute dont je voulus arrêter les conséquences, en me faisant suivre par les fusiliers-grenadiers. Je me portai vivement aux flanqueurs, les arrêtai sous le feu qui les décimait et envoyai le capitaine du génie Lucotte, mon officier d'ordonnance, hâter le mouvement rétrograde des voltigeurs ; le capitaine eut beaucoup de difficultés à remplir sa mission : la cavalerie russe entourait les voltigeurs plus isolés. Lucotte profita d'une attaque repoussée et se jeta au milieu d'un carré déjà très affaibli par les charges, la forte batterie et la mousqueterie du plateau. Le colonel essaya cependant de faire marcher le carré en retraite à la rencontre du régiment de fusiliers et de celui des flanqueurs que j'avais ramenés. La cavalerie russe, devenue plus nombreuse, profita du désordre que cette manœuvre augmentait pour effectuer une quatrième charge générale ; le carré, entièrement démoli par plusieurs salves de soixante bouches à feu, fut enfoncé avant de pouvoir être secouru. Les cuirassiers ennemis exaspérés par les pertes éprouvées dans les tentatives précédentes ne firent point quartier : il n'échappa que 30 soldats et 11 officiers, parmi lesquels le commandant Piou et le capitaine Lucotte, tous blessés de plusieurs coups.

Nous nous étions maintenus jusqu'à 2 heures, en présence de ces masses et de positions formidables, lorsque enfin les Russes, enhardis du départ de l'Empereur, devinrent si pressants que la jeune garde, serrée de trop près, ne put bientôt plus ni tenir ni reculer. Heureusement quelques pelotons ralliés par Davoust et l'apparition d'une autre troupe de ses traîneurs attirèrent l'attention de l'ennemi. Mortier avait fait au delà du possible ; je reçus ordre de me retirer, avec les 3,000 soldats qui me restaient, devant 50,000 Russes ; cette brave et malheureuse troupe, entraînant ses blessés sous une grêle de balles et de mitraille, défila lentement sur le champ de carnage comme dans une plaine de manœuvres. Quand le digne Mortier eut ainsi mis Krasnoï entre lui et Beningsen, il fut sauvé. L'ennemi ne coupant l'intervalle de cette ville à Lyadi que par le feu de ses batteries qui bordaient le côté gauche de la grande route, Colbert et Latour-Maubourg le continrent sur les hauteurs. Je m'arrêtai, dans la nuit, à Liadoni.

La division fit, ce jour-là, de cruelles pertes : 41 officiers et 761 sous-officiers ou soldats furent tués ; le capitaine Lucotte et 1,500 fusiliers, la plupart blessés, que le défaut de transport obligea d'abandonner, tombèrent au pouvoir de l'ennemi.

(*Mémoires militaires*, du lieutenant général comte Roguet (François), colonel en second des grenadiers à pied de la vieille garde, Paris, Dumaine. 1865, 4 vol. in-8°.)

Le 16 novembre, de grand matin, après avoir bivouaqué à quatre lieues de Krasnoé, nous continuons notre route. Nous avançons lentement, étant obligés de faire volte-face à chaque instant pour repousser les cosaques. Vers midi, nous apercevons plusieurs divisions françaises envoyées à notre secours. Nous nous réunissons à ces divisions, et nous bivouaquons devant Crasnoé. Le lendemain à six heures du matin, avec le 4ᵉ corps, nous nous avançons en masse, car les Russes nous canonnent de tous les côtés à la fois.

Au village de Katowa, un corps russe débouche et marche vers nous. Un instant après, trois autres corps ennemis surviennent, en avant du village de Waskrenia. La garde est en face de ce village, ce qui nous rend quelque espérance. Le maréchal Davoust nous prépare au combat. Malgré la mitraille ennemie, nous prenons position à gauche de Waskrenia, et l'affaire s'engage vigoureusement. Notre régiment est devant et éloigné seulement de cent pas des batteries russes ; leur mitraille nous foudroie tellement que le 30ᵉ est forcé de se retirer jusqu'à Krasnoë. Dans la confusion de cette retraite précipitée, ne pouvant marcher aussi vite que les autres à cause de mes blessures, je n'aperçois point le drapeau au milieu du régiment. Celui qui le portait a peut-être été tué, et sans doute notre étendard est resté sur le champ de bataille. Aussitôt que cette idée me vient, je fais volte-face, et je retourne, clopin-clopant, vers la position qu'occupait le 30°, sans songer au danger et sans m'inquiéter des tirailleurs russes qui s'avancent sur la ligne que venait de quitter la division. J'aperçois enfin le drapeau, je le ramasse, je l'emporte en marchant le plus vite que je peux, malgré les coups de fusil qu'on tire sur moi. Plusieurs balles traversent ma pelisse! Je me réunis à quelques soldats blessés qui rejoignent comme moi.

Les Russes, remarquant notre petit peloton et une enseigne française au milieu, font une décharge sur nous : je suis atteint par un biscayen qui m'effleure la main droite et me fait une cicatrice au flanc droit : cependant, j'en avais déjà bien assez. Heureusement qu'il me reste assez de force et de présence d'esprit pour ne pas succomber sous ces nouveaux coups. Quoique j'aie déjà le bras gauche en écharpe et ma béquille dans ma main droite blessée, je ne lâche pas mon drapeau. J'arrive à Krasnoë, sans éprouver de douleur, tant je suis occupé de la conservation de notre enseigne ; aussitôt arrivé, la souffrance se fait sentir, et il n'y a ni eau ni linge pour me panser. Je me borne alors, pour conserver ce que je viens de sauver, à prier un de mes camarades de rompre le bâton du drapeau et de m'en suspendre l'aigle au cou, à l'aide de la cravate. C'est dans cet état que je rejoins le 30°, en arrière de Krasnoë, lorsque les Russes, découragés par la contenance de nos troupes, se sont retirés.

J'y retrouve mon fidèle soldat, et mes deux chevaux.

En me voyant pâle, couvert de sang, le dessus de la main droite emporté, un morceau du flanc coupé par un biscayen, ce brave pleure en me pansant, et moi je lui racontai mon fait d'armes. Il s'empresse d'aller le redire à mon colonel, qui en rend compte au général Morand, et celui-ci au maréchal Davoust, qui charge mon colonel de lui faire un rapport sur ma conduite : ce rapport est fait : plus tard, je reçus un certificat du maréchal, constatant mon fait d'armes et m'annonçant la demande de la croix de la Légion d'honneur... Que sont encore devenues ces promesses ?

Tous les officiers du 30e, étant réunis dans la nuit du 17 au 18, chacun s'apitoie sur la commune destinée. L'attention se porte sur moi ; mes chefs me témoignent toute leur satisfaction ; mais ils me regardent comme un homme perdu tant je suis couvert de blessures.

Pourtant, je ne désespère pas : j'ai toujours bon appétit, quoiqu'il ne soit guère excité par la succulence des mets qui composent mes repas. Je veux m'accoutumer à marcher sans béquilles, mais je suis fort embarrassé, ne pouvant me servir de mes mains.

Le lendemain nous continuons notre retraite.

(*Souvenirs du capitaine François.*)

LE 2° CORPS AVANT LE PASSAGE DE LA BÉRÉSINA

PREMIÈRE AFFAIRE DE POLOTSK

Au début de l'affaire de Polotsk (18 août), je faillis être coupé en deux par un boulet. Voici le fait. La place assignée d'avance à notre brigade était à notre extrême gauche en face d'un corps de cavalerie russe en position avec du canon et à cheval sur la route de Drissa. Un pli de terrain nous dérobait à leurs regards. Au signal donné, le 23° chasseurs se met en mouvement et par un *en avant en bataille au galop* forme sa ligne de bataille en vue de l'ennemi. La batterie russe fait feu. A notre tour, nous sortons de notre cachette et nous nous formons au galop à la gauche du 23°. J'étais à ma place de serre-file derrière le premier peloton de ma compagnie. Le capitaine m'appelle pour me donner un ordre relatif aux chevaux de main. En retournant à ma place, je passe près de Mongin, maréchal des logis de la droite de l'escadron qui m'offre de l'eau-de-vie. J'accepte et me place parallèlement à sa droite. Au moment où il me passe son bidon je vois venir un boulet ricochant dans notre direction. Prenez garde, dis-je à Mongin. Il s'appuie sur moi au lieu de faire son écart dans le sens opposé. Je cède involontairement à sa brusque pression; étrange fatalité! Si Mongin, au lieu de faire son écart à droite, l'eût fait à gauche, j'étais frappé en pleine poitrine et lui n'était même pas touché. Contre toute vraisemblance, Mongin me repousse et détourne de moi le projectile qui lui emporte un bras et tue raide le brigadier Pradel placé derrière lui au second rang. En toute circonstance et surtout sur un champ de bataille, je prétends qu'un militaire doit être à son poste et y courir les chances du sort.

Quelque temps après, la brigade entreprit la charge contre la batterie et les escadrons de hussards qui la défendaient. Leur premier rang était armé de lances. Chose extraordinaire, c'était la première fois que nous les voyions de la campagne. Nous enlevâmes quelques pièces, sabrâmes les hussards et les poursuivîmes sur la route de Drissa, tandis que le gros du 2ᵉ corps culbutait l'ennemi sur celle de Jacobowo. Ayant atteint pour ma part un cavalier isolé, je lui portai un si vigoureux coup de pointe au cou qu'il tomba de cheval. L'animal une fois libre rejoignit les siens. Le fourrier de la 5ᵉ compagnie qui se trouvait à peu de distance ayant vu le coup me dit : Bravo, monsieur Calosso, voilà ce qu'on appelle *la botte du cochon*. La locution n'était pas, comme on voit, du meilleur goût, mais je la donne pour ce qu'elle vaut. La poursuite se prolongea jusqu'à la nuit, où nous prîmes nos bivouacs.

Le lendemain, marchant sur Drissa, la brigade suivit la piste de l'ennemi sur un terrain assez éloigné de la chaussée et arriva devant la ville au moment où nos cuirassiers, qui avaient tenu la grande route, exécutaient une charge contre l'arrière-garde qui défendait le pont sur un des affluents de la Dwina. Nous nous mettons en bataille dans un champ, la droite du régiment appuyée au bois. Le 23ᵉ qui nous suivait forma la seconde ligne.

Aussitôt une batterie nous envoie plusieurs boulets et obus. Je me trouvais en avant du centre du quatrième peloton que je commandais en l'absence du lieutenant blessé la veille. Mes chasseurs riaient aux éclats en plaisantant les cuirassiers qui, à les entendre, ne chargeaient qu'en *poules mouillées*.

Le loustic de la compagnie, Andrieux, lâcha quelques gros mots que je ne puis consigner ici. Au moment où je me retourne pour imposer silence à mes bavards, un boulet me rase de si près la figure que je la sentis en feu. Je restai bouche béante pendant quelques minutes sans pouvoir articuler une parole. J'éprouvai un moment la frayeur de rester muet pour le reste de mes jours. J'avais connu en 1807 un maréchal des logis de hussards qui avait radicalement perdu la parole dans une circonstance identique. J'en fus quitte pour la peur. En attendant, le projectile poursuivant sa route alla frapper le malheureux Andrieux à la tête et le renversa de cheval.

De notre position on apercevait très distinctement le camp retranché que l'ennemi avait abandonné au début de la campagne. Nous passâmes la nuit en vue de la ville occupée par les Russes et, avant le jour, nous reprîmes tous le chemin de Polotsk dont le 2ᵉ corps, par ordre de l'Empereur, ne devait pas s'éloigner. C'était un point fort important de sa ligne d'opérations.

Le général Saint-Cyr fut promu au grade de maréchal d'Empire à l'occasion de cet éclatant fait d'armes. Les différentes divisions reprirent leurs positions premières et la nôtre retourna à son bivouac d'avant-postes. Il n'y eut plus de combats remarquables jusqu'au 18 octobre, époque à laquelle nous abandonnâmes Polotsk et la rive droite de la Dwina pour manœuvrer de manière à nous rapprocher du Borysthène au secours de la grande armée qui opérait sa désastreuse retraite.

Je vais maintenant raconter une anecdote relative au maréchal des logis Mongin. Le surlendemain de notre retour de Drissa à notre premier bivouac, on nous envoya nous tous, maréchaux des logis chefs et fourriers à Polotsk avec l'intendant général du corps d'armée pour un travail de comptabilité. Notre besogne terminée, j'allai voir Mongin à l'hôpital. Il avait subi l'amputation du bras; en bonne voie de guérison il s'attendait à être expédié d'un jour à l'autre au grand hôpital de Wilna. Je lui exprimai le regret d'avoir été la cause innocente de son malheur. Ce brave garçon me dit : « Bichette — c'était son expression d'amitié avec moi — n'ayez aucun regret, cela devait arriver, n'en parlons plus. » Sachant qu'il n'était pas bien fourni d'argent, je lui demandai comme dernier gage d'amitié, de vouloir bien accepter une partie de mon petit pécule. Il prit quelques napoléons et me recommanda son frère qui servait comme simple chasseur dans la compagnie. Puis il me pria de lui trouver un objet auquel il attachait un grand prix d'affection et qu'il avait perdu au moment de l'amputation.

C'était une alliance en or, souvenir d'une personne que je connaissais et qu'il aimait avec passion. — Très volontiers, dis-je à Mongin, indiquez-moi seulement l'endroit où je pourrai trouver le membre amputé. — Vous souvenez-vous, me dit-il, un petit bouleau près duquel nous étions assis un quart d'heure avant le combat? — Très bien. — C'est sous cet arbre même que le chirurgien du 23⁰ m'a fait l'opération. Mon bras fut jeté dans le fossé desséché à peu de distance de l'arbre à côté de la Dwina. — Cela me suffit, je le vois d'ici. Puis je le quittai pour monter à cheval et, accompagné de mon fourrier Baurain, je me rendis au lieu désigné. J'allais droit au bouleau solitaire quand Baurain, qui était présent au moment des indications données par Mongin, s'écria : « Voilà le fossé, voilà le fossé! » Nous nous approchons, nous mettons pied à terre et reconnaissons facilement le bras à la couleur verte du drap de la manche, au parement capucine et au galon en argent du grade. La main encore gantée était ainsi que le bras très enflée. Je savais que Mongin portait la bague au medium. Avec mon canif je coupai le gant pendant que Baurain soutenait le bras et la bague se découvrit. Mais comment l'avoir intacte? les chairs la débordaient de deux lignes au moins. Je désarticulai la troisième phalange, non sans difficulté, et l'alliance fut dégagée, puis enveloppée dans un carré de papier et portée sur-le-champ à son propriétaire. A la vue de cet objet regretté, Mongin, les larmes aux yeux, me dit : « Merci, mille fois merci, Bichette, je n'attendais pas moins de votre amitié; je la reverrai, j'espère, à mon passage à B..., je lui dirai tout et nous parlerons encore de vous. » Je fis mes adieux à cet excellent camarade, je l'embrassai et partis pour le camp. Mongin était un de mes meilleurs maréchaux des logis. Décoré de la Légion d'honneur depuis Wagram, il eût été promu officier avant la fin de la campagne sans le malheur qui l'avait privé d'un membre. Dans les derniers mois de 1812, il rentra en France et obtint une place dans l'administrations des eaux et forêts à Saint-Germain-en-Laye Lorsque je fus à Paris en 1814, j'allai le voir, je le trouvai dans une aisance modeste et toujours en possession de sa chère bague. Plus tard, quand je revins à Paris, en 1824, j'appris avec douleur que le pauvre Mongin avait succombé depuis peu à une fièvre cérébrale. Quant à son frère, il disparut dans la retraite de Russie.

(*Mémoires d'un vieux soldat.*)

Parmi les nombreux traits de bravoure qui mériteraient d'être cités dans la bataille de Polotsk, je ne saurais passer sous silence le suivant. Le lieutenant-colonel d'artillerie Bretchel, qui portait une jambe de bois, deux fois fracassée pendant la campagne, ayant été renversé de cheval dans une charge de cavalerie, s'était relevé et se battait à pied, le sabre à la main, contre deux Russes, lorsqu'un soldat du train, qui était aux prises avec quatre dragons et qui les mettait en fuite, l'appelle et lui dit : « Mon colonel! voyez comme on se bat pour la patrie! » Sentiment noble et doux à la fois, et qui seul pouvait le rendre capable de tant d'héroïsme! Le nom de ce brave soldat ne m'est point parvenu et je le regrette vivement, car j'aurais voulu consacrer sa mémoire et l'offrir en exemple à tous les défenseurs de son pays.

(Baron Berthezène, lieutenant général, *Souvenirs militaires de la République et de l'Empire*, Paris, Dumaine, 1855, 2 vol. in-8°.)

En nous dirigeant vers Polotsk, qui devait être le centre de nos opérations, nous eûmes des combats incessants à soutenir contre l'armée de Wittgenstein ; c'est ainsi que, du 30 juillet au 1er août, nous perdîmes beaucoup de monde, ainsi que les Russes.

Entre Kowno et Polotsk nous traversâmes de vastes plaines, couvertes de magnifiques moissons, aussi notre colonel ne dédaigna-t-il pas de faire couper les blés, avec lesquels les moulins à bras nous permettaient d'avoir de la farine et du pain. Les paysans n'avaient point abandonné leurs villages ; les officiers empêchaient le pillage, et les fournitures en vivres se faisaient assez régulièrement. La position que nous avions prise à Polotsk, était à cheval sur les grandes routes de Saint-Pétersbourg à Riga. Nous ne nous arrêtâmes point dans la ville même, qui était devenue le centre des opérations du 2º corps d'armée; les régiments suisses furent envoyés à vingt minutes en avant de Polotsk; le nôtre était placé au centre du corps d'armée; nous avions à notre droite le 1ᵉʳ régiment suisse, les deux autres étaient plus loin, et à notre gauche deux bataillons de croates, excellents soldats, commandés en partie par des officiers français. C'étaient les premiers maraudeurs de l'armée; mais avec cela de très bons diables, avec lesquels nous n'eûmes jamais de difficultés.

Le camp devant Polotsk fut encore augmenté par la division du général Saint-Cyr; mais, le 17 août, les Russes attaquèrent vigoureusement les corps qui bivouaquaient devant Polotsk. Ce fut dans cette attaque que le maréchal Oudinot, toujours le premier au feu, fut assez grièvement blessé au bras. Le 18 août, l'armée française reprit ses avantages, et les 1ᵉʳ et 2ᵉ régiments suisses eurent l'occasion, au moment où la cavalerie russe culbutait quelques bataillons français, de rétablir l'ordre par leur sang-froid et leur intrépidité. Un peu surprise de cette résistance imprévue, la cavalerie russe s'arrêta court pour reprendre ses positions. Ce combat, heureux pour nos armes, valut au général Saint-Cyr le bâton de maréchal. Nos régiments, plus solides que les régiments français, avaient, à cette époque, près de la moitié de leur effectif. De 2,000 hommes que nous étions en quittant Paris, il nous restait à peine douze cents hommes en état de combattre.

La viande était abondante, mais, en septembre, le

pain était rare, ainsi que les légumes et le sel. Le pays avait été ravagé alternativement par les deux armées, et nous trouvions difficilement des vivres. Nos quatre régiments suisses formaient encore un ensemble remarquable, et, quoique nous eussions peu d'occasions de nous voir réunis, notre réputation n'en était pas moins parfaitement établie dans le 2e corps d'armée.

Nos avant-postes étaient à une demi-heure environ de nos bivouacs; notre deuxième régiment était établi sous des baraques, car les bois ne nous manquaient pas.

En juillet et août, les chaleurs sont insupportables dans ces contrées, et les jours étant beaucoup plus longs qu'en Suisse, parce que la situation est beaucoup plus au nord, nous éprouvions autant de difficulté pour nous y maintenir que nous l'avions fait quelques mois auparavant pour supporter le grand froid.

Notre bivouac étant adossé à une grande forêt, voisine d'une contrée accidentée et coupée par de nombreux canaux, nous étions nuit et jour sur le qui-vive, apercevant, quand nous étions de garde, à quelques centaines de pas, les vedettes russes. L'armée de Wittgenstein était beaucoup plus nombreuse que la nôtre, et, chaque semaine, nous avions des escarmouches plus ou moins vives, qui diminuaient notre effectif, déjà sensiblement affaibli.

Le maréchal Saint-Cyr avait remplacé le maréchal Oudinot, blessé dans le commencement d'octobre. Les troupes françaises se concentraient sur Polotsk, et il était décidé que nous défendrions cette ville, qui se trouve au confluent de la Polotska et de la Dwina. Les bords de la première étaient défendus par de solides fortifications de campagne, et c'était dans leur voisinage que se trouvaient la division suisse et nos voisins les Croates.

La chasse, à Polotsk était devenue ma distraction favorite. Souvent mon compatriote, le capitaine Rey, du 1er régiment, m'y accompagnait. A cet éloignement de la patrie suisse, nous aimions à rappeler les souvenirs de nos jeunes années. Allant à l'aventure dépassant les avant-postes, nous nous exposions quelquefois à être *cosaqués*. Heureusement que les lances de ces maudits cosaques nous faisaient réfléchir que la liberté vaut mieux que de mauvais lièvres.

Les mois s'étaient écoulés assez promptement pour nous. Des combats partiels et continus avaient habitué nos hommes au feu, et nous nous attendions d'un moment à l'autre à une action décisive. Le bivouac, avec ses privations, nous convenait peu. Il y avait souvent des dissensions, amenées par nos luttes continuelles d'avant-garde. Un jour, étant à la chasse, je m'étais avancé imprudemment du côté des Russes; un lièvre passe à portée : je lui envoie un coup de fusil. Cet incident mit la grand'garde et une partie de notre régiment sous les armes. Je fus vertement réprimandé pour avoir enfreint la consigne, et, à la suite de cette circonstance, j'eus le malheur d'avoir une altercation très vive avec le capitaine des grenadiers, Muller, qui ne m'avait jamais semblé à la hauteur de sa position, et dont le courage et le sang-froid étaient à mes yeux assez problématiques. De propos en propos, il fallut en venir à un duel. Le capitaine Muller était un colosse d'une force herculéenne. Une fois sur le terrain, nous dégainâmes, et je m'aperçus, dès les premières passes, qu'il m'était impossible de l'atteindre. L'avantage de sa taille lui permit de me frapper à deux reprises au bras droit; mais, très mal exercé au maniement du sabre, ses coups portaient à plat; de manière que j'en fus quitte pour de faibles contusions, qui engagèrent nos témoins à mettre fin au combat.

Je n'aurais point parlé de ce duel, si cet incident n'avait pas eu une grande portée dans l'existence du capitaine Muller et dans la mienne. J'expliquerai comment.

Le mouvement des Russes était tel que nous nous attendions d'un moment à l'autre à une attaque générale sur toute la ligne.

Le 17 octobre 1812, l'ennemi s'étant avancé vers nos positions, et, de tous côtés, le feu avait commencé avec plus ou moins de violence. Les cosaques se montraient partout. Je me souviens qu'à propos de cosaques, j'eus un mauvais moment à passer. Comme capitaine adjudant-major, j'avais un cheval à ma disposition.

Le 17 octobre, je l'avais laissé près des tambours, lorsque celui qui devait le tenir le laissa échapper. Aussitôt libre, il courut à fond de train du côté des Russes. Grande fut ma perplexité ! Nous allions livrer bataille et j'avais besoin de ma monture, aussi je me mis à la piste de mon déserteur. Je l'atteignis, me mis en selle ; mais à peine avais-je fait cinquante pas que je vis sortir de derrière les talus et les fossés un certain nombre de cosaques qui, la lance au poing, se mirent à courir sus en poussant des cris formidables. Je voyais le moment où j'allais être atteint. Heureusement que, comme chasseur, je connaissais la contrée. Les circuits et les passages des canaux me furent tellement utiles qu'au bout de quelques minutes je me trouvais hors de leur portée, fort heureux de rejoindre mon régiment. Plusieurs officiers et soldats, qui m'avaient vu à l'œuvre, vinrent me féliciter, tout en riant de ma mésaventure.

Nous avions passé la plus grande partie de la nuit sous les armes, lorsque, le 18 octobre 1812, au matin, le bruit du canon se fit entendre. Notre régiment fut mis en ordre de bataille, près de la Polotska. Les Russes s'avançaient de tous les côtés à la fois et nous en vînmes aux mains. Dès le commencement de l'action, je me trouvais au centre, lorsque mon cheval fut atteint d'un boulet de canon en plein poitrail. L'officier qui était derrière moi eut aussi son cheval tué par le même boulet. Je me souviens que ma pauvre monture servit de jalon pour l'alignement et que je fus un peu contrarié de ce début. Mon service était autrement pénible à pied.

L'affaire fut chaude dès les premières heures de la matinée. Le feu de l'infanterie et de l'artillerie russes portaient la mort dans nos rangs. Notre colonel comprit que l'attaque à la baïonnette était le moyen le plus prompt et la plus énergique pour reprendre l'avantage. Il ordonna de battre la charge. J'étais à la tête de l'un de nos bataillons ; nous marchons droit à l'ennemi avec une impétuosité telle que nous reprîmes sur lui l'avantage qu'il paraissait avoir eu quelques instants auparavant.

Les Russes ne soutenaient point une charge à la baïonnette. Ils avaient l'air surpris et décontenancés de ces combats corps à corps où l'adresse et la force corporelles jouent le premier rôle. Refoulés à plusieurs centaines de pas en arrière, nous nous étions mis de nouveau en ordre de bataille, lorsque je m'aperçus que le porte-drapeau avait été blessé et chancelait sous le poids de notre aigle. Je m'en emparai et cherchai mon frère pour la lui remettre, car je le savais homme à faire son devoir ; mais quel fut mon étonnement quand je vis arriver à moi le capitaine Muller, avec lequel j'avais eu ce duel quelques jours auparavant : « Donnez, capitaine, donnez ! me dit-il ; je vous prouverai que je ne suis pas ce que vous avez pensé et que je sais faire mon devoir. » Il s'empara alors de l'aigle que je voulais remettre à mon frère, et, l'élevant avec transport, il dépassa le régiment d'une cinquantaine de pas en s'écriant avec force : « En avant, le 2ᵉ ! » Le régiment ne reconnut pas l'ordre de son chef, et le capitaine Muller, avec sa taille athlétique, devint un point de mire des Russes. Il tomba pour ne plus se relever. Je sentis ma responsabilité : c'était moi qui lui avais remis l'aigle. Par un acte de courage inutile, elle allait tomber entre les mains des Russes qui, au feu, reprenaient l'avantage qu'ils perdaient à l'arme blanche. Les balles pleuvaient de tous côtés ; je me décidai à gagner, en rampant, l'endroit où l'infortuné capitaine venait de tomber. Je fus assez heureux pour l'atteindre. J'entendis le sifflement des balles et des boulets qui se croisaient au-dessus de ma tête ; mais, n'importe, il s'agissait de l'honneur du régiment. Le moment le plus difficile pour moi fut celui où je dus dégager l'étendard de dessous le cadavre du capitaine. Ce colosse couvrait le drapeau de toute sa pesanteur et je ne pouvais pas me lever pour le soulever. Toujours à genoux, je dégageai la hampe de dessous le corps de notre brave et imprudent camarade, et je revins dans la même attitude au milieu des nôtres. Ce fut une satisfaction générale pour tous ceux qui avaient assisté à cet incident, dont le récit m'a pris plus de temps que je n'en mis à exécuter la chose.

De retour au milieu des soldats, j'appelai à moi l'adjudant sous-officier M*** en lui adressant ces simples paroles, que je n'ai pas oubliées parce que depuis lors elles m'ont été rappelées plus de trente ans après : « Portez notre aigle au colonel et dites-lui que le capitaine adjudant major vient de la sauver alors qu'elle était exposée à tomber entre les mains de l'ennemi. Vous savez !... racontez ! »

En effet, M*** prit le drapeau de mes mains et je repris le commandement du bataillon qui m'était confié dans ce moment. La perte de nos officiers était considérable ; le colonel avait été gravement atteint et était hors de combat. Le terrain était jonché de nos morts et de nos blessés.

Malgré les pertes douloureuses que nous venions d'éprouver, j'ordonnai une dernière charge à la baïonnette : elle eut le même succès que les autres ; mais les Russes n'attendaient jamais longtemps, il faisaient volte-face et recommençaient un feu nourri, que leur nombre rendait toujours plus redoutable. Après une lutte désespérée que le 1er régiment suisse soutint avec nous sur la droite, nous reçûmes l'ordre de nous retirer et de rentrer à Polotsk.

La situation de cette ville ressemble un peu à celle de Lausanne. Dominée par un bois comme celui de Sauvabelin et construite en amphithéâtre, depuis les bords de la Dwina, c'était là que se trouvaient tous nos hôpitaux, tous nos approvisionnements, notre artillerie et les arsenaux du corps d'armée.

Les Russes, pendant tout le temps que nous fûmes aux avant-postes devant Polotsk, usèrent de toutes sortes de ruses pour enlever nos compagnies ou nos bataillons. C'est ainsi que, le jour de la bataille du 18, ils firent avancer un très beau régiment de cavalerie imitant les fanfares françaises, lequel pénétra sans coup férir au milieu des derniers bataillons de notre brigade, enlevant des compagnies de croates qui n'avaient pas encore compris cette nouvelle manière de faire la guerre. Quand le régiment s'approcha de nous, il portait le costume des lanciers bavarois.

Plusieurs de nos officiers ne se doutaient de rien,

lorsque je reconnus le piège qui nous était tendu. Je m'écriai, en m'adressant à notre lieutenant-colonel : « Ce sont des Russes ! » Nous nous apprêtâmes à les recevoir ; mais ils n'attendirent pas notre dernière démonstration et ils tournèrent bride.

La bataille de Polotsk coûta cher à notre régiment. Après avoir quitté cette ville, je fis l'appel le lendemain. Un vide effrayant s'était fait dans nos rangs : 37 officiers n'y répondirent pas ; ils étaient tous blessés ou tués. Environ 600 sous-officiers et soldats, restés sur le champ de bataille, témoignaient assez des pertes cruelles que nous venions de subir.

Polotsk fut brûlée. Nous eûmes le temps d'emporter nos munitions, des vivres en abondance, et surtout d'emmener un parc de bœufs magnifiques.

Le général russe traversa la Dwina et escarmoucha continuellement avec notre arrière-garde. Il nous restait près de 16,000 hommes qui ne suffisaient que difficilement pour tenir tête aux corps de Steingel et de Wittgenstein. Il est vrai que les Russes avaient aussi perdu beaucoup de monde à la bataille de Polotsk et que notre artillerie et nos baïonnettes avaient sensiblement éclairci leurs rangs. Leur entrée dans Polotsk, au moment de l'incendie, leur avait fait perdre une partie de leurs meilleures troupes, de manière que notre retraite s'opérait en bon ordre.

Le général Merle mit à l'ordre du jour notre conduite devant Polotsk, et nous accusa seulement d'avoir eu un peu trop de bravoure et d'entrain.

Le maréchal Saint-Cyr avait été blessé à Polotsk, et le maréchal Oudinot, à peine rétabli d'une blessure qu'il avait reçue dès le commencement de notre séjour dans cette ville, reprit le commandement du 2e corps d'armée.

Vers la fin d'octobre, nous nous dirigions lentement du côté de la Bérésina, souvent obligés de répondre aux attaques réitérées des Russes de Wittgenstein, nous traversâmes le large canal qui communique de la Bérésina à la Dwina. Arrivés à trois journées de marche de Borisow, nous avions encore devant nous le corps de l'amiral Tchitchakoff, de sorte que notre avant-garde et notre arrière-garde étaient continuellement aux mains avec les Russes.

A plusieurs reprises, notre tour arriva, et, selon notre habitude, nous attaquions à l'arme blanche. Mais le régiment qui produisait le meilleur effet pendant cette difficile retraite était un magnifique corps de cuirassiers. C'était, je crois, le 14º. Il était impossible de combattre avec plus d'intrépidité et d'ensemble. Les charges de ce régiment étaient admirables, et chaque fois qu'il se présentait à l'arrière-garde ou à l'avant-garde, il déblayait le terrain pour quelques heures.

Enfin nous arrivâmes en vue de Borisow, où nous nous attendions à retrouver l'ennemi en force. Le pont de cette ville, sur la Bérésina, avait été brûlé, mais nous apercevions facilement les vedettes russes sur la rive droite.

Nous établîmes notre bivouac près de la Bérésina; mais ces bivouacs, se trouvant forcément en contact avec la grande armée, nous étaient trop pénibles.

Il était douloureux pour nous, en effet, de voir les débris de cette puissante armée, revenant de Moscou abîmée, et, pour ainsi dire, anéantie par les batailles, les privations et le froid. Je ne pouvais m'empêcher de penser à ce qu'elle était en quittant la France, lorsqu'elle traversait la Prusse, en laissant la Pologne pleine d'énergie et d'espérance. Nous avions souffert, sans doute, mais nous étions arrivés sur les bords de la Bérésina encore pleins d'ardeur et toujours prêts à combattre : et, tandis que nous étions encore parfaitement organisés, les débris de tous les régiments de la grande armée entouraient notre camp, pressés par la faim, décimés par le froid et les maladies; demandant quelque soulagement à leurs douleurs, et ne trouvant auprès de nous que quelques aliments pour les empêcher de mourir de faim. Dès ce jour, nous commençâmes à comprendre dans quel abîme de misère nous pouvions nous trouver. Jusqu'alors nous n'avions manqué de rien. Nous avions des vêtements chauds et en bon état; nos chaussures étaient neuves. Notre division avait trouvé un convoi considérable de vêtements, à destination d'un corps polonais qui n'était plus là. Pour ce qui me concernait particulièrement, j'étais à une journée de Polotsk, lorsque mon chien découvrit, près d'un vieux château, une vaste cachette remplie de bons vêtements de laine, de vivres et de liqueurs de toute espèce. Mon chien d'arrêt était un précieux animal. Je me souviens, et il y a longtemps de cela, qu'il s'arrêta court devant un monceau de branches coupées; j'avais beau l'appeler, il ne voulait pas en démordre; enfin au mot : cherche! il se mit à gratter la terre. Mon domestique m'accompagnait, et, en creusant un peu, nous découvrîmes des caisses d'excellents vêtements d'hiver, des provisions de bouche, et tout cela à quelque distance du bivouac. Nous refermâmes la cachette, car, dans ce moment, nous ne savions pas trop à quoi toutes ces richesses pouvaient nous servir.

L'Empereur était dans le voisinage, et cherchait à dégager les débris de la grande armée. Elle avait quitté Smolensk, poursuivie par les Russes et les cosaques de

Platoff, et elle se dirigeait à marches forcées sur la Bérésina.

Le pont de Borisoff étant brûlé et ne pouvant être rétabli, Napoléon ayant ordonné de détruire les équipages de pont, nous reçûmes l'ordre de rétrograder et de marcher sur Studianska. Le maréchal Oudinot nous commandait toujours. Deux ponts étaient presque achevés sur la Bérésina. Les pontonniers, sous les ordres du général Eblé, avaient fait un travail au-dessus de tout éloge, malgré les glaçons qui encombraient la rivière. L'un des ponts devait servir à l'infanterie, l'autre à l'artillerie et à la cavalerie. Le jour où nous allions traverser sur la rive droite, l'Empereur vint à nous, et s'adressant vivement au colonel : « De quelle force est votre régiment, demanda-t-il? » Le colonel, surpris par une demande si brusque, ne répondit pas sur-le-champ. Je vis dans le geste de l'Empereur l'impatience, et dans son regard l'irritation. Se tournant rapidement vers moi qui n'étais qu'à quelques pas du colonel, il m'adressa la même question. Je répondis sans préambule : « Sire, tant de soldats, tant d'officiers. » Il ne répondit pas et passa outre.

Napoléon n'était plus le grand Empereur que j'avais vu aux Tuileries ; il avait l'air fatigué et inquiet. Il me semble encore le voir avec sa fameuse redingote grise. Il nous quitta au galop, parcourut tout le 2ᵉ corps d'Oudinot. Je le suivais des yeux quand je le vis s'arrêter devant le 1ᵉʳ régiment suisse qui se trouvait dans notre brigade. Mon ami, le capitaine Rey, fut à même de le contempler tout à son aise. Comme moi, il fut frappé de l'inquiétude de son regard. En descendant de cheval, il s'était appuyé contre des poutres et des planches, qui devaient servir à la construction du pont. Il baissait la tête, pour la relever ensuite d'un air de préoccupation et d'impatience; et, s'adressant au général du génie Eblé :

« C'est bien long, général ! c'est bien long ! »

— « Sire, vous le voyez, mes hommes sont dans l'eau jusqu'au cou, les glaçons interrompent leur travail; je n'ai point de vivres et d'eau-de-vie pour les réchauffer. »

— « Assez! assez ! » répondit l'Empereur; il se mit de nouveau à regarder la terre.

Peu de moments après, il recommença ses plaintes, et paraissait avoir oublié les observations du général. De temps à autre, il prenait sa longue-vue. Connaissant les mouvements de l'armée russe, qui arrivait à marches forcées des bords du Dniéper, il craignait d'être coupé et à la merci de l'ennemi, qui voulait nous envelopper de trois côtés à la fois, avant que les ponts fussent achevés. Je ne sais si je me trompe, mais je crois que ce moment fut un des plus cruels de sa vie. Sa figure ne trahissait cependant pas d'émotion; on n'y reconnaissait que de l'impatience.

Nous passâmes sur la droite de la Bérésina. Le pont me parut peu solide. Nous le traversâmes avec les vaillants cuirassiers de Doumerc et les Suisses des trois autres régiments, en tout huit mille hommes d'élite. C'était le 27 novembre au soir. En débouchant sur la rive droite, nous rencontrâmes quelques voltigeurs d'avant-garde russe qui furent délogés dans la soirée. Nous nous installâmes, pour passer la nuit du 27 au 28, dans un bois, à portée de canon du pont que nous venions de traverser.

Pour plusieurs de mes concitoyens qui ne connaissent pas l'*agrément* d'un bivouac, il sera peut-être intéressant de leur en faire connaître certains détails. Lorsque l'ennemi est éloigné, un bivouac se supporte assez gaiement; la troupe allume de grands feux, prépare son ordinaire, et la nuit se passe sans trop de souffrances. Mais, quand l'ennemi est proche, il est expressément défendu d'attirer son attention. La forêt que nous occupions était de haute futaie, les arbres assez épais, la terre et les sapins couverts de neige. Comme nous n'avions presque rien mangé pendant la journée, le bivouac était fort peu récréatif, surtout à cause du voisinage des Russes. La nuit venue, chaque soldat prit son sac en guise d'oreiller, et la neige pour matelas, avec son fusil sous la main. Un vent glacial soufflait avec force, nos hommes se rapprochaient les uns des autres, pour se réchauffer mutuellement. Les sapins les plus gros avaient retenu la neige, et, sous cette espèce d'ombrage, nous souffrions moins. Nos vedettes étaient à leur poste, et les officiers, la plupart appuyés contre un arbre, redoutant une surprise, ne fermèrent pas l'œil de la nuit. Nos réflexions étaient loin d'être couleur de rose; la faim et la soif nous talonnaient, et nous sentions que, le jour venu, nous aurions de rudes combats à soutenir, mais ce n'était pas là ce qui nous inquiétait; au contraire, nos hommes n'attendaient que le moment et l'heure d'en venir aux mains.

La nuit se passa assez tristement, avec un froid intense; et, à peine l'aube commençait-elle à paraître, que nous aperçûmes à travers les clairières de la forêt, de nombreuses colonnes russes, qui, dès la veille, avaient, sans doute, reçu l'ordre de nous attaquer et de nous rejeter dans la Bérésina.

Nous ne les fîmes pas attendre longtemps, et la journée du 28 novembre sera à jamais mémorable pour la gloire des Suisses. Notre commandant Vonderweid, de Seedorf, après une première charge fort heureuse, continuait l'attaque avec vigueur, lorsque j'ordonnai à mon adjudant, le sous-officier Barbey, d'aller chercher des cartouches. Il m'obéissait lorsqu'il fut frappé d'un coup mortel. Je donnai le même ordre à un nommé Scherzenecker, qui reçut aussi un coup de feu au bras droit. J'allais envoyer un troisième sous-officier, lorsque je m'aperçus que les Russes, protégés par leurs nombreux tirailleurs, s'avançaient toujours plus.

Notre régiment comptait à peine huit cents hommes, mais bien équipés et comprenant l'importance de la position qui nous avait été confiée. Nous entendions un bruit formidable d'artillerie et des hourras; c'était l'armée russe, qui, connaissant le passage de notre corps d'armée, s'avançait toujours plus nombreuse, pour nous le disputer.

Dans la position où nous nous trouvions, sur la lisière d'une forêt, à une portée de canon du pont, notre vue ne s'étendait pas fort loin. Le 1er et le 4e régiments suisses devaient être sur notre droite, presque en face du pont. Il nous était difficile, du reste, d'apprécier l'ensemble des mouvements de l'armée. Dans des moments pareils, chacun sent l'importance d'être à son poste, et, comme il s'agissait d'empêcher les Russes de s'approcher, il fallait une défense héroïque, rien de plus, rien de moins !

Le 28, nous ne restâmes pas un instant dans l'inaction. Des nuées de Russes dirigeaient un feu tellement nourri sur notre régiment, que nous avions perdu, après une heure de combat, passablement de terrain. J'étais devenu le bras droit du colonel, qui ne pouvait suffire à tout; aussi, quand je vis que notre régiment cédait lentement du terrain par la fusillade, je fis ce que j'avais fait à Polotsk, d'après l'ordre qui m'était donné; je fis battre la charge et attaquer les Russes à la baïonnette.

Cette seconde attaque fit rebrousser les Russes de plusieurs centaines de pas. Nous les forçâmes d'abandonner la forêt et de repasser la grande route; mais, comme ils étaient beaucoup plus nombreux que nous, ils recommençaient la fusillade. Nous échangions bien quelques coups de feu, mais, au bout de vingt minutes, ils reprenaient leurs premiers avantages, et cherchaient à nous jeter dans la Bérésina. Alors je faisais de nouveau battre la charge, et nos baïonnettes les repoussaient bien en arrière. Sept fois de suite nous couvrîmes le terrain de leurs morts et de leurs blessés. Malgré ces avantages partiels, j'étais vivement inquiet sur le sort de notre drapeau : à deux reprises, les officiers qui le portaient avaient été mis hors de combat; je le remis alors à un officier, pour qu'il fût à l'abri au quartier général.

Bien que nos hommes fussent exténués de fatigue, qu'ils n'eussent rien mangé de toute la journée, pas un d'eux ne proférait une plainte, et ils attaquaient à la baïonnette toujours avec la même vigueur.

Je me souviens que ces combats étaient tellement corps à corps, qu'un soldat russe, croisant la baïonnette sur ma poitrine, je parai l'attaque et ripostai par un coup de sabre; mais avant d'arriver à la Bérésina, la pointe de mon sabre s'était brisée; je fus alors obligé de m'approcher davantage pour sabrer mon adversaire et le terrasser.

Nous allions tenter une huitième attaque, les Russes devenant toujours plus nombreux, lorsque j'eus le malheur d'être blessé au bras. Je continuai à combattre malgré la douleur que j'éprouvais, lorsque les Russes se rapprochant encore, je fus atteint d'une seconde balle, qui me brisa la jambe au-dessous du genou.

Je n'avais plus de cheval, il avait été tué à Polotsk! Le colonel Vonderweid, me voyant hors de combat, s'approcha de moi, et, mettant ses mains sur ses yeux, en signe de désespoir, je crois le voir encore : « Mon brave Bégos, s'écria-t-il, prenez mon cheval! » Je n'oublierai jamais cette preuve de dévouement et d'affection de mon digne colonel, car Dieu sait ce qui l'attendait plus tard.

Notre régiment ne fut pas le seul qui combattit avec valeur. Le 1er régiment suisse, qui se trouvait à peu de distance, montrait la même intrépidité. Mon excellent et digne ami, le capitaine Rey, se voyant aussi pressé par les Russes, fit battre la charge pour l'attaque à la baïonnette; tous ses tambours furent mis hors de combat; alors, prenant la caisse de l'un d'eux, il battit seul la charge à coups redoublés. Noble exemple de courage que j'aime à retracer dans ces lignes!

Une fois blessé, accompagné de mon fidèle domestique Dupuis, perdant mon sang par ma dernière blessure, il me restait encore de mauvais moments à passer avant d'être à l'abri des projectiles de l'ennemi. En quittant le bois, je jetai un dernier regard sur mes vaillants camarades. Plusieurs d'entre eux étaient Vaudois comme moi. J'en avais vu tomber un si grand nombre sous les balles russes, que je me disais en moi-même : les reverrai-je encore!

J'atteignis sans encombre la grande route : mais, arrivé là, je crus que ma dernière heure était venue. La route était labourée de boulets russes; il en pleuvait de tous côtés, et je les voyais rouler dans toutes les directions. Mon brave domestique Dupuis me suivait toujours, tenant la bride de mon cheval et répétant sans cesse : « Mais aussi, capitaine, vous êtes toujours le même enragé. »

La canonnade ne cessait pas. Dans le bois, d'énormes arbres tombaient avec fracas. Joignez à cela le cri des blessés, la terreur des valides, qui voyaient les boulets frapper leurs voisins, et qui étaient eux-mêmes mortellement atteints au moment où ils croyaient avoir échappé au danger du passage. Il faut avoir vu cet horrible spectacle pour s'en faire une idée!

J'arrivai ainsi à l'ambulance, où je fus pansé par notre chirurgien en chef David, qui, après m'avoir rassuré, me dit en riant : « Tiens, voilà qui est fait, tu pourras encore planter tes choux! » Sa prédiction s'est accomplie.

Cela fait, je remontai à cheval, accompagné de mon brave Dupuis. Muni de quelques vivres, je pus arriver le soir même au quartier général qui se trouvait à Minski, éloigné de trois lieues et demie de l'endroit où j'avais été blessé.

(*Souvenirs des campagnes* du lieutenant-colonel Louis Bégos, ancien capitaine adjudant-major au 2e régiment suisse au service de France, Lausanne, A. Delafontaine, 1859, in-18, 191 pp.)

Le général Corbineau, qui désirait ardemment de partager les grands dangers du 2e corps, obtint de Wrede, qui venait d'être renforcé en infanterie et cavalerie, la permission de le quitter avec sa brigade forte encore de 1,500 hommes. Nous traversâmes un pays inconnu pour nous, mais rempli de troupes ennemies, pour franchir un intervalle de douze journées de chemin qui nous séparaient du 2e corps. Oudinot, guéri de sa blessure, en avait repris le commandement; il manœuvrait entre le Dniéper et la Bérésina, toujours opposé à Wittgenstein. Quand nous arrivâmes sur les bords de cette dernière, nous entendîmes vers la ville de Borisoff, une forte canonnade, les ennemis attaquaient la tête du pont occupé par les nôtres. Ces troupes revenaient alors de la Turquie (les Russes ayant fait la paix avec cette puissance); elles écrasèrent ce jour-là, 4,000 Polonais qui, sous les ordres de Dombrowski, défendaient cette tête de pont, et s'en emparèrent. Nous apprîmes ce fâcheux événement par les fuyards qui nous rejoignirent. La situation de la grande armée, du 2e et du 9e corps devint, dès lors, des plus périlleuses. Ils avaient en tête, le général Sthenel, commandant 40,000 hommes, posté sur la Bérésina; sur leurs flancs, Wittgenstein, et sur leurs derrières Kutusoff et les troupes de Moscou.

Nous devions passer par Borisoff, quand nous apprîmes que les Russes l'occupaient. Cette nouvelle ne détourna pas le général Corbineau du projet de se réunir au 2e corps, et de vaincre ou périr avec nos braves compagnons d'armes. Des paysans nous indiquèrent un endroit où nous pouvions passer la rivière à gué, nous marchâmes sur-le-champ vers ce lieu détourné, dans la nuit du 18 au 19 novembre, nous passâmes très près d'un corps russe qui était au bivouac et dont les feux éclairaient notre marche silencieuse. La Bérésina est presque partout encaissée dans un lit profond et a les bords escarpés; elle coule au travers de forêts épaisses ou d'un terrain marécageux, mais son lit se trouve plus large et peu profond au lieu qui nous fut indiqué. Nous traversâmes la rivière avant le retour de l'aurore, et ce fut, à mon avis, la découverte de ce gué qui fit le salut de tous ceux qui ont échappé aux désastres de Moscou. Nous rejoignîmes bientôt le 2e corps; notre arrivée surprit étonnamment le maréchal; il en éprouva une vive joie, parce qu'il recevait un renfort précieux. « D'où sortez-vous, mon cher général? dit-il à Corbineau, en l'embrassant : avez-vous des ailes pour pénétrer jusqu'à nous, au travers de tant d'ennemis qui vous barraient le chemin? » Corbineau lui rendit compte de sa marche. Elle lui valut le grade de général divisionnaire, et le titre d'aide de camp de l'Empereur.

Les Russes ajoutèrent, sur la rive droite de la rivière, de nouveaux retranchements à ceux qui existaient sur ce point formidable; ils y laissèrent, ainsi que dans la ville de Borisoff, une partie de leurs troupes, et s'avancèrent au-devant de nous, à quelques lieues de la ville, située, par rapport à la France, de l'autre côté de la Bérésina; les ouvrages fortifiés étaient de ce côté-ci, et le pont entre eux.

Le 2ᵉ corps marchait sur Borisoff, la neige tombait à gros flocons, la brigade Corbineau formait l'avant-garde, avec une division de cuirassiers et de lanciers de la Vistule. Enfoncer l'ennemi dès qu'il osa se présenter, fut pour nous l'ouvrage de quelques heures. Jamais je n'ai vu d'action plus prompte, et l'ennemi plus empressé de se soustraire à nos coups : le 8ᵉ lanciers polonais et le 4ᵉ cuirassiers français y firent des charges brillantes. Un capitaine du 8ᵉ lanciers était tombé percé d'une balle : il était chéri de ses soldats. Ils relevèrent son corps inanimé et poussèrent des hurlements de douleur : mais bientôt la fureur s'en empare, ils serrent les rangs, s'élancent comme des lions sur le bataillon russe duquel était parti le coup meurtrier, ils l'enfoncent, le taillent en pièces et l'immolent tout entier à la vengeance. Nous entrâmes vainqueurs dans Borisoff; ce succès nous offrait peu d'avantages, parce que l'ennemi restait maître de la tête du pont qui était sur la rive droite de la Bérésina, où il nous coupait toute espèce de communication. C'est là qu'il nous attendait fièrement et nous préparait des tombeaux, ne croyant pas qu'il nous fût possible de passer ailleurs.

(Drujon de Beaulieu, *Souvenirs d'un militaire pendant quelques années du règne de Napoléon Bonaparte*, Belley, J.-B. Verpillon, 1831, in-8º, 90 pp.)

Le 1er novembre, le 2e corps et le 9e que commandait le maréchal duc de Bellune, firent leur jonction à Lépel, petite ville de la Lithuanie.

Quelque temps après, nous apprîmes, nous, déjà écrasés sous le poids de tant de malheurs, la terrible nouvelle que le corps autrichien qui avait mission de couvrir et défendre la ville de Minski et les immenses magasins sur lesquels l'armée fondait ses plus chères espérances de ravitaillement, avait abandonné ville et magasins, c'est-à-dire les avait livrés aux Russes nouvellement arrivés de la Moldavie par suite de la fatale paix de Jassy. Nous apprîmes ensuite que le corps commandé par l'amiral Tchitchakoff et fort de 30,000 hommes, après avoir pillé et brûlé nos magasins, s'était porté sur la ville de Borisoff et en avait expulsé la division polonaise du général Dombrowski; enfin que la division russe du général Lambert était sur la rive gauche de la Bérésina, tandis que l'amiral, avec son corps, était en position sur les hauteurs de la rive droite afin de nous intercepter le passage de cette rivière. Dans ces circonstances critiques, l'Empereur ordonna au maréchal Oudinot qui, guéri de ses blessures, avait rejoint l'armée et repris le commandement du 2e corps, de tomber tête baissée sur la division Lambert, de la culbuter, de s'emparer de la ville et du pont et d'assurer ainsi la retraite de l'armée.

C'était le 22.

Nous nous mîmes aussitôt en marche. Le surlendemain nous recueillîmes la division polonaise que les Russes poussaient sur nous et tombâmes avec fureur sur l'ennemi. Surpris de rencontrer tant d'audace et de vigueur chez des gens qu'il croyait tous mourants de de faim, de misère et de froid, il fit précipitamment sa retraite sur Borisoff, abandonnant à notre avant-garde une grande quantité de voitures chargées de vivres, ce qui, vu la pénurie dont nous souffrions sur une route déjà dévastée, fut une véritable bonne fortune pour nous et pour tout notre corps d'armée. Le régiment (24ᵉ chasseurs à cheval), après avoir sabré quelques escadrons de dragons avec l'aide de la batterie légère qui suivait nos rapides mouvements, tomba sur le régiment de chasseurs à pied de Finlande, qui défendait les approches de la ville, l'enveloppa et, sans essuyer de grandes pertes, le fit presque tout entier prisonnier. Je regrette de n'avoir pas conservé dans ma mémoire le nom de l'intrépide commandant de la batterie du 4ᵉ d'artillerie à cheval qui, malgré sa jambe de bois, sabrait avec nous, tandis que ses artilleurs mitraillaient une colonne ennemie qui, sur notre droite, se réfugiait dans la ville.

Maîtres des premières maisons, une partie de nos chasseurs ayant mis pied à terre s'y établit en attendant l'arrivée de notre infanterie légère. Le hasard me fit tomber sur la maison où se trouvait la voiture tout attelée et abandonnée du général russe. Je permis à mes cavaliers de la piller, ne me réservant qu'une partie des provisions de bouche consistant en biscuits, viandes salées, thé, rhum et autres friandises que je partageai avec les officiers de l'escadron au bivouac du soir.

Malheureusement l'infanterie russe, protégée par les maisons dont il sortait sans cesse une fusillade bien nourrie, nous arrêtait, et elle eut le temps de préparer la destruction du pont avant d'être forcée d'abandonner la ville. L'ennemi put donc à son aise nous contenir, repasser la rivière, en brûler le pont, tout en envoyant sur les maisons que nous occupions force obus afin de nous en déloger par l'incendie. Le 11ᵉ régiment d'infanterie légère vint enfin nous remplacer et nous établîmes nos bivouacs en arrière et à cheval sur la grande route.

L'Empereur, arrivé avant la nuit du 25, s'arrêta à quelques pas de nous sans mettre pied à terre, braqua sa lunette sur le camp ennemi dont on distinguait sur les hauteurs les différentes armes à l'œil nu, et peu d'instants après, des aides de camp portaient de nouveaux ordres aux différentes divisions.

La première brigade de cuirassiers, qui avait établi son camp derrière nous, monta à cheval et prit la route qui suit, en aval, le cours de la Bérésina. Quelques bataillons suivis de quantité d'équipages militaires marchèrent dans la même direction. Nous sûmes le lendemain que la marche de ces troupes avait donné le change à l'amiral russe qui crut que l'Empereur tenterait le passage en aval de Borisoff, tandis que nous devions réellement l'effectuer en amont. Cette fausse démonstration devait sauver l'armée.

La nuit close, nous quittâmes silencieusement nos bivouacs, remontâmes la rive gauche et arrivâmes au point du jour au village de Studienka. Depuis trois jours, la température s'était un peu adoucie, mais pendant cette dernière nuit, le froid avait repris toute son intensité. A notre arrivée à Studienka nous grelottions tous sous la rigueur d'une température glaciale, mais il était défendu d'allumer des feux. L'infanterie et l'artillerie arrivèrent dans la matinée. On s'occupa sans retard de la démolition des maisons les mieux conservées pour se procurer les matériaux nécessaires à la construction d'un pont. Les marins de la garde et les pontonniers se mirent à l'œuvre. On nous permit alors les feux. Au grand jour, nous aperçûmes sur la rive opposée les colonnes russes en marche sur Borisoff. L'amiral, trompé par la démonstration de la veille, concentrait ses troupes au-dessous de cette ville, ce qui nous expliqua la bienheureuse évacuation du terrain vis-à-vis duquel nos pontonniers travaillaient sans opposition aucune.

Nous étions massés dans un pli de terrain entre la berge de la rivière et le village, et en vue de l'ennemi qui n'en continuait pas moins sa marche. Telle est la force de la discipline qu'aucun chef ne crut pouvoir désobéir — heureusement pour nous — aux ordres de l'amiral. Nous nous disions entre nous : il faut bien croire que ces imbéciles ne se soucient pas des avantages de leur position.

L'Empereur passa près de nous pour se porter sur une petite éminence qui, de ce côté, dominait le cours de la rivière. Tous nos regards étaient fixés sur lui. Dans des circonstances aussi critiques, nous ne cessions d'avoir foi en son génie; pas un soupir, pas un murmure ne partit de nos rangs. Sa reconnaissance finie, Napoléon repassa près de nous : il nous parut plus satisfait, il causait et gesticulait vivement avec ses généraux. Nous ne pouvions pas l'entendre, mais nous comprenions qu'il se félicitait d'avoir induit l'amiral en erreur.

Peu après une double batterie s'établit sur le mamelon que l'Empereur venait de quitter : il nous fut permis alors de nous y porter afin de voir défiler l'ennemi dont l'arrière-garde se retournait souvent pour épier nos opérations; mais la discipline moscovite servit l'Empereur à souhait.

Le pont, achevé dans l'après-midi du 26 novembre — sauf erreur d'un jour — l'ordre nous fut donné d'effectuer le passage. Il serait impossible de se faire une idée de l'enthousiasme qui nous animait. Tous, nous avions le sentiment de l'importante mission qui nous était confiée. Il s'agissait de sauver l'armée, et l'Empereur était là ! ne fallait-il pas le sauver aussi, lui ? L'histoire dira que le 2ᵉ corps a bien mérité de la France dans ces trois mémorables journées. Le 9ᵉ corps, resté sur la rive gauche à la défense des ponts, mérita, par son généreux dévouement, la palme du martyre. Repos aux cendres des généreux soldats qui y périrent, et gloire aux braves qui eurent le bonheur d'échapper au plus grand désastre de cette terrible campagne.

Les débris du 7ᵉ lanciers polonais, qui connaissait les lieux mieux que nous, passèrent les premiers, et, comme l'Empereur désirait qu'on lui amenât des prisonniers pour les interroger, nos braves alliés se lancèrent sur les traces des cosaques et en saisirent deux, qu'ils amenèrent au quartier général. A notre tour de jour, nous suivîmes la cavalerie polonaise. Le 23ᵉ passa ensuite. Le pont n'offrant pas une grande solidité, il fallut le franchir à pied, et, par précaution, conserver une certaine distance entre un cheval et l'autre, ce qui retarda le passage de la brigade. Une fois sur la rive droite, nous montions à cheval à volonté, et, une fois réuni, chaque escadron se portait en avant, sur la route de

Borizow à Wilna, qui n'était pas éloignée. La première brigade et la division de cuirassiers nous rejoignirent dans la nuit. Les grand'gardes placées, et la nuit survenue, nous établîmes nos bivouacs dans le grand bois. Le reste du 2ᵉ corps, réduit alors à 12,000 hommes environ, campa dans la petite plaine, aux alentours d'un hameau. Le chaume des maisons servit de nourriture à nos pauvres chevaux.

Les chasseurs de la compagnie, après avoir pourvu de leur mieux aux besoins de leurs chevaux, allumèrent un grand feu autour duquel nous nous chauffions. Chaque cavalier portait à la communauté son contingent de vivres pris l'avant-veille sur l'ennemi, et les cuisiniers s'occupèrent de la soupe. Un malheureux blessé s'approche alors timidement de notre cercle. Mais un chasseur lui dit brutalement : « Camarade, si vous voulez vous chauffer, allez chercher du bois. » Indigné, je me lève, je fais asseoir le blessé à la place que j'occupais, en disant au chasseur : « Vous êtes lâchement brutal ce soir, vous, d'ordinaire si brave et si bon. » Honteux de sa conduite, il quitte le cercle, les larmes aux yeux. Je ne le rappelai pas. Le chasseur Maurin était cependant un bon camarade, mais dans ces circonstances extraordinaires, placé sous l'influence d'une misère affreuse, il céda momentanément à un mouvement égoïste qu'il est facile à comprendre. Le pauvre Maurin avait, d'ailleurs, perdu son frère, officier de la 7ᵉ compagnie, qui périt dans la charge en avant de Borizow, et son caractère avait pu en être aigri.

Je reviens à notre malheureux hôte, qui avait reçu, comme je l'ai dit, une blessure à la tête. Une fois assis à ma place, il sortit d'un petit sac de cuir un lambeau de chair de cheval qu'il présenta à l'action du feu, après l'avoir embrochée avec son épée. Tout cela se fit sans qu'il prononçât une parole ou détournât ses regards du foyer. En le considérant avec attention, je remarquai les graines d'épinards de la dragonne attachée à la garde de l'arme qui faisait le service de broche. Cette circonstance me fit reconnaître un officier supérieur dans ce malheureux, enveloppé dans une petite pelisse de paysan moscovite, en partie grillée par les feux des bivouacs. De son uniforme on ne voyait qu'un collet crasseux, rabattu, d'une couleur douteuse. Il avait pour coiffure un bonnet d'astrakan gris, autour duquel était roulé un mouchoir jadis blanc. Je lui dis, sans hésiter : « Vous êtes blessé, commandant ? — Oui, camarade, me répondit-il avec un accent italien et en jetant sur moi des yeux inquiets. — Sans indiscrétion, commandant, à quel corps appartenez-vous ? — Je suis colonel de l'un des régiments de la garde royale italienne. « Colonel ! Italien ! m'écriai-je en l'approchant davantage, c'est un Piémontais qui est assez heureux de vous offrir ses faibles services. » Et, appelant mon chasseur, je lui fis donner un biscuit, du rhum et quelques morceaux de sucre, toutes dépouilles tirées de la voiture du général russe. Ce brave homme, stupéfait de nos offres dans ce moment de pénurie générale, accepta tout, les larmes aux yeux ; il but quelques gouttes de la précieuse liqueur et me dit d'une voix émue : « *Caro, voi siete oggi la mia providenzia ; questo liquore mi ristora e mi rende le forze perdute; quanto ve ne sono grato! grazie, grazie, mio buono amico.* » Je repris, dans la même langue : « *Signor colonello, lasci per ora quella carne; intanto che la minestra cuoce, mangi un poco di biscotto.* »

Quand la mauvaise soupe au lard, prise aussi sur les Russes, fut prête, nos chasseurs lui en trempèrent une assiette avec quelques fragments de biscuit et la lui présentèrent, avec un morceau de lard, et tous s'empressèrent auprès de lui et garnirent du peu qu'ils possédaient le sac de cuir du respectable blessé, lequel ne savait comment remercier ces braves cœurs. Après son repas, il s'endormit sur place ; je mis quelques brins de paille sous sa tête et quelques branches de sapin que mes chasseurs arrangèrent au-dessus, lui tinrent lieu d'abri, car il neigeait fort. Au point du jour, nous montâmes à cheval et laissâmes notre hôte endormi. Notre hospitalité ne put aller plus loin. Que sera devenu l'infortuné colonel? Le peu de nourriture que nous mîmes dans son sac ne sera-t-il pas devenu la proie de quelques affamés? Il est bien douteux, en tout cas, qu'il ait pu supporter l'immense misère qui accabla l'armée jusqu'à Wilna. J'ai bien regretté, par la suite, de n'avoir pas eu là présence d'esprit de lui demander son nom, afin de le consigner ici.

Comme nous marchions à la rencontre de l'ennemi qui, ravisé, revenait sur ses pas de la veille, M. Delibes, adjudant sous-officier du régiment, m'accosta et me dit confidentiellement : « L'Empereur a accordé, hier soir, une partie des demandes que le colonel m'avait chargé de rédiger pour le remplacement des officiers tués ou prisonniers. Vous y figuriez pour le grade de sous-lieutenant, et, à défaut, pour la décoration; mais cette fois encore, vous jouez de malheur, car le colonel m'a dit cette nuit : « Calosso n'aura encore rien. Ses cocan-
« didats plus âgés et plus anciens de service lui ont été
« préférés. »

Je remerciai mon ami Delibes de sa confidence et sus bon gré à mon colonel de ne m'avoir pas oublié. Mais, en même temps, je trouvai juste que, puisque l'Empereur n'avait pas accordé toutes les demandes, l'âge et l'ancienneté de service, — à mérite égal, — eussent la préférence. C'était, ma foi, bien le moment d'avoir de l'ambition ! Delibes fut tué ce jour-là même.

Vers neuf heures, le feu de nos avant-postes nous annonça de nouveaux combats. Au cri de : *vive l'Empereur !* nous prîmes nos positions, et malgré la grande supériorité numérique de l'ennemi, nous comptions sur la victoire. Le sort de l'armée en dépendait. Nous savions que, pendant la nuit, notre pont avait cédé, mais avait été réparé sur-le-champ. Nous savions encore qu'un second pont, plus solide, était en construction pour le passage de l'artillerie et des bagages. La retraite était donc assurée si nous pouvions, pendant deux jours, tenir tête aux troupes de l'amiral Tchichakoff. C'est ainsi que nous avons contenu des forces triples des nôtres qui, sur un champ de bataille très circonscrit, se relevaient pour nous accabler. Pendant ces deux jours, nous fîmes environ deux mille prisonniers qui périrent presque tous de faim les jours suivants sur la route de Wilna. Il ne restait plus que quatre officiers faisant le service au régiment, réduit à un faible escadron. Nous nous disions entre nous survivants : « L'Empereur doit être content de nous. »

(*Mémoires d'un vieux soldat.*)

PRISE DU PORT DE BORISOW

C'est vers le 20 novembre que nous pûmes être d'un secours réel à l'Empereur, qui arrivait, avec son armée, à la Bérézina. Nous cherchâmes donc à gagner Borisoff et Studzïanka, que nous occupâmes dans la nuit du 21 au 22 novembre, sans que le corps d'armée, que nous laissions devant et derrière nous, pût d'abord s'y opposer. Il faisait un froid anéantissant. Dieu et ceux qui en sont revenus peuvent seuls se figurer ce que nous avons souffert dans d'aussi cruels moments. Pendant que nous quittions ainsi notre ligne d'opération pour arriver au secours de la grande armée, les Prussiens, qui étaient sur notre gauche, devant Dunabourg et Riga, nous trahissaient, et le corps d'armée autrichien d'Ukraine en faisait autant, mais avec plus de formes et de meilleurs procédés.

Arrivés à la Bérésina et suivis ou entourés par les armées russes, ayant cette rivière encaissée et profonde à traverser, laquelle n'était pas suffisamment gelée pour qu'on osât passer sur la glace, nous voyions à l'autre bord une autre armée de 40,000 Russes, commandée par le maréchal Tchitchakoff, qui venait, avec elle, de Moldavie. Lui et ses troupes ne manquaient de rien, et nous étions infailliblement perdus si ce général avait eu le sens commun, ou si, à ce que d'autres prétendent, la réputation de l'empereur Napoléon ne lui en ait pas tellement imposé, qu'afin de mieux combiner son plan, il perdit du temps, que nous mîmes à profit, et, ainsi, l'Empereur et une partie de nous échappâmes. Quant à moi, qui écris l'histoire de ce qui m'est advenu, j'eus un autre sort, et voici lequel : Les bords de la Bérézina étant marécageux — et semblable terrain gelant rarement — cela fit mon coup bon ; toute la journée du 28 novembre, j'avais fait l'arrière-garde. J'avais sous mon commandement environ cinq cents chevaux ; j'en avais peut-être dix mille devant moi ; mais, à cause des accidents du terrain, les Russes ne purent se déployer, et se trouvèrent dans la fâcheuse nécessité, pour eux, de se tenir sur un chemin boisé, en colonnes par peloton. cela seulement leur évitait de périr dans les fondrières ; j'entends par chemin boisé, une route recouverte d'arbres placés les uns à côté des autres et faisant planches. C'est ainsi que sont pavées presque toutes les routes de la Russie. Les Russes que j'avais devant moi ne me gênaient pas, puisque avec un peloton de douze à seize files je pouvais les contenir et leur barrer le passage. Jusque-là, ils n'avaient pas encore de canon avec eux et je ne craignais pas leur charge, tant que je ne me trouvais pas dans le besoin de battre en retraite. Mais du moment où je fus obligé de rétrograder et de perdre ainsi du terrain, alors j'éprouvai des pertes sensibles ; généralement, les Russes sont terribles du moment qu'on lâche pied ; ils vous tombent dessus comme des enragés. Lorsque j'eus acquis la certitude que mon régiment avait passé la Bérézina et que nos six pièces de canon étaient sauvées, alors, je fis engager le brave colonel Lubienski à se retirer avec le peu de monde qu'il avait avec lui pour me soutenir. Il voulait m'attendre; je le fis dissuader; cela ne pouvait mener à rien de bon, d'autant plus qu'il avait auprès de lui le porte-étendard avec l'aigle du régiment. Il s'en alla et passa la rivière à un gué que nos lanciers avaient découvert, ayant dû préalablement casser la glace avec le talon de leur lance. Alors, rien ne m'empêchant plus de suivre mon mouvement rétrograde, je voulus précipitamment opérer ma retraite; j'y fus même contraint, car il arriva des chasseurs russes qui se mirent en devoir de franchir le terrain marécageux et de me prendre à dos. J'avais encore environ trois cents chevaux, je fis plusieurs charges pour couvrir ma retraite, mais à chaque attaque, je perdais considérablement de monde; mes chevaux étaient mal ou pas du tout ferrés, beaucoup de cavaliers tombaient et ne se relevaient que pour recevoir la mort. Enfin, tout proche du village de Weselow, derrière lequel se trouvait le gué, le lieutenant Stempnowski, accablé par l'ennemi, tomba sous ses coups. C'était un brave garçon, auquel j'étais attaché; aussi je n'hésitai pas à voler à son secours; mais il ne pût se relever; il avait au moins trente coups de sabre et de lance. Je dus l'abandonner; la plupart de mes soldats eurent son sort. Je repris la route du village, mon cheval y reçut un coup de feu à travers le corps; il tomba, mais il se releva aussitôt. Nous étions dans ce moment pêle-mêle avec l'ennemi et trop près les uns des autres pour pouvoir nous faire grand mal, ce qui n'empêcha pas un lancier, qui me suivait, de m'appliquer un coup de lance qui me traversa le haut du bras gauche. C'est ainsi que dans une mêlée complète, nous arrivâmes à l'extrémité du village; mais là, où je n'avais plus qu'un pas à faire pour gagner la rivière, quel fut mon désappointement de voir le passage fermé au moyen d'une barrière; étaient-ce les nôtres, les Russes, ou peut-être les habitants qui l'avaient fermé ? C'est ce que j'ignore. Le moyen de fermer cette barrière était bon, mais, malheureusement, j'en fus victime, car en voulant franchir, mon cheval n'en eut plus la force, il s'y accrocha avec les pieds de devant et resta suspendu. Dans ce moment, un coup de lance dans les reins me dit qu'il était temps de songer à me défendre ; j'arrachai mon cheval de la maudite barrière, me retournai et appliquai un grand coup de sabre sur la figure d'un cavalier ennemi qui voulait m'empoigner, et reçus en échange d'un autre, un coup de lance au-dessus du cœur, qui me traversa le corps et sortit entre les épaules. De ce coup-là j'en eus assez, je tombai et perdis connaissance. Vingt ou trente lanciers qui me restaient encore partagèrent ma mauvaise fortune et furent tués ou pris avec moi. Sur ce point de la Bérézina, toutes les troupes françaises avaient passé ; malheureusement, il n'en était pas de même partout.

(Roland Warchot, capitaine au 8ᵉ chevau-légers polonais, *Notice biographique; sur le général-major Edouard de Mercx de Corbais.* Namur, typographie de A. Wesmaël-Legros, 1855, in-8°, 96 pp.)

Le 12 novembre, le 22ᵉ régiment lithuanien, qui formait la tête de colonne, fut battu à Svergin. Le 14, les restes de cette division furent enveloppés, pris, ou dispersés à Koydanow. Le 15, il fut décidé qu'on évacuerait Minsk ; mais Bronikowski ne fit aucune disposition de retraite, et ne donna aucun ordre, en sorte que les troupes de la garnison quittèrent la ville sans général et sans ordre, se dirigeant, la plupart, et machinalement, vers la grande armée, que nous savions alors être en retraite. Voyant ce désordre, je pris sur moi de rallier et d'organiser environ 1,500 hommes, qui avaient suivi la route de Borisow, et que je trouvai, à la nuit, bivouaqués au coin d'un bois, et en deux marches je me rendis à la Bérézina. Bronikowski, qui avait perdu la tête et qui s'était égaré avec ses équipages, ne nous rejoignit qu'à Borisow. Il voulait en repartir le lendemain, avec les troupes, abandonnant ainsi le pont de la Bérézina. Le général portugais Pamploua (une des victimes de don Miguel) et moi nous nous y opposâmes et le décidâmes à attendre le général Dombrowski et à avertir le maréchal Oudinot. Par une lenteur inconcevable de Tchitchakoff nous restâmes à Borisow quatre jours entiers sans être attaqués; si nous l'eussions été le 18, nous étions enlevés d'emblée, surtout n'étant pas soutenus par Oudinot, qui ne se souciait guère de nous ni du pont : il en résultait que Dombrowski aurait été enveloppé et pris. Ce dernier n'avait été averti de l'approche de Tchitchakoff qu'après la déroute de Koydanov; et il avait fait une marche sur Minsk, lorsqu'il apprit qu'on évacuait cette ville. Il lui fallut alors se jeter brusquement sur les bords de la Bérézina et remonter cette rivière pour gagner le pont de Borisow, dont il connaissait toute l'importance. Il n'arriva que dans la nuit du 20 au 21 et occupa, comme il le put, le camp retranché; aucun officier d'état-major n'ayant été envoyé pour marquer la position, il en résulta qu'il ne couvrait pas le pont. Le 21, un peu avant le jour, l'ennemi, arrivé en même temps que Dombrowski, nous attaqua brusquement. Un bataillon français, qui gardait le pont, fut culbuté, et les Russes en étaient déjà maîtres, lorsqu'un bataillon allemand, qui était près de là, et sous les armes, les en chassa. Le combat dura jusqu'à la nuit, entre Dombrowski, qui, avec la garnison de Minsk, avait environ 7,000 hommes, et Tchitchakoff, qui en avait 30,000. Je n'en rapporterai qu'une anecdote trop honorable à la valeur innée des Français, pour être passée sous silence.

Dombrowski, trop vivement pressé de front, ne parvint qu'assez tard à appuyer suffisamment sa gauche pour couvrir le pont. Avant ce moment l'ennemi établit, à cette même gauche et près de la rivière, une batterie qui prenait le pont en écharpe et menaçait de le rompre. Il fallait se hâter d'y remédier, et je me décidai à faire avancer une batterie de la réserve, qui était sur la hauteur, derrière le bourg, pour contrebattre l'ennemi. Un adjoint du commissaire des guerres Rosières, nommé Pardaillan, d'une famille bien connue, me demanda à m'accompagner comme aide de camp, n'ayant encore vu aucun combat de près. L'emplacement de la batterie fut bientôt trouvé, près d'une chapelle, à gauche du pont; mais il était tellement labouré par les boulets ennemis, que je ne savais pas moi-même si nous parviendrions à mettre les pièces en batterie. Tout en arrivant, un boulet tua un de mes chasseurs d'ordonnance, et un second frappa entre les jambes du cheval de Pardaillan, qui fut renversé par l'ébranlement. Je crus Pardaillan tué, mais il se releva aussi vite que son cheval et sauta lestement en selle. Quelques moments après, la batterie russe, assez maltraitée, ayant presque cessé son feu, je demandai à Pardaillan comment il trouvait les compliments d'usage dans les combats. Il me répondit : « N'est-ce que cela? je ne verrai plus de combat sans y prendre ma part. » J'ai revu, en 1814, ce brave et intéressant jeune homme, il avait perdu trois doigts de chaque main, par le froid, dans la retraite.

Un peu avant la nuit, la division Dombrowski, ayant

plus de 2,000 hommes hors de combat et se trouvant au moment de manquer de munitions, force fut de songer à la retraite. Elle se fit en bon ordre, et les valeureux Polonais repassèrent le pont en rangs serrés et soutenant les efforts réitérés de l'ennemi. Dombrowski prit position immédiatement derrière Borisow, sur les hauteurs de la rive gauche du ruisseau ; l'ennemi essaya, en vain, de l'en déposter, et la nuit mit fin au combat. Ainsi fut perdu le pont de la Bérézina, à Borisow, ce qui fut la cause des désastres que l'armée y éprouva cinq jours plus tard. Cependant le corps d'Oudinot était entre nous et Bobr, où arrivait la tête de la colonne ; une de ses divisions, celle du général Merle, était à Nacza, à trois lieues de nous ; on avait entendu le canon de Borisow toute la journée ; le maréchal Oudinot avait été averti, par le général Bronikowski, de l'attaque de Tchitchakoff, ainsi que ce dernier l'assura plusieurs fois au général Pamplona et à moi. Il pouvait donc détacher une division, qui serait arrivée à Borisow vers midi, au plus tard ; une seule brigade passant le pont suffisait pour nous maintenir en possession du camp retranché qui le couvrait. Le corps d'Oudinot occupant ainsi Borisow, ce passage important était conservé à l'armée et on épargnait la vie à près de 20,000 victimes.

Le combat de Borisow terminé, je m'acheminai vers Bobr, chargé par Dombrowski, mon ancien camarade et mon ami depuis l'Italie, de tâcher de lui faire arriver quelques renforts dans la nuit. L'ennemi, qui n'avait pu occuper Borisow que lorsque l'obscurité ne permettait plus de distinguer les objets, n'avait pu s'y établir militairement et d'une manière solide. Les Polonais étaient encore maîtres des moulins et de la chaussée étroite qui traverse le valon du ruisseau et par où l'on pouvait déboucher avec facilité sur le bourg. Une brusque attaque, faite un peu avant le jour, pouvait encore chasser les Russes au delà du pont et nous en remettre en possession. A une demi-lieue en deçà de Nacza, je rencontrai le parc du 2ᵉ corps, où j'arrivai sans apercevoir de sentinelles. Le 2ᵉ corps faisait face au Dnieper et à la grande armée arrivante, et tournait par conséquent le dos à l'ennemi, qui n'en était plus qu'à trois lieues. Le parc d'artillerie, campé en queue, se gardait en avant et était découvert de côté par lequel j'arrivai. La garde en était confiée à un régiment portugais ; je me hâtai de prévenir le chef de ce qui s'était passé et du danger qu'il courait d'être surpris, si, au point du jour, des partis de cosaques, débordant Dombrowski, se jetaient sur lui.

A Nacza, je vis le général Merle et je lui fis part de ce que m'avait dit Dombrowski. Il témoigna le plus grand étonnement d'un événement qui parut ne pas l'inquiéter beaucoup et qu'il aurait voulu même pouvoir révoquer en doute. Au reste, il dit n'avoir reçu aucun avis, n'avoir pas entendu le canon (de cent bouches à feu, à trois lieues, et pendant onze heures) et attendre les ordres du maréchal. J'avoue que s'il n'eût pas commandé des Français, j'aurais désiré voir arriver Tchitchakoff à l'instant même ; nous aurions eu une jolie débâcle. De Nacza, je me rendis à Bobr, où j'arrivai vers minuit. Je ne pus voir le maréchal, quoique je lui eusse fait annoncer ce qui s'était passé à Borisow et que j'eusse insisté pour lui rendre compte moi-même de la position de Dombrowski et de celle des Russes. A *neuf heures* du matin, on vint me dire que le maréchal m'attendait... Il était vraiment temps. Je ne pus contenir mon indignation et je répondis en envoyant faire f... le messager et son chef.

Ce que j'appris à Bobr de notre grande armée m'empêcha d'aller plus loin ; elle devait, d'ailleurs, arriver le lendemain. Elle arriva, en effet, mais dans quel état ?.. Je n'oublierai jamais l'impression que me firent les premiers régiments que je vis ; c'étaient des cuirassiers. Les cavaliers, pâles et défaits, marchaient péniblement pieds nus dans la boue ; car il y avait eu un moment de dégel. Une baguette à la main, ils chassaient devant eux leurs chevaux, chargés de leurs cuirasses et pouvant à peine soutenir cette faible charge...

(Général Guillaume de Vaudoncourt, *Quinze années d'un proscrit* Paris, Dufey, 1835, 4 vol. in-8°.)

Après l'arrivée de notre division à Borisow et la rupture de ce pont par les Russes, nous reçûmes subitement, et au milieu de la nuit, l'ordre de partir, avec l'injonction de faire marcher notre troupe dans le plus grand ordre et le plus profond silence, les rangs serrés, et sans permettre à personne de s'écarter sous aucun prétexte.

Arrivés au jour au petit village de Studianka, nous prîmes position sur une petite éminence qui dominait d'assez près la Bérézina. L'artillerie s'y établit avec nous, et l'on renouvela l'injonction de ne laisser personne s'éloigner.

Il y avait là des tas de planches autour de quelques maisons. Dans la matinée, le bruit circula que l'Empereur était auprès de la rivière, et, malgré la défense expresse de quitter notre troupe, vu que d'un moment à l'autre nous pouvions recevoir l'ordre d'opérer un mouvement, je ne pus résister à la curiosité de voir de près le grand homme, dans la conjoncture où nous nous trouvions.

Me faufilant le long des rangs, je gagnai le bas de la position, et, arrivé au bord de l'eau, je l'aperçus de fort près, adossé contre des chevalets qui se trouvaient sur la rive, les bras croisés dans sa capote, silencieux, n'ayant pas l'air de s'occuper de ce qui se passait autour de lui, fixant seulement de temps en temps ses regards sur les pontonniers, qu'il avait en face et à quelques pas de lui dans la rivière, parfois jusqu'au cou et parmi les glaçons, occupés à ajuster les chevalets, qu'ils paraissaient avoir beaucoup de peine à assujettir au fond, tandis que d'autres plaçaient des planches sur eux à mesure qu'ils étaient fixés. Les seules paroles que j'ai entendu sortir de la bouche de l'Empereur pendant un assez long espace de temps, étaient une allocution faite d'un ton d'humeur et d'impatience au chef chargé de la direction des travaux. Il lui faisait observer que cela allait trop lentement. Mais le premier lui répondit avec vivacité et assurance, en lui montrant la position de ses gens plongés depuis longtemps dans ces flots glacés, sans avoir quoi que ce fût pour se fortifier et se restaurer, position, en effet, horrible à voir. L'Empereur, sans rien répliquer, reprit sa première attitude, avec son air taciturne, pensif et soucieux.

Je rejoignis ma troupe, je passai encore un certain temps dans cette position, et nous reçûmes de nouveau plusieurs injonctions de tenir nos gens réunis et prêts à marcher. Tout d'un coup, un bruit s'éleva du côté de la rivière, et je vis un détachement s'engager sur le pont, aux cris de : « vive l'Empereur. »

Au même instant, le 26, à une heure après midi, nous reçûmes l'ordre du départ, et nous nous trouvâmes nous-mêmes, dans un moment, à l'entrée du pont, de ce frêle pont, où je revis Napoléon dans la position où je l'avais laissé, avec la même taciturnité, son même air pensif, et ne faisant pas la moindre attention à nous, quoique nous répétions tous, en arrivant près de lui, les mêmes vivats, dont il n'avait pas l'air de se soucier le moins du monde.

Nous parvînmes à la rive opposée, d'où les avant-postes ennemis avaient été délogés par quelques coups de fusil et s'étaient immédiatement repliés. Nous prîmes position et bivouaquâmes dans la neige jusqu'au lendemain.

Le matin venu, nous reçûmes l'ordre de nous porter en avant, sur la chaussée qui conduit à Borisow et qui traverse, sur ce point, une forêt. Les Russes ayant dès lors pu présumer que le passage s'effectuerait sur ce point, y avaient jeté des forces considérables de l'armée de Moldavie, et leur artillerie balayait tout ce qui se présentait sur la route. Nous fûmes obligés de nous jeter de côté dans la forêt, tandis que notre artillerie s'établit sur la route pour riposter à celle de l'ennemi. Ce fut là que s'engagea, pour toute la journée, le combat le plus acharné. Nous nous déployâmes alors, malgré toutes les difficultés que présentait l'état de la forêt, et, en poussant en avant, nous rencontrâmes bientôt l'ennemi.

Ici se passa un fait assez plaisant.

Des cosaques, poussant une reconnaissance jusqu'à nous, se trouvèrent tout à coup fort près d'un de nos jeunes sous-lieutenants, dont le nom m'échappe dans ce moment et qui était lancé en tirailleur. Un de ces cavaliers piqua des deux et fondit sur lui. Avant que nous eussions le temps de faire feu, il le prit par le collet de sa capote, pour l'entraîner, quand, au même instant, un second cosaque, voulant avoir part à cette capture, arriva aussi à toute bride et saisit le sous-lieutenant, mais de l'autre côté. Ce dernier se trouva donc à peu près suspendu entre les deux cavaliers. Mais, grâce à l'ampleur de ses manches, il put en sortir l'un de ses bras, après l'autre, et se dégager en se débattant, puis, tandis que ses deux antagonistes se disputaient son vêtement, il détala et vint se réunir à nous, qui avancions à son secours. Il en fut quitte pour la perte de sa capote, qui n'aurait pas laissé que d'être bien sensible, à cause de la rigueur du froid, si, peu après, le champ de bataille n'avait offert assez de manteaux inutiles.

En effet, le combat s'engageait avec toujours plus de vigueur. C'est là que notre brave chef de bataillon Blattmann, qui paraissait pour la première fois sur le champ de bataille avec les épaulettes de ce grade et la Légion d'honneur gagnée à Polotsk, fut renversé, sans vie, à côté de moi, par une balle dans la poitrine. Les Russes firent, sur ce point, tous leurs efforts pour nous refouler en arrière et venir empêcher le passage des ponts, qui s'opérait derrière nous, tandis que nous les tenions en échec.

Nos rangs s'éclaircissant continuellement, on fit avancer du renfort.

C'est alors qu'arriva, pour nous soutenir, la légion de la Vistule, beau corps, bien équipé, paraissant assez fort, sans que j'aie pu l'évaluer, et troupe fraîche. Cela nous fit tenir ferme dans notre position, mais il paraît que l'ennemi, bien convaincu alors que les attaques dirigées sur les autres points n'étaient que de fausses attaques, dirigea incessamment toutes ses forces sur le point où nous nous trouvions, et chercha à l'enfoncer ; on lança un escadron de cuirassiers, commandé par le général Doumerc. Cet escadron, quoique assez faible, défila sur notre aile gauche et s'engagea dans la forêt, où il fit une charge brillante, de laquelle nous le vîmes revenir, peu de temps après, chassant devant lui une masse de Russes, qu'on a évalués, dans le moment même, à environ 3,000 hommes ; mais les ayant tous vu défiler auprès de nous, je crois ce nombre un peu exagéré. Quoi qu'il en soit, je vois toujours ce brave chef, revenant tout glorieux à la tête de sa troupe et de ses prisonniers, se frappant à grands coups la poitrine et disant énergiquement : « F...! on ne charge pas comme cela dans une forêt ! »

Cette charge, belle et fructueuse, semblait devoir nous ôter l'ennemi de dessus les bras, et, en effet, le feu se ralentit pour quelques instants, mais il reprit ensuite une nouvelle intensité, qui annonçait l'arrivée de renforts à nos adversaires. Nous nous affaiblissions à vue d'œil, sans cependant céder du terrain.

L'adjudant-major Huber, s'avançant vers moi, me dit : « Capitaine, je crois que si nous faisions une charge vigoureuse à la baïonnette, nous parviendrions à les éloigner et ne perdrions pas autant de monde. »

Cette idée me paraissant juste, je lui répondis : « Eh bien, je vais faire marcher. Veillez à ce qu'on avance partout également, pour ne pas rompre notre ligne et courir le risque d'être enveloppé. »

Puis, me mettant à la tête, je fis exécuter la charge, qui eut le succès auquel nous nous attendions. Blessé d'abord, mais peu grièvement, je reçus, un peu plus tard, un second coup de feu, qui, me fracassant l'épaule droite, m'obligea enfin de me retirer et de cesser de battre moi-même la charge, ce que j'avais fait pour enlever mon monde et suppléer aux tambours, qui avaient été tués.

A mon insu et durant ma captivité en Russie, mes

camarades ont cru devoir, par sentiment de justice, publier ce petit épisode dans les journaux. Ils ignoraient sans doute la part qu'y avait prise l'adjudant-major Huber. Mû par le même sentiment, j'ai cru devoir rétablir le fait et rendre justice à qui de droit.

Dès ce moment, j'ai ignoré ce qui s'est passé, à l'exception de la mort de notre général de brigade Caudras, qui doit avoir été tué peu après que j'ai été blessé. La position fut ainsi conservée tout le jour, car je ne me retirai que sur le soir. Je ne puis donc rien te dire du passage des débris de l'armée, qui s'opérait bien en arrière de nous, tandis que nous contenions les Russes. Mais ce que je puis t'assurer, c'est que, de cet instant, datèrent pour moi les plus mauvais moments de la campagne.

Je passai huit jours dans l'état où je me trouvais, sans pouvoir être pansé ; je marchai jour et nuit, jusqu'à ce que je tombasse entre les mains de l'ennemi, et comme tu le penses bien, ma situation ne s'améliora pas.

Lausanne, le 3 février 1839.

Signé : REY.

(R. de Steiger. *Souvenirs de Abraham Rosselet*, lieutenant-colonel en retraite du service de France. Neufchâtel, Attinger, 1857, in-8°, 321 pp.)

DU 28 NOVEMBRE AU 9 DÉCEMBRE

Pendant plus de six heures, malgré ma béquille, mon bras en écharpe, ma main écorchée et mon flanc déchiré, je cherche les moyens de pénétrer sur le pont. Plus de cinquante fois je suis comme englouti dans les cavités que forment les tas d'hommes et de chevaux. Ma persévérance ne m'abandonne pas et, à force de me débattre parmi les morts et les blessés, j'atteins le pont. Je le traverse comme par miracle et sans pouvoir dire comment; puis je rejoins ceux de la division qui ont été aussi heureux que moi. Mais je suis froissé, meurtri; mes blessures, s'étant rouvertes, me couvrent de sang. Mes camarades m'accueillent avec une joie que je ne puis définir : m'ayant perdu de vue dans la foule, ils me croyaient au nombre des victimes. Ils me font partager leur bouillie noire, qui me remet un peu, et, pour la première fois depuis mon départ de Moscou, mes blessures sont pansées par notre chirurgien-major, qui ne peut concevoir comment j'ai supporté aussi longtemps, dans un semblable état, tant de privations et de fatigues. C'est à quoi je ne puis lui répondre, car je ne le sais pas moi-même.

La Bérézina est tellement comblée de cadavres, de

chevaux et de voitures, qu'elle déborde de cinquante à soixante pas.

Notre perte, en hommes tués par les Russes ou écrasés aux ponts, doit être de trente à quarante mille hommes. Les Russes reprennent toutes les richesses que nous avions enlevées de Moscou. Enfin, la Bérézina devient le tombeau de cette armée si magnifique huit mois auparavant.

Dans la nuit, mon soldat, que je n'ai pas vu depuis trente-six heures, arrive au bivouac. En m'embrassant, il ne peut sncore retenir ses larmes : il me voyait encore vivant ; je lui dis : *Va, mon brave, je ne dois plus mourir.* Je lui demande ensuite ce qu'est devenu mon cheval : il n'a pu le sauver et je n'en suis pas surpris, mais ma valise contenait des objets pris à Moscou dont la valeur formait une somme considérable ! Bah ! à quoi sert de se désoler. Dans la même nuit, nous nous remettons en marche dans le plus grand silence. Le lendemain matin, à onze heures, nous arrivons à Zembin : nous y trouvons quelques ressources en grains, en pommes de terre et en légumes.

Un soldat me ramène mon cheval, mais il ne porte plus ma valise.

Le 30, nous continuons la retraite. Nous bivouaquons au-dessus de Pleszezenitzi, où nous trouvons encore quelques vivres.

Depuis la Bérézina, nous n'avons pas aperçu un seul cosaque, mais le 1er décembre, près de Chotawick, nous sommes attaqués par le général russe Tchitchagow. Notre perte est légère, et nous allons bivouaquer sur la route de Malodeczno, où nous arrivons le 2, sans être inquiétés. Nous y passons la journée du 3. Le 4, nous nous dirigeons sur Smorgoni. Nous y arrivons le 5.

Le froid augmente encore ; on le dit à 31 degrés au-dessous de glace. Les prisonniers russes ne peuvent pas plus résister que les soldats français. Un grand nombre de ces infortunés, quoique habitués à la rigueur du climat, en deviennent les victimes. Plus que jamais, nos bivouacs offrent l'aspect d'un champ de bataille.

Nous continuons notre retraite sur Wilna. Notre armée, poursuivie par les Russes, y entre le 9 décembre, à quatre heures de l'après-midi, dans la confusion la plus affreuse.

(*Mémoires du capitaine François.*)

RETRAITE. — INCIDENTS

Le 30 octobre, l'armée abandonna des fourgons et des voitures de toute espèce dont les attelages, exténués par la faim et les difficultés de la route couverte de verglas, ne pouvaient plus avancer. Arrivé au bivouac, je fis ouvrir les caissons du régiment pour que les officiers disposassent de leurs effets comme ils l'entendraient. Je fis compter la caisse militaire ; elle renfermait 120,000 *francs en or*. J'en fis plusieurs parts. Chacun des officiers, des sous-officiers et soldats reçut une petite somme, en promettant de ne pas abandonner ce dépôt confié à son honneur, et de le remettre à un camarade s'il venait à succomber. Grâce aux soins du capitaine Berchet, payeur du 18e, grâce à l'honnêteté de mes braves camarades, les 120,000 *francs furent remis en caisse après la campagne*. Je ne sais si beaucoup de régiments furent aussi heureux que le 18e de ligne. Dans tous les cas, je m'honorerai toujours d'avoir commandé à des hommes capables d'accomplir de tels actes d'héroïsme.

(*Souvenirs militaires et intimes*, du général Vicomte de Pelleport, de 1793 à 1853, Paris, Didier et Cie, Bordeaux, P. Chaumas, 1857.)

2 novembre.

Dans cette malheureuse retraite de la campagne de

Russie, mon cheval fut tué à vingt-cinq lieues de Moscou. Comme il n'y avait plus moyen de me remonter, je pris le parti de me réunir à quelques chasseurs démontés comme moi; ils crurent devoir me choisir pour les diriger, fonction que j'acceptai, mais à condition qu'ils m'obéiraient, que personne ne s'arrêterait ou ne s'écarterait de notre petite colonne, sans autorisation. Nous étions une douzaine, tous armés, et nous fîmes la retraite, nous défendant comme nous pouvions.

Aux environs de Viasma, nous vîmes un homme couché sur les bords de la route, les pieds dans un fossé, ne pouvant plus marcher probablement. Il portait l'uniforme du 8ᵉ chasseurs; nous nous en approchâmes et reconnûmes notre capitaine de la compagnie d'élite, M. Perriolat. Ne voulant pas laisser notre brave capitaine au pouvoir des Russes, nous nous décidâmes à le porter sur nos mains entrelacées, de deux en deux, jusqu'au premier village. De temps en temps, nous étions forcés de déposer à terre notre précieux fardeau pour envoyer quelques balles à messieurs les cosaques, quand ils nous serraient de trop près. Nous fîmes ainsi deux lieues. Je vis devant la première maison du village où nous arrivions un traîneau. Je dis à mes camarades : « Ce traîneau appartient-il à l'Empereur? Il faut qu'il sauve notre capitaine. »

En approchant de la maison, je vis que ce traîneau appartenait à notre général de division, M. Chastel. Je lui racontai dans quelle position nous avions trouvé notre capitaine; le brave général le fit mettre dans son traîneau, et sauva ainsi de la mort un brave soldat.

(Récit de Franchi, sous-officier dans la compagnie d'élite du 8ᵉ régiment de chasseurs à cheval. — Le Flem, chef d'escadron de cavalerie en retraite, *Loisirs d'un soldat*, Le Mans, Étienne et Beauvais, 1861, in-12.)

10 novembre.

Une vivandière de notre corps (le 4e), et qui avait fait avec nous la campagne, revenait de Moscou, portant dans sa voiture cinq enfants en bas âge et tout le fruit de son industrie. Arrivée près du Vop, elle regarde avec stupeur cette rivière, qui la force à laisser sur ses bords sa fortune et la subsistance de sa famille. Longtemps elle courut pour chercher un nouveau passage ; n'en ayant point trouvé, elle revint fort triste et dit à son mari : *Mon ami, il faut tout abandonner ; ne cherchons plus qu'à sauver nos enfants.* En disant ces mots, elle sortit les deux plus jeunes de la voiture et les mit dans les bras de son époux. Je vis alors ce pauvre père serrer étroitement ces innocentes créatures, et, d'un pied tremblant, traverser la rivière, tandis que sa femme, à genoux au bord de l'eau, regardait tour à tour le ciel et la terre. Sitôt que son mari fut passé, elle tendit les mains pour remercier Dieu ; et se levant avec joie, elle cria avec transport : *Ils sont sauvés ! ils sont sauvés !* Mais les premiers enfants déposés sur l'autre rive, se croyant abandonnés de leurs parents, les appelaient en pleurant ; des deux côtés l'inquiétude devenait égale. Enfin, les larmes que faisait verser la crainte cessèrent de couler, pour faire place au bonheur qu'éprouva cette famille en se voyant toute réunie.

(Labaume, *Relation circonstanciée de la campagne de Russie en 1812.*)

14 novembre.

Dans le milieu des rues de Smolensk, au moment où M. L... se retirait, à huit heures du soir, il crut apercevoir du mouvement à côté d'un cadavre de cheval, qui était étendu devant lui. Il s'approcha, et, à la pâle lueur de la lune réfractée par les neiges, il aperçut une femme vêtue d'un mantelet couleur de rose, doublé en cygne, laquelle était enfoncée dans la cavité du ventre de ce cheval ; il s'arrêta pour l'examiner et vit bientôt que son intention était d'enlever le foie de l'animal ; mais comme elle n'avait à sa disposition aucun instrument tranchant, elle avait pris le parti de l'arracher avec ses dents, et elle y était occupée.

M. L... lui demanda ce qu'elle faisait ; elle sortit à l'instant tout ensanglantée du corps du cheval, et lui montrant sa proie, avec un sourire forcé, elle s'esquiva sans dire un seul mot. M. L... la reconnut pour une cantinière.

(René Bourgeois, *Tableau de la campagne de Moscou en* 1812, Paris, Dentu, 1814.)

15-16 novembre.

Il reste encore quelques témoins d'une scène assez vive, qui eut lieu cette nuit-là (entre Smolensk et Krasnoï) en ma présence.

Le maréchal Davoust marchait en tête des débris de son corps d'armée. Un officier général, aujourd'hui membre de la Chambre des députés, s'approcha de lui pour lui rendre compte d'une mission qu'il venait de remplir. « Ce n'est pas tout, lui dit le maréchal après l'avoir entendu ; vous allez retourner en arrière... » Ici, le général interrompant le maréchal : « Avec votre permission, je ne retournerai pas en arrière. — Comment ? — Je commande une brigade, et ma place est à sa tête. » — Je vous ordonne d'obéir. — Je n'en ferai rien... Non, monsieur le maréchal. » Davoust, en fureur, fait avancer une compagnie de sapeurs du génie, demande l'épée du récalcitrant général, la brise sur son genou et en jette les morceaux loin de lui ; puis il ordonne aux sapeurs de s'emparer de l'officier général, qui marcha toute la nuit entre une double haie de soldats.

(L. Montigny, *Souvenirs anecdotiques d'un officier de la grande armée*, Paris, Gosselin, 1833, in-8°.)

17 novembre.

Le lendemain de la bataille de Krasnoï, l'intendant du maréchal Bessières abandonna à notre régiment une demi-pièce de vin de Bourgogne. Les conducteurs des équipages l'avaient conduite jusque-là sur un traîneau, mais le cheval n'en pouvant plus, force fut de donner le vin à la troupe. La pièce fut défoncée ; le vin était gelé sur l'épaisseur de 5 centimètres, mais l'intérieur, resté liquide, offrait une liqueur exquise. Jamais, jamais de la vie, un coup de vin ne m'a fait plus de bien et plus de plaisir. Je me rappelle aussi qu'un autre jour, un palefrenier de la maison de l'Empereur m'offrit une goutte de genièvre. Il en avait dans une carafe de cristal. J'en avalai trois gorgées, je les sentis descendre jusqu'au bout des pieds et me réchauffer le sang.

(*Souvenirs d'un vieux soldat belge de la garde impériale.*)

Fatigué de la marche, je m'étais assis sur un tronc d'arbre, à côté d'un beau canonnier récemment blessé. Deux officiers de santé vinrent à passer ; je les priai de visiter sa blessure. Au premier aperçu, ils dirent : « Il faut faire l'amputation du bras. » Je demandai alors au canonnier s'il était disposé à la supporter. « Tout ce qu'on voudra, » répondit-il fièrement. « Mais, dirent les officiers de santé, nous ne sommes que deux ; il faudrait, monsieur le général, pour opérer cet homme, que vous eussiez la bonté de nous aider. » Et voyant que leur proposition me souriait fort peu, ils se hâtèrent d'ajouter qu'il suffirait que je permisse au canonnier de s'appuyer sur mon dos pendant l'opération, que je ne verrais pas. Alors, j'y consentis ; je me mis en posture, et je crois que cela me parut plus long qu'au patient lui-même. Les officiers de santé ouvrirent leur giberne ; le canonnier ne proféra ni une parole ni un soupir ; je n'entendis, un moment, que le petit bruit de la scie, et, peu de secondes ou de minutes après, ils me dirent : « C'est fini ! Nous regrettons de n'avoir pas un peu de vin à lui donner à boire pour le remettre de l'émotion. » Il me restait une demi-fiole de malaga, que je ménageais, en n'y touchant, de loin en loin, que goutte à goutte. Je la présentai à l'amputé, qui était pâle et silencieux. Ses yeux aussitôt s'animèrent, et, tout d'un trait, il me la rendit complètement vide. Puis, en me disant : « J'ai encore loin d'ici à Carcassonne, » il partit d'un pas ferme, que j'aurais eu peine à suivre.

(*Souvenirs d'un officier de l'Empire*, par le baron Lejeune, maréchal de camp.)

Nous citerons le moyen ingénieux employé par le général G... pour échapper à la misère, qui atteignait même les hommes du grade le plus élevé, et en même temps pour se faire bien venir aux bivouacs où il se présentait pour passer la nuit. Le général G... n'avait plus personne dans sa brigade ; il avait également perdu ses chevaux ; ses domestiques avaient eu les membres gelés, et de tous ses bagages, il ne lui restait, ou il ne chercha à sauver, qu'une marmite, qui lui rendit plus de services que n'aurait pu le faire tout l'or du monde ; il la conserva soigneusement, la porta constamment. Muni de ce modeste et précieux ustensile, c'était à qui l'aurait parmi ceux qui n'avaient pas de quoi faire cuire leurs aliments ; on installait le possesseur de ce trésor à la meilleure place, près du feu, on lui donnait une bonne part de ce que la marmite contenait, puis on la lui remettait, bien nettoyée, le lendemain matin ; le brave général la rechargeait sur ses épaules et continuait sa route sans souci pour sa nuit et pour son souper, qui lui furent ainsi toujours assurés.

(Lieutenant-colonel de Baudus, ancien aide de camp des maréchaux Bessières et Soult, *Etudes sur Napoléon*.)

Le colonel m'avait donné l'honorable, mais pénible, mission de porter l'étendard, et je marchai entouré du peu de cuirassiers que nous avions encore ayant des chevaux, et, chaque jour, le nombre s'en diminuait, car si nous avions eu beaucoup de peine à nourrir nos pauvres montures en nous portant en avant, on peut juger combien cette difficulté était augmentée en repassant sur cette même route, entièrement ruinée et dévastée, outre que nous n'avions plus la ressource d'aller fourrager sur les flancs, car le pays était couvert de troupes irrégulières de cosaques, qui tuaient ou enlevaient les hommes qui s'écartaient, et le nombre d'hommes disparus de cette manière est incalculable. Le tour de mon cheval arriva, et la pauvre bête, que je traînai derrière moi, après avoir passé deux nuits n'ayant pour nourriture que l'écorce des arbres auxquels il fut attaché, tomba d'épuisement et de besoin. J'abrégeai l'agonie de ce bon compagnon, en lui envoyant une balle dans la tête, je jetai ma cuirasse et mon sabre sous un pont, ne voulant pas laisser mon armure à l'ennemi, je mis sur mon épaule l'étendard et un fusil à deux coups que j'avais acheté à Moscou et que portait un de mes cuirassiers démontés, et je commençai ma retraite pédestrement. J'avoue que je trouvai l'étendard bien lourd. Au bout d'une hampe assez longue était un aigle en airain, ailes déployées ; sous l'aigle, et cloué à la hampe, était un pavillon carré, en satin blanc, entouré de trois côtés d'une frange en or faite de torsades de la grosseur et longueur d'un doigt ; sur ce pavillon était brodé en grosses lettres en or : *L'Empereur à son 2º régiment de cuirassiers ;* de l'autre côté, le nom de toutes les batailles auxquelles le régiment s'était trouvé, et sur tout le satin que ces inscriptions laissaient vide, une profusion d'abeilles, grosses comme la moitié du pouce. Aux pieds de l'aigle était nouée une cravate en satin blanc tombant en double, de la longueur d'un mètre et ayant à chaque extrémité une houppe faite de grosses torsades plus longues que le doigt, le tout en or. Tout cela roulé dans un fourreau de maroquin. Cet énorme poids, auquel se joignait celui de mon fusil double, me brisait l'épaule, et je cherchais le moyen de m'en débarrasser, car, en outre de la fatigue, il y avait une responsabilité très grande, quand on songe au point d'honneur attaché à la perte d'un étendard.

Enfin, à force de représenter à mon colonel la fatigue dont j'étais accablé, le danger qu'il y avait que, dans les hourras continuels dont nous étions assaillis, l'étendard se trouvât sans défense et pût être pris, et que ma mort ne le sauverait pas, car mon devoir était de le défendre tant que j'aurais un souffle de vie, toutes ces considérations décidèrent le colonel à le faire disparaître. Je dévissai l'aigle, qui fut mise dans le portemanteau de l'adjudant-major Millot, le pavillon et la cravate pliés et placés dans le portemanteau du colonel, et le bâton ou hampe brûlé, et je me trouvai, tant moralement que physiquement, très soulagé après cette opération. Je n'avais plus que mon fusil à porter, dont chaque canon contenait une balle coupée en quatre et dont j'étais bien décidé à ne me servir qu'à la distance de quatre pas, c'est-à-dire à coup sûr.

(A. Thirion, de Metz, *Souvenirs militaires*, Paris, Berger-Levrault et Cie, 1892, in-12, 359 pp.)

Après Krasnoï, 20 novembre.

La légion de la Vistule, composée de Polonais, fut donnée pour escorte au trésor et aux trophées et placée sous les ordres du général Claparède.

Notre convoi était engagé dans un ravin profond ; une partie de l'escorte nous avait dépassé depuis longtemps : l'arrière-garde avait fait halte, et n'était plus en vue. Les chevaux avaient peine à gravir l'escarpement de la colline ; cependant plusieurs caissons étaient arrivés au sommet, et continuaient leur route. Les Cosaques se montrèrent sur les hauteurs et pointèrent contre nous quelques pièces de canon portées sur des traîneaux ; un boulet vint briser la roue de l'un des caissons, qui, se trouvant en tête de la colonne, se renversa en travers du défilé. Le payeur général me donna l'ordre de courir en avant, de rallier la partie du convoi qui poursuivait sa marche et de prévenir le général Claparède.

Je n'étais pas chaussé pour la course ; mes bottes étaient usées, et j'en étais réduit à poser le talon sur le contrefort, mode qui m'avait occasionné des ampoules. Quoi qu'il en soit, je fis diligence, et j'étais prêt à atteindre la tête du convoi, lorsque deux cents dragons russes débusquèrent d'un petit bois et s'avancèrent avec rapidité vers la route. Je dois l'avouer, à cet aspect imprévu, tout mon sang se figea dans mes veines ; faible, désarmé, environné d'hommes éperdus, démoralisés, qui fuyaient en poussant des cris d'épouvante, je crus cette fois que ma dernière heure était venue ; je me jetai brusquement dans un fossé, et je me couvris de neige. Après quelques instants d'une cruelle attente, le tumulte et les clameurs cessèrent ; je me hasardai à lever la tête, et je reconnus que les Russes avaient fait demi-tour. Quelques soldats de la vieille garde s'étaient ralliés et avaient fait face à l'ennemi.

Je rencontrai enfin le général Claparède qui cheminait paisiblement au milieu d'une colonne de Polonais. Je lui rendis compte de ce qui venait de se passer ; il me répliqua par un démenti brutal, et, avec toute l'urbanité d'un cosaque, me dit que nous étions des lâches qui tremblions devant l'ombre du danger. « Trêve de compliment, lui dis-je, général; si le trésor est enlevé, l'Empereur en demandera compte à qui de droit. » Le général se décida pourtant à revenir sur ses pas ; nos caissons avaient été dégagés par un bataillon d'arrière-garde, mais les hauteurs du ravin où nous avions été attaqués étaient occupées par une masse d'infanterie russe. Le général Claparède avait cédé, comme tant d'autres, à l'influence de la mauvaise fortune : il n'était plus ce guerrier, qui, dans les guerres d'Allemagne, avait mérité les éloges du grand capitaine : sa carrière militaire était terminée.

(B. T. Duverger, *Mes aventures dans la campagne de Russie.*)

Pendant la retraite, l'Empereur s'arrêtait deux ou trois fois par jour pour surveiller les mouvements de son arrière-garde. Comme j'étais de la première compagnie des chasseurs de la garde, je me trouvai donc toujours de service près de la personne de l'Empereur, et j'avais l'avantage de lui préparer son feu à chacune de ses stations. Je devais cela à ce qu'après m'être aidé à faire le feu du bivouac de notre compagnie, j'en laissais approcher les plus frileux. Voyant que je ne tenais pas beaucoup à me chauffer, mon capitaine me donnait la corvée dont je viens de parler.

Cette habitude de ne jamais m'approcher du feu fut remarquée par mes camarades, qui se disaient tout étonnés : « Ce diable d'Egyptien n'a jamais froid ; il nous aide à faire du feu, mais il ne s'en sert guère. »

J'eus par là l'avantage de n'avoir aucun membre gelé, contrairement à tant d'autres soldats qui eurent les pieds gelés. Tous ceux qui adoptèrent mon système s'en trouvèrent bien.

Un jour, me disposant à faire le feu de l'Empereur, j'avais mis mon mouchoir sur mon colback pour me garantir un peu du froid : le voyant s'approcher, je voulus l'enlever, mais il me dit : « Nous ne sommes pas ici au Carrousel, il fait plus froid aujourd'hui qu'à l'ordinaire, garde ton mouchoir sur la tête. »

Sur ces entrefaites, l'Empereur ayant donné l'ordre au maréchal Bessières de passer en revue les chasseurs de la garde, il ne s'en trouva que six cents de montés. Mais un baron polonais ayant envoyé à l'Empereur trois cents chevaux pour l'aider dans sa retraite, il préféra les donner à ceux de ses chasseurs démontés de préférence à tous autres, par la grande considération qu'il avait pour eux.

(*Histoire militaire,* de J. M. Merme, chevalier de la Légion d'honneur, ex-chasseur à cheval de la garde, Montiers, Bocquet, 1852, in-12, 180 pp.)

Nos bizarres accoutrements annoncent la plus affreuse misère et nous donnent une physionomie hideuse ; ils sont noircis par l'épaisse fumée des sapins et couverts de la terre des bivouacs. Nous avons le teint jaune, les yeux caves et éteints, les cheveux gras et en désordre, la barbe longue terminée par d'innombrables petits glaçons formés par la morve qui tombe dessus ; ne pouvant nous servir de nos mains, n'ayant pas la force de nous nettoyer, nous ouvrons nos pantalons par derrière, et, en route, nous n'osons pas nous arrêter pour satisfaire nos besoins les plus pressants dans la crainte de geler. Telle est l'horreur d'une position que nul mot ne saurait exprimer, tel est le tableau que ne saurait peindre le plus célèbre artiste.

Dans la marche, on entend un bruit continuel, causé par le broiement des cadavres cachés sous la neige, que les chevaux foulent aux pieds ou qu'écrasent les roues des voitures. Ce bruit se mêle à celui de l'explosion des caissons, qu'on est obligé de faire sauter, ne pouvant plus les traîner et ne voulant pas les abandonner à l'ennemi. Un bruit plus affreux nous saisit d'effroi à chaque pas : ce sont les cris des malheureux qui, n'ayant plus de force, tombent sur la neige, poussent les plus lugubres gémissements, luttent en vain contre la plus effrayante agonie et meurent mille fois en attendant la mort.

(*Mémoires du Capitaine François.*)

Le 26 novembre nous traversâmes Borb, et le 1er corps vint coucher à Kroupki. Une brigade nouvellement formée de chevau-légers polonais venait d'arriver dans ce grand village et chauffait ses fours. Une auberge, avec une écurie pour vingt chevaux, fut donnée pour logement au maréchal Davoust. En plaçant les chevaux qui nous suivaient, car depuis longtemps nous allions à pied, on découvrit sous le chaume, dans la mangeoire, trois enfants, dont l'un n'avait guère plus d'un an, et les deux autres à peu près nouveau-nés. Leurs vêtements étaient ceux des pauvres : ils étaient engourdis par le froid et restaient silencieux. Pendant plus d'une heure, je fis chercher leurs parents : soins inutiles, les habitants avaient tous déserté le village et nous restions les seuls protecteurs de ces infortunés. Je priai le maître d'hôtel du maréchal de leur donner un peu de bouillon, s'il parvenait à en faire, et je ne m'en occupai plus. Bientôt la chaleur de l'haleine des chevaux réveilla ces petites créatures, et leurs cris plaintifs retentirent longtemps dans les chambres où nous étions entassés. Le désir d'apporter quelque soulagement à leur douleur combattait le besoin de sommeil dont nous étions accablés, et auquel pourtant nous finîmes par succomber quelques instants. A deux heures du matin, on vint nous dire que tout le village était en flammes : les fours, chauffés plusieurs fois de suite, avaient mis le feu partout. Notre maison isolée restait la seule intacte, et nos enfants criaient encore; mais, au moment de partir, un peu avant le jour, ils ne criaient plus. Je demandai au maître d'hôtel ce qu'il avait fait pour eux ; et cet homme, qui ne souffrait pas moins que nous, prenant l'air satisfait de celui qui croit avoir fait une bonne œuvre, me dit : « Je ne pouvais pas fermer l'œil ; leurs cris me déchiraient le cœur ; je n'avais pas de nourrice à leur donner ; alors, j'ai pris une hache, j'ai brisé la glace de l'abreuvoir, et je les ai noyés pour les empêcher de souffrir. » Je frissonnai d'horreur en voyant jusqu'où le malheur peut dégrader et endurcir le cœur humain.

(*Souvenirs d'un officier de l'Empire,* par le baron Lejeune, maréchal de camp.)

28 novembre.

Dans la soirée de cette journée du 28 (novembre), si glorieuse pour l'armée, nous allâmes, quelques-uns de mes camarades et moi, parcourir les bivouacs des grenadiers de la garde, avec la certitude d'y entendre des conversations plus gaies que ne l'avaient été celles des jours précédents ; car tout ce qui était susceptible de faire rejaillir quelque gloire sur la patrie exerçait une telle influence sur ces braves gens que cette pensée avait le pouvoir de charmer, pour un moment au moins, le sentiment de leurs misères. Ayant eu la curiosité de nous approcher d'un groupe de ces vieux soldats qui paraissaient fort occupés et qui parlaient avec vivacité, nous les trouvâmes employant tous les moyens imaginables pour ranimer le corps d'une jeune fille qu'ils avaient trouvée sur les bords de la rivière, à la sortie des ponts. De tous ses vêtements il ne restait à cette pauvre enfant que sa chemise. Les membres étaient tellement roidis par le froid, qu'une voiture, probablement légère, avait pu lui passer sur les jambes sans les briser ; elles portaient seulement l'empreinte que le fer des roues y avait laissée. L'humanité et les soins empressés de ces vieilles moustaches nous touchèrent ; nos malheurs étaient déjà bien grands, mais ils n'avaient pas encore donné naissance à l'égoïsme, comme ils le firent quelques jours après : d'ailleurs, peut-on avoir le cœur sec le soir d'une bataille gagnée ? Nous réclamâmes cette enfant : ces bons grenadiers la transportèrent dans une misérable hutte destinée à servir d'abri pour la nuit à M. le maréchal (Bessières). Là nous parvînmes, en la frictionnant longtemps avec des fourrures, sans trop l'approcher du feu, à lui faire reprendre ses sens. Elle appartenait à une famille de la colonie française de Moscou. Le premier mot qu'elle prononça en ouvrant les yeux fut celui de *maman;* sa première pensée fut pour sa mère, qui, plus heureuse qu'elle, avait probablement trouvé le terme de ses maux dans les eaux de la Bérézina. On chercha à la rassurer sur l'existence de cet être chéri. La plus grande difficulté était de la vêtir, car nous n'avions à lui donner que des habits d'homme disproportionnés avec la taille d'une enfant de onze à douze ans. Enfin nous la couvrîmes de manière à ce qu'elle ne souffrît pas de la rigueur du froid. Il fallait encore trouver le moyen de la transporter ; depuis longtemps la voiture de M. le maréchal servait d'asile à une nombreuse famille de réfugiés, et ces pauvres gens y étaient eux-mêmes trop à l'étroit pour pouvoir lui donner une place. Deux aides de camp coururent toute la nuit et finirent par obtenir de l'humanité du général Laborde, commandant une division de la jeune garde, qu'elle fût placée dans sa calèche.

Nous étions tous enchantés d'avoir sauvé (hélas! alors nous nous en flattions) cette innocente victime qu'une suite de combinaisons bien extraordinaire nous avait envoyés prendre à Moscou pour l'associer à nos désastres d'une manière si particulière et en même temps s cruelle ; elle avait perdu tous ses parents, mais elle retrouvait un second père dans M. le maréchal, qui se proposait d'en prendre soin, de veiller à son éducation. Cet épisode de nos malheurs, entouré lui-même de circonstances si tristes, nous avait pourtant valu quelques douces pensées au milieu de tant de tableaux déchirants ; la jeune fille, la pauvre orpheline et son avenir étaient le sujet de nos entretiens. Malheureusement, cette heureuse diversion à nos maux personnels ne nous fut pas conservée longtemps ; tous les membres de cette pauvre enfant avaient été gelés ; la gangrène se déclara aux pieds et aux mains. Bientôt ses plaies répandirent une odeur insupportable ; elle ne le fut pourtant pas assez pour vaincre la charité des personnes qui s'étaient chargés de la transporter et de pourvoir à ses besoins. On la conduisit jusqu'à Wilna : l'état où elle était lorsqu'elle arriva dans cette ville réclamait des secours et des soins qu'il y avait impossibilité de lui procurer en route ; on fut donc obligé de l'y laisser. Le maréchal la fit porter à un couvent de religieuses, en faisant remettre une somme considérable pour qu'elle y fût bien soignée. Nous n'en avons jamais entendu parler depuis, mais il est à croire qu'elle n'a pas pu survivre à la gravité des accidents que le froid avait causés. Que de scènes de ce genre se passèrent dans ce lieu qui, de tous ceux que nous traversâmes, fut certainement le plus funeste à l'armée.

(Lieutenant-colonel de Baudus, ancien aide de camp des maréchaux Bessières et Soult, *Etudes sur Napoléon.*)

28 novembre.

Un officier était à la tête du pont et se présentait pour le franchir : un gendarme arrête son cheval par la bride, et, le repoussant avec force, veut l'empêcher de passer. L'officier, sans s'émouvoir, tire un pistolet de sa fonte, l'arme et le présente au gendarme, en lui disant confidentiellement et à voix basse qu'il allait lui brûler la cervelle s'il ne lâchait pas son cheval. Celui-ci jugea convenable de se départir de la rigueur de sa consigne, et se retira sans faire d'observation, tant l'argument lui parut irrésistible.

(René Bourgeois, *Tableau de la campagne de Moscou, en 1812.*)

Lorsque nous arrivâmes au bord de la rivière de la

Bérézina, nous trouvâmes l'armée russe, qui s'était préparée à nous en disputer le passage ; elle avait eu le temps de faire toutes ses dispositions, et son avantage était fort grand sur nous, car il ne pouvait manquer d'y avoir beaucoup de désordre dans notre armée après les malheurs qu'elle avait éprouvés.

Il y eut donc sur les bords de la Bérézina un combat fort opiniâtre, qui dura pendant trois jours sans aucune combinaison savante ni d'un côté ni de l'autre ; en effet, il s'agissait simplement pour eux d'empêcher le passage sur divers points, et pour nous de le forcer à ces mêmes endroits.

Pendant ces trois jours, nos pontonniers étaient enfin parvenus à établir deux ponts sur le fleuve à Weselowo. On avait hésité longtemps pour savoir dans quel endroit on effectuerait le passage : comme j'ignore quelles étaient les intentions et les motifs de l'Empereur, je ne puis dire ici que ce que j'ai fait : je reçus donc l'ordre de faire établir ces deux ponts, et j'obéis malgré les difficultés sans nombre qu'il me fallut surmonter : l'un était destiné au passage de l'infanterie, et l'autre de la cavalerie et de l'artillerie. Malheureusement ces deux ponts, jetés avec tant de peine, avaient été fortement endommagés par le feu des pièces russes, qui n'avaient cessé de les canonner ; nous redoublâmes donc nos efforts et vînmes à bout de les rétablir de nouveau malgré l'ennemi.

Il s'en fallait peu que notre retraite ne devînt impossible ; je vis l'instant où les deux ponts allaient être coupés par les Russes, qui revenaient toujours à la charge avec une nouvelle ardeur.

Je détachai deux batteries d'artillerie à cheval, sous le commandement du chef d'escadron Pons, et je secondai le mouvement en marchant à la tête de plusieurs escadrons de toutes armes que j'avais réunis comme je l'ai dit plus haut.

Dès que les deux batteries du chef d'escadron Pons eurent commencé à ébranler les Russes par les obus et la mitraille, je chargeai vivement avec notre cavalerie, et je rejetai l'ennemi assez loin. Il battit en retraite aussitôt, et m'abandonna quelques vivres enlevés les jours précédents à nos vivandières et cantinières.

Après cette attaque, nous fûmes en repos pendant la nuit du 26 au 27 novembre. Le duc de Reggio passa le premier avec le 2ᵉ corps; l'Empereur et sa garde passèrent ensuite; puis les 3ᵉ et 5ᵉ corps. Pendant le passage, ces ponts, construits à la hâte, se rompirent plusieurs fois; mais, grâce à l'activité de nos intrépides pontonniers, on parvint à les rétablir; je passai la Bérézina sans inquiétude avec mon artillerie et ma cavalerie.

Pendant la matinée du 27, le maréchal duc de Bellune arriva dans l'après-midi sur les hauteurs de Weselowo, et y prit position pour soutenir la retraite; mais nous apprîmes par un bataillon de l'extrême-arrière-garde de la division Partouneaux, qui arriva fort tard, que ce général, s'étant trompé de route, avait été fait prisonnier avec trois mille hommes d'infanterie et deux régiments de cavalerie. Cette nouvelle ayant donné l'éveil à tout l'attirail qui suit une armée en retraite, il se forma un encombrement considérable aux environs des ponts : les uns voulaient passer, et forçaient toutes les consignes; les autres voulaient rester en disant qu'ils seraient pris de l'autre côté; cette hésitation avait tellement détruit l'ordre, que personne ne voulait obéir.

L'Empereur avait bien senti qu'il fallait empêcher l'ennemi de nous suivre, et, par conséquent, il était nécessaire de passer très vite et de brûler les ponts aussitôt après le passage. Comme la foule des voitures ne pouvait que retarder et compromettre le sort de l'armée, l'Empereur avait donné l'ordre formel d'incendier toutes celles qui ne seraient pas utiles : pour ôter tout prétexte de désobéissance et faire voir l'importance de cette mesure, il avait commencé par faire mettre le feu aux siennes. Avant l'arrivée du bataillon de la division Partouneaux, le passage s'effectuait avec assez de régularité. J'avais reçu du général Eblé l'ordre de faire rompre et sauter les ponts dès que le corps du duc de Bellune et les voitures conservées seraient de l'autre côté; j'étais chargé de presser le trajet de ces dernières; je mis donc toute la célérité et toute la fermeté possible dans cette commission; mais quand on sut que les Russes approchaient, il me fut impossible de faire entendre raison aux conducteurs de voitures de bagages, de cantinières et de vivandières; j'eus beau dire qu'avec de l'ordre tout le monde se sauverait; que leur salut dépendait de la promptitude de leur passage, et que celui de nos troupes exigeait que l'on rompît les ponts, ils passèrent en petit nombre avec leurs voitures légères; mais la plus grande partie s'obstina à rester sur la rive gauche avec le duc de Bellune.

Ma situation était pénible; l'ennemi reparaissait, et le danger devenait plus grand de minute en minute. Le maréchal duc de Bellune, qui avait tenu longtemps la rive gauche contre une armée triple en force du corps qu'il commandait, se vit contraint d'ordonner la retraite. Ce fut alors que les conducteurs des voitures, qui étaient restés sur cette rive, virent le danger; mais il n'était plus temps; le corps du duc de Bellune passa en désordre; les voitures d'équipages, d'artillerie, de blessés, etc., s'encombrèrent à l'entrée du pont : on se frayait un passage à coups de baïonnette ; plusieurs hommes se jetèrent à la nage, et périrent. L'ennemi, qui nous saluait à coups de canon, et qui nous envoyait force obus, acheva de mettre le désordre ; enfin, une partie des troupes passa, mais je voyais plusieurs centaines de voitures chargées, qui restaient de l'autre côté. L'encombrement détruisit tout espoir de passage; une foule d'hommes et de femmes allaient être sacrifiés lorsque j'aurais détruit les moyens de nous rejoindre : c'était bien leur faute. Malgré cela, j'attendis pour remplir cette mission pénible aussi longtemps qu'il me fut possible, et ce ne fut qu'à la dernière extrémité, c'est-à-dire lorsque l'artillerie russe me harcela de toutes parts, que je me déterminai, avec un vif regret, à exécuter l'ordre du général, qui était celui de l'Empereur.

A l'instant je fis brûler les ponts, et je fus témoin du spectacle le plus affligeant qu'on puisse voir. Les cosaques se précipitèrent sur ces malheureux abandonnés ; ils pillèrent tout ce qui était resté du côté opposé du fleuve, où il y avait une grande quantité de voitures chargées d'immenses richesses ; ceux qui ne furent pas massacrés dans cette première charge furent faits prisonniers et leur fortune devint la proie des cosaques.

(*Mémoires militaires*, du baron Sérurier, colonel d'artillerie légère.)

DÉPART DE L'EMPEREUR

Le maréchal Bessières a souvent raconté à sa famille et à ses amis qu'à peine arrivé à Smorgoni le roi de Naples et le prince Eugène le pressèrent de se réunir à eux pour parler à l'Empereur de l'inflexible nécessité où ils jugeaient qu'il se trouvait de retourner à Paris. Le duc d'Istrie eut le dévouement de se charger de porter la parole ; il le fit en leur présence et aborda franchement la question près de Napoléon. Celui-ci, dès les premiers mots prononcés par le maréchal, s'abandonna à un violent accent de colère, disant « qu'il n'y avait que son plus mortel ennemi qui pût lui proposer de quitter l'armée dans la situation où elle se trouvait ». Il fut plus loin encore, car il fit le mouvement de se jeter sur le maréchal son épée nue à la main. « Quand vous m'aurez tué, lui dit froidement le duc d'Istrie, il n'en sera pas moins vrai que vous n'avez plus d'armée, que vous ne pouvez plus rester ici, car nous ne pouvons plus vous garder. » Murat et Eugène entraînèrent le maréchal hors de l'appartement, et l'Empereur l'ayant fait appeler dans la soirée, lui dit : « Puisque vous le voulez tous, il faut bien que je parte. »

Tout autorise à considérer la conduite de ce prince comme un peu jouée, car on a la preuve que son projet de départ était déjà arrêté lorsque cette scène eut lieu.

(Lieutenant-colonel de Baudus, ancien aide de camp des maréchaux Bessières et Soult, *Etudes sur Napoléon*.)

Wilna, 9 décembre.

Je retournai à mes deux échelles pour aller au-devant du maréchal Davoust, d'Haxo et du général Gérard, et les introduisis en ville par cette voie facile qu'ils n'auraient peut-être pas découverte. En me rendant vers eux, je retrouvai dans le faubourg, à l'endroit où je l'avais laissé une heure auparavant, un jeune et bel officier d'artillerie qui venait d'être amputé d'un bras. Je lui avais proposé de me suivre, pour l'aider à traverser l'encombrement ; il m'avait remercié, en me disant qu'il avait promis à son soldat, son domestique, de l'attendre à l'entrée du faubourg. Je n'insistai pas ; mais lorsque, après plusieurs heures, je le retrouvai encore à la même place, je le pressai de questions en lui faisant observer combien il y avait d'imprudence à rester stationnaire par un froid si meurtrier. « J'en conviens, me dit-il, mais Georges, mon soldat, mon fidèle serviteur, est mon frère de lait. Depuis que je suis à l'armée et depuis que je suis blessé, il m'a donné cent preuves de dévouement. Ma mère ne serait pas plus attentive que lui. Il était souffrant, je lui ai promis de l'attendre, et j'aime mieux mourir ici que de lui manquer de parole. »

Vivement touché de ce dévouement fraternel, dans un temps où il restait à peine au plus grand nombre le sentiment instinctif de sa propre conservation, je n'osai pas lui communiquer mes craintes sur son malheureux frère de lait, qui pouvait être mort de froid ou fait prisonnier, et me bornai à lui demander son nom, son âge et son pays. « Je suis de Bayonne, je m'appelle Arthur de Birassaye, et j'ai vingt-deux ans. » Je n'ai plus revu cet officier; et, passant à Bayonne, il y a quelques années, j'appris qu'il n'y avait pas reparu.

(*Souvenirs d'un officier de l'Empire*, par le baron Lejeune, maréchal de camp.)

VILNA

J'appris à Vilna, où j'arrivai le 18 septembre à midi, que je devais continuer ma route à l'effet de rejoindre la grande armée qui, à cette même époque, faisait son entrée à Moscou. Mais les fatigues que j'éprouvais par suite d'un voyage aussi long et aussi précipité, les douleurs de ma jambe qui était dans un état affreux, m'obligèrent à me mettre au lit, et me déterminèrent en même temps à demander de suite à Son Altesse le prince major général l'autorisation d'être employé dans une des provinces conquises par la grande armée. Ma demande fut appuyée par le général de division, gouverneur de la Lithuanie, envoyée à Moscou et, quinze jours après, je reçus l'ordre du major général de prendre le commandement de la place et de la province de Vilna en qualité de gouverneur.

J'entrai en fonctions dans les premiers jours d'octobre.

J'avais beaucoup à faire pour rétablir l'ordre et la police dans une aussi grande ville que Vilna, où il se trouvait seize hôpitaux établis, quatre dépôts généraux de la plus grande partie des régiments de l'armée, ainsi que les petits dépôts de plus de 40 régiments de toutes armes, où le passage des troupes était continuel et où les grands approvisionnements se formaient pour l'armée.

J'avais également à correspondre et à donner des instructions à onze commandants de place dépendant de mon gouvernement. J'avais aussi à me concerter avec les autorités civiles du pays et toutes les administrations françaises pour tous les besoins de la place et de la province. De plus, il me fallait rendre des comptes journaliers au gouverneur général de la Lithuanie et au duc de Bassano et envoyer des états de quinzaine au major général.

Tous ces différents services nécessitaient un certain nombre de bureaux, et exigeaient de ma part la plus grande activité. Au bout de dix à douze jours, j'eus la satisfaction de voir déjà les choses changer totalement de face. L'ordre était à peu près rétabli, la police était parfaitement exécutée, et les vivres assurés. Quelques réclamations que je fisse, j'eus le regret de voir presque toujours les hôpitaux sans linge à pansements et manquant de médicaments.

Il se distribuait à Vilna journellement jusqu'à trente mille rations de pain : de la viande et des liquides à proportion.

Dans le commencement de novembre, la place de Vilna fut menacée par l'approche du corps russe qui venait de la Moldavie et de la Valachie. Déjà il s'était emparé de Slonim, et avait détruit ou mis en déroute le plus beau régiment de chevau-légers lanciers de la garde, formé de la jeune noblesse lithuanienne. Ce régiment, surpris dans Slonim par deux régiments de cavalerie légère russes, fut perdu dans une heure de temps. Il ne s'en sauva que cent vingt qui se retirèrent à Vilna.

En même temps le 2ᵉ corps d'armée éprouvait également de grandes pertes à Polotsk et, après s'être battu quatre jours dans ces positions, il fut forcé de les abandonner et de se retirer, de manière que Vilna se trouvait à découvert sur sa droite et sur sa gauche.

Pour mettre au moins cette place, ouverte de tous côtés, à l'abri d'un coup de main, je proposai au gouverneur général de faire sur-le-champ palissader toutes les avenues et les faubourgs ; ce qu'il agréa. En peu de jours les travaux furent terminés. Des piquets de cavalerie et d'infanterie furent placés sur les routes principales par où l'ennemi pouvait déboucher.

Je n'avais alors à Vilna que quatre régiments polonais composés de recrues non encore habillés ni armés. Je fus obligé de prendre dans les hôpitaux et dans les magasins où j'en trouvais et, dans les vingt-quatre heures, tous furent à peu près armés et habillés.

Dans cet intervalle, plusieurs régiments provisoires arrivèrent de la Prusse et deux régiments de cavalerie au nombre de 1,200 hommes.

Ces différentes troupes campèrent hors de la ville et, depuis ce moment, la place de Vilna offrait un aspect imposant.

Cependant les nouvelles de la grande armée n'étaient rien moins que consolantes ; quoique nous n'apprissions rien de bien positif de la retraite de Moscou, nous nous doutions bien que cette retraite devait être bien funeste à l'armée, puisque toutes les routes étaient interceptées et couvertes d'ennemis, et que le froid se faisait déjà sentir vers la mi-novembre, de 20 à 25 degrés.

D'une part, le corps russe venant de Turquie était parvenu, malgré le corps autrichien commandé par le prince de Schwartzenberg, à s'emparer de la place importante de Minsk entre Smolensk et Vilna, et à se mettre à cheval sur la grande route pour couper la retraite de l'armée.

D'un autre côté, le 2ᵉ corps d'armée retiré de Polotsk s'était jeté sur la Bérézina où arrivèrent en désordre les différents corps d'armée de Moscou et au passage fatal de la rivière, l'ennemi les entourait. Quelques jours auparavant, nous étions parvenus à réunir environ 12,000 hommes d'infanterie et 2,000 hommes de cavalerie et à les diriger en deux brigades, l'une sur Smorgoni, grande route de Vilna à Minsk, et l'autre sur Dolhinow, à l'effet de seconder le 2ᵉ corps et de faciliter le passage de la Bérézina.

Vers la fin de novembre, la 34ᵉ division, forte de 12 bataillons d'infanterie, arriva à Vilna. Ce renfort, joint aux troupes qui nous restaient, mit cette place dans un état respectable et m'offrit les moyens d'utiliser les quatre régiments polonais en les détachant, savoir : un à Lida, pour entretenir les communications avec le corps du général Reynier qui était réuni au prince de Schwartzenberg ; un autre à Voronow, un troisième à Rondzichki, pour communiquer avec Grovno et le quatrième à Sventsiany pour communiquer avec Dunaburg sur la Dwina où se trouvait une division française.

Un grand dépôt de cavalerie légère était établi à Méretch pour refaire les chevaux malades ou blessés.

Les débris du 3ᵉ régiment de chevau-légers lanciers de la garde, à Troki ; 7 régiments de cavalerie de nouvelle formation étaient répartis dans la province de Samogitie ; et environ 1,500 cuirassiers et carabiniers démontés faisaient le service de l'intérieur à Vilna.

Toutes ces troupes ainsi établies relevèrent un peu l'esprit public déjà abattu par les revers qu'éprouvait la grande armée dans sa retraite de Moscou. Toutes les premières familles de la Lithuanie avaient pris le parti des Français et occupaient des emplois au service du gouvernement. Chacun d'eux venait me consulter et se plaisait encore à se faire illusion sur les malheurs qui devaient bientôt s'appesantir sur leur malheureux pays. Je les consolais comme je pouvais et, comme eux, je ne pouvais me figurer que, dix jours plus tard, il n'existerait plus d'armée française sur leur territoire.

Nous étions à la fin de novembre. Le gouvernement de Vilna était devenu un fardeau terrible à supporter. Les hôpitaux manquaient des principaux objets; les hommes y mouraient en grand nombre, ainsi que dans les différents dépôts, sans aucun secours; les abus s'étaient multipliés dans toutes les branches de l'administration; de toutes parts la ville s'encombrait de monde; Vilna enfin était devenu un vrai labyrinthe à ne pouvoir plus s'y connaître. Je ne me décourageai cependant point, et, quoique étant tombé malade dans les premiers jours de décembre, je me forçai pour monter à cheval et continuer de voir tout par moi-même. Les détails en tout genre étaient alors si compliqués que je fus obligé de maintenir mes bureaux en permanence pour l'expédition des affaires. Les approvisionnements ayant été sur le point de manquer, j'étais parvenu, au moyen de détachements polonais que j'avais envoyés dans la province de Vilna, à accélérer la rentrée des grains et à faire des magasins pour nourrir une armée de 120,000 hommes pendant trente-six jours. Cet approvisionnement provisoire eût été bien important si les circonstances eussent permis ensuite que l'armée pût borner sa retraite à Vilna. Mais il en fut tout autrement.

Les 4 et 5 décembre, notre position devint de plus en

plus critique ; l'alarme se répandait partout en apprenant la retraite de l'armée et les malheurs qui l'accompagnaient. Chacun en ce moment en prévoyait les terribles résultats ; il n'y avait plus d'espoir de tenir pied; toutes les illusions étaient évanouies.

Le 5, je fus instruit par le duc de Bassano qu'une troupe de 20,000 fuyards gelés et affamés devait arriver à Vilna, et se proposait de piller la ville et les magasins. Partout sur leur passage depuis Smolensk, ils avaient brûlé, pillé les villages et les villes, et menaçaient Vilna du même sort. Dans une pareille conjoncture, il importait de prendre les mesures les plus promptes pour prévenir non seulement le pillage projeté, mais encore toute espèce de désordres, autant qu'il serait possible. Je fis connaître au maire et au commissaire de police tout le danger qu'il y aurait pour la ville de Vilna si les habitants ne se prêtaient point à faire des sacrifices. Nous convînmes ensemble que tous les bourgeois feraient du pain, et en donneraient à tous les soldats qui en auraient besoin ; que plusieurs de ces bourgeois, joints à quelques officiers, seraient envoyés sur la route de Minsk au-devant de ces militaires, pour les disposer à se rendre tranquillement à Vilna où ils trouveraient des vivres et des habits. Cette mesure eut tout le bon effet possible.

Chaque jour la confusion augmentait dans Vilna. Les autorités isolées demandaient des chevaux de poste pour partir et se retirer. Il semblait, dès le 6 décembre, que personne ne tenait plus à rien et ne devait songer qu'à soi. Ce jour-là, à sept heures du matin, l'Empereur arriva, sous le nom du grand écuyer Caulaincourt. On me demanda de faire fournir 27 chevaux de poste que je trouvai très heureusement ; mais ce ne fut qu'avec beaucoup de peine, au milieu d'une foule de cavaliers qui se trouvaient dans la place, que je parvins à réunir une soixantaine d'hommes montés pour escorter les voitures, tant le désordre commençait à être grand ! Les ambassadeurs des différentes puissances partirent le même jour. Les chevaux de poste ne pouvaient plus suffire : la plupart étaient exténués de fatigue.

Depuis le 7, le froid était de 27 à 30 degrés. Le 8, les militaires arrivaient par bandes et sans armes, habillés ou plutôt déguenillés, et la tête enchiffonnée pour se garantir du froid. Les officiers, les généraux de tout grade, la plupart après avoir été pillés et dépouillés par les cosaques, marchaient à pied, enveloppés de leurs pelisses, et encore à moitié gelés ; tous languissant de la faim, et cherchant à se fourrer dans les maisons pour s'y restaurer et se mettre à l'abri de la rigueur du temps. Je m'estimai très heureux de pouvoir héberger quantité de ces messieurs, et de partager avec eux tout ce que j'avais, pendant les trois derniers jours que nous restâmes. Mes appartements étaient pleins, et ma maison était une vraie caserne.

Beaucoup de monde filait sans cesse sur la route de Kowno, ne s'arrêtant à Vilna que pour s'y reposer et s'y restaurer. Toutes les familles polonaises quittaient Vilna pour se rendre à Varsovie ou à Kœnigsberg. Le maire de la ville, le commissaire de police et les principales autorités civiles abandonnaient leurs fonctions et désertaient le pays.

Ma santé, dont je ne prenais aucun soin, s'était altérée au point que, dans la nuit du 8 au 9, j'étais malade à mourir. A quatre heures du matin, je crus devoir prendre de l'émétique, comme le remède le plus prompt pour me purger. Mais mon plus grand mal, quoique je souffrisse beaucoup physiquement parlant, était de ne pouvoir, dans ces moments critiques, monter à cheval et de ne pouvoir soutenir les fatigues et le froid auxquels j'allais être exposé.

Le 9, sur les neuf à dix heures du matin, et le restant de la journée, arrivaient tous les débris de l'armée ; Vilna offrait le spectacle d'une ville absolument encombrée d'hommes, de chevaux et de voitures. Les maisons étaient pleines, beaucoup de malheureux qui étaient parvenus à se traîner jusque-là, dans l'espoir d'y trouver du soulagement, tombaient de fatigue et de faiblesse dans les rues et sur les places, et mouraient bientôt du froid. Toutes les portes de la ville étaient tellement encombrées qu'on ne pouvait plus y passer. Enfin, c'était une véritable débâcle, puisque les cosaques avaient déjà réussi à s'emparer de plusieurs faubourgs, et se trouvaient en quelque sorte pêle-mêle avec nos soldats.

La 34e division, dont j'ai parlé précédemment, se trouvait encore heureusement intacte. Plusieurs détachements furent commandés pour faire la police et empêcher surtout que les soldats et autres militaires armés ou susceptibles de faire le coup de fusil ne sortissent de Vilna sans ordre ; mais cette mesure fut pour ainsi dire nulle. L'affluence pour sortir de Kowno ou porte de France était la même que pour entrer par la porte de Minsk ou d'Ochmianyon de Russie, et il fut impossible d'empêcher les isolés de marcher. C'était une vraie procession sur la route de France depuis le 7.

Le roi de Naples, le vice-roi d'Italie, le prince major général, les maréchaux, etc., etc., étaient arrivés dans la matinée du 9 à Vilna.

Vers le soir, mes fonctions cessèrent ; le gouverneur général, auquel j'avais envoyé mon aide de camp pour prendre ses ordres, me fit répondre que, d'après les ordres du roi de Naples, l'armée évacuait la place, le lendemain 10, à trois heures du matin, et qu'en considération de l'état où je me trouvais, il m'engageait à partir quand je le voudrais.

Je prévins sur-le-champ de ces dispositions tous mes camarades qui se trouvaient chez moi pour qu'ils se préparassent à partir : plusieurs étaient blessés ou malades.

A une heure du matin, le 10 décembre, je partis avec les officiers de mon état-major.

(*Mémoires* du général baron Roch Godart, 1792-1815, qui paraîtront prochainement à la librairie E. Flammarion.)

Nous approchions de Wilna ; c'était, pour nous, la terre promise ; il s'y trouvait, disait-on, d'immenses magasins de vivres, et l'armée devait s'y reposer ; chacun avait hâte d'y arriver. Le 9 décembre, à minuit, je n'étais plus qu'à deux lieues de cette ville ; mon caisson, attelé de sept chevaux, marchait assez bien. Je rencontrai un de mes camarades, Cab... de Bayonne, qui était arrêté sur la route ; il me dit que son caisson (le n° 48, chargé de deux millions d'or) était dans la neige jusqu'au milieu des roues ; que pendant la nuit, et en l'absence de tout secours, il lui était impossible de sortir de ce mauvais pas ; il m'engagea vivement à rester avec lui. J'avais Wilna en perspective, un bon repas et une chambre chaude ; il ne me fallait plus que trois heures pour toucher au port. L'alternative était cruelle, et j'allais, je crois, continuer ma route, lorsque le payeur général, intervenant fort à propos, et sentant tout l'intérêt qu'il y avait à ne pas délaisser deux millions en or, me pria, me supplia de tenir à mon camarade fidèle compagnie ; cette prière était un ordre, et je restai.

Or, ainsi que je l'appris plus tard, cette nuit-là, le froid fut de 27 à 28°. Un petit bâtiment, reposant sur quatre poutres et ouvert à tous les vents, s'offrit à nos yeux ; il nous servit d'abri. Pendant que mon camarade faisait manger les chevaux, je vins me placer sur le milieu de la route. J'aperçus un homme qui s'avançait fièrement à cheval, portant devant lui un gros sac ; c'était le cuisinier du payeur général. Il me dit que la voiture de son maître avait été prise par les cosaques et que, n'ayant rien de mieux à faire, il se rendait à Wilna. Le gros sac avait fixé mon attention ; tout en parlant, j'avais posé la main sur le gros sac, je le palpais amoureusement. « Qu'emportes-tu là ? — Rien, presque rien ; quelques provisions. » Pendant ce colloque, mon camarade était venu me retrouver ; le gros sac lui fit effet, à lui, aussi ; il y porta la main, et l'étreinte commune fut tellement vive, que le gros sac perdit l'équilibre et tomba. Le cuisinier nous fit bien quelques observations, mais il eut le bon esprit de s'apercevoir que toute résistance était inutile, et que, par le temps actuel, un homme de moins n'était pas réclamé : il prit le large. Nous revînmes joyeusement au bivouac.

Un vieux sapeur était assis à notre foyer ; sa barbe longue et rouge était parsemée de glaçons, qui brillaient comme des diamants. Une peau d'ours, fixée par une corde à l'épaule droite, drapait une partie de son buste. Il portait obliquement sur la tête le bonnet à poil d'ordonnance, mais rasé d'un côté par le frottement de la terre, notre oreiller habituel, et conservant de l'autre quelques mèches courtes et jaunes. Le vieux sapeur était pâle et défait ; une cicatrice saignante et profonde sillonnait son front ; ses yeux gris et ternes erraient avec abattement autour de lui. « Bonjour, camarade, lui dis-je en arrivant ; allons, le diable ne sera pas toujours à nos trousses ; voici de quoi manger. » La vue des provisions ranima tout le monde ; chacun s'industria pour trouver du bois et alimenter le feu.

Il y avait dans le sac : du riz, de la farine, de la graisse et une large casserole. Comment il se fit qu'avec le terrible froid qui pesait sur nous je trouvai de l'eau, je n'en sais rien, en vérité ; toujours est-il qu'une source voisine m'en fournit. L'eau ne tarda pas à frissonner, et le riz à tourbillonner. Enfin, le mets confortable fut placé au centre, et chacun, armé de sa cuiller de bois, s'apprêtait à y faire honneur. Fatalité ! fatalité ! le riz était mêlé de sable ; cuisinier malencontreux, j'avais imprudemment plongé la casserole trop avant dans la source et le sable y était entré. D'horribles grimaces attestèrent le désappointement général. Le sapeur resta quelque temps la bouche entr'ouverte, le bras tendu en avant ; il cherchait peut être à se persuader qu'il y avait moyen de continuer l'indigeste repas. Grâce au ciel, notre malheur fut bientôt réparé ; l'extrémité de ma pelisse me servit de passoire, et l'eau m'arriva pure et limpide ; une excellente soupe à la farine nous fit oublier la soupe au sable.

Mon camarade et moi nous nous étendîmes sur le sac aux provisions, et, bien enveloppés d'une couverture de laine que j'avais trouvée dans la journée, les pieds tournés contre le feu, qui commençait à pâlir, nous trouvâmes le sommeil. L'arrivée du jour nous offrit un triste spectacle ; sept chevaux, sur les treize que nous avions, étaient morts. Nos hommes, ainsi que le vieux sapeur, avaient disparu ; quelques cadavres nous indiquaient que cette nuit avait été mortelle pour bien des malheureux ; l'un d'eux était venu expirer si près de nous, que son corps nous avait servi de point d'appui.

Dans la matinée, des hommes et des chevaux, nous avaient été envoyés de Wilna ; le caisson qui portait les deux millions fut tiré de la neige et placé sur le chemin ; il arriva à bon port ; il est le seul, je crois, qui soit entré à Dantzig. Le mien resta sur place ; il fut pillé tour à tour par les Français et par les cosaques. L'un de mes camarades, qui était venu à notre rencontre, me donna du pain blanc et des saucisses crues ; je fus longtemps à comprendre qu'on pût se rassasier de pain blanc et de saucisses crues.

J'arrivai à Wilna dans la soirée du 10.

(B. T. Duverger, *Mes aventures dans la campagne de Russie.*)

Nous arrivâmes aux portes de Wilna le 9 décembre. Tout le monde voulait du pain, de la viande, du vin, des abris ; la ville fut saccagée et les magasins pillés.

Il n'y avait plus un seul corps dont il restât quelques débris ; plus ni divisions, ni brigades, ni régiments, ni bataillons, plus même une compagnie. Nous étions encore une trentaine du régiment, tout compris, sans chefs. Plus de commandement, chacun pour soi. Nous étions encore bien armés, et j'assure qu'il ne faisait pas bon nous résister.

Nous pillâmes le magasin aux vivres de l'état-major et de l'Empereur. Nous y trouvâmes de la belle farine, du lard, de l'huile fine, du riz et du bon vin, même du champagne et de l'excellent cognac.

Nous fricotâmes toute la nuit ; nous fîmes du pain et des galettes, et un jambon fut cuit au four. Le lendemain nous étions bien restaurés pour nous remettre en route.

A Wilna, j'ai vu tuer un soldat d'une manière dont personne, jamais, peut-être, ne partit pour l'autre monde. Notre lieutenant Seraris sortait du palais où nous avions pris domicile ; il tenait un jambon sous chaque bras. Survint un soldat, qui lui barra le passage, en exigeant l'un des jambons. Il reçut, à l'instant, en guise de réponse, un coup de jambon sur la tête, appliqué avec tant de force, qu'il abattit notre homme ; il est juste de dire que, vu son état de faiblesse, il ne fallait pas beaucoup d'effort pour le tuer.

Nous avions pris quatre petits chevaux, des *coigna* polonais, sur lesquels nous chargeâmes nos vivres, farine, riz, lard.

Le 10 décembre, nous quittâmes Wilna. A une lieue de cette ville se trouve une montagne, alors couverte de verglas et offrant aux voitures un insurmontable obstacle. Les chariots transportant des officiers blessés ou malades, des canons, des caissons, des voitures de maître, enfin les fourgons du Trésor, les trophées de Moscou, les drapeaux russes, la vaisselle plate des maréchaux, etc., tout fut abandonné. On peut difficilement se faire une idée des richesses qui furent laissées au pied de cette montagne ; les Russes en achevèrent le pillage, commencé par les Français.

Pour ma part, je pouvais avoir un sac d'or contenant 50,000 francs en napoléons, au millésime de 1813, mais j'en trouvai le poids trop lourd et me contentai de quelques poignées de cet or que je mis dans les poches de mon pantalon. Le soir, mes cuisses en étaient presque écorchées, et l'envie me prit de le jeter, mais ayant fait la trouvaille d'un bonnet de femme, j'y renfermai mon or et le suspendis à mon cou, en nouant soigneusement les cordons du bonnet.

Dans cette bagarre, j'eus l'occasion de rendre service au colonel Lenoir, mon ancien chef de bataillon en

Autriche et en Espagne. Le malheureux avait eu la jambe emportée par un boulet, à l'affaire de Krasnoï ; on l'avait placé dans une petite voiture couverte de toile, et, souvent, pendant la route, j'avais protégé cette carriole en la faisant défiler entre les batteries de la garde ou les équipages de l'Empereur, lorsque je m'y trouvais de service. Je savais que la carriole contenait mon ancien lieutenant-colonel qui, depuis quatre ans, avait le même domestique et, par celui-ci, j'avais appris que le colonel, blessé, se trouvait dans cette voiture. Je lui conseillai de retourner à Wilna et de se laisser prendre par les Russes, parce qu'il n'y avait ni chance ni espoir de franchir la montagne.

Vers le soir, nous gravîmes la montagne, à côté de la route, dans la neige jusqu'aux genoux, en traversant une masse de broussailles. A mi-côte, je trouvai un homme, dans un traîneau abandonné ; le conducteur était parti avec le cheval. Pour se faire conduire ainsi, cet homme devait occuper un certain rang dans l'armée. Enveloppé d'une grande pelisse, ayant les pieds et les mains gelés, il me supplia de le tuer, car il était persuadé qu'il ne pouvait pas vivre longtemps dans cette position. J'avais déjà armé mon fusil pour lui rendre ce service qu'il implorait de moi, mais la réflexion me dit qu'il pouvait bien mourir sans moi. Je le laissai, et déjà j'étais loin de lui qu'il me suppliait encore de le tuer.

Un peu plus loin, on me retient tout à coup par la capote, en me disant : « *Où vas-tu ?* » Je me retourne et reconnais... le maréchal Lefèvre. Je lui répondis : « Je f... le camp, comme tout le monde ! » et il réplique : « Tu as raison ; tâche de t'en tirer les c....... nettes. »

Arrivé au sommet de la montagne, je regagnai la grand'route et m'arrêtai quelque temps pour voir si nos camarades arrivaient. J'ôte mon sac, le pose à terre, mais aussitôt à terre il avait disparu. Je crois que le diable l'a emporté. Adieu toutes mes richesses ramassées à Moscou et si péniblement conservées jusqu'à la fin de la campagne ; adieu dentelles, cachemires, or et argent en barre ; plus rien que l'or que j'avais dans mon bonnet de femme. J'avais beau regarder à droite et à gauche, pour découvrir mon voleur... rien ! S'il m'était tombé entre les mains, je donne bien ma parole qu'il n'aurait pas porté mon sac aux enfers, où je me serais donné la satisfaction de l'envoyer lui-même *presto*.

(Souvenirs d'un vieux soldat belge de la garde impériale.)

Enfin, nous arrivâmes aux portes de Wilna par une route tranchée dans la montagne, et nous y trouvons une foule innombrable, qui se précipitait pour entrer. On avait élevé des palissades en avant des portes et des soldats en défendaient l'entrée ; mais nous passâmes malgré eux, sous les coups de leurs baïonnettes.

Les habitants de Wilna étaient dans un état de stupeur complète. Cette ville, capitale de la Lithuanie, avait espéré de recouvrer son indépendance nationale, aussi nous avait-elle assez bien reçus. Mais nos malheurs lui avaient fait faire de tristes réflexions ; le retour inopiné de l'Empereur, dont le passage fut brusque et silencieux : la désastreuse arrivée des troupes qui nous avaient devancés, avaient fait comprendre la situation générale et tout ce qui pouvait résulter de l'exigence ou des besoins de l'indiscipline d'une armée telle que la nôtre ; sans parler ici du ressentiment et de l'irritation du gouvernement russe, en dernier résultat. Quant à nous autres, malheureux libérés de l'incendie, de la famine et des glaces du nord, nous y entrâmes en éprouvant un sentiment de félicité prodigieuse en voyant des vitres briller, des cheminées fumer, des gens bien vêtus et surtout des enseignes de restaurateurs. Il y en avait, par exemple, où nous trouvâmes en bon français : *Au veau qui tette ; A la renommée des pieds de mouton ;* et ces affiches avaient un parfum de nationalité, d'abondance et de civilisation gallicane qui nous faisait espérer la soirée la plus délicieuse. Nous nous acheminâmes, Gevers et moi, vers le palais ; j'y donnai mon cheval au brigadier Lacour et puis nous revînmes sur nos pas pour nous choisir un bon gîte. Nous entrâmes d'abord dans une hôtellerie allemande où tout était déjà dévasté et où, malgré nos ressources et nos offres pécuniaires, il nous fut impossible de rien obtenir. Nous nous traînâmes alors jusqu'à ce *Veau qui tette* qui se trouvait comme toutes les autres auberges de la ville, c'est-à-dire remplies jusque dans les combles : on pense bien qu'il ne s'y trouvait plus rien à frire et cependant comme nous étions absolument au bout de nos forces, nous nous établîmes dans une chambre assez chaude afin d'y boire un peu d'eau-de-vie, le seul confortatif qui fût échappé à cette formidable occupation de gens affamés. A la fin pourtant, nous saisîmes au passage quelques mauvaises pommes de terre cuites à l'eau qui étaient destinées à d'autres et que nous avalâmes avec délices, mais nous les arrosâmes de manière à ce que, n'ayant pas plus de force dans la tête que dans l'estomac, nous n'eûmes que le temps de gagner une pièce voisine où (malgré les maîtres du logis), nous nous étendîmes sur le plancher en nombreuse et triste compagnie, autant qu'il m'en souvient. Je laisse à deviner les inconvénients et les saletés qui résultèrent pendant toute la nuit des intempérances de la veille et, dès le point du jour, nonobstant nos fatigues nocturnes et nos vieilles douleurs, je parvins à déterminer M. de Gevers à sortir pour aller chercher fortune ailleurs : et clopin-clopant nous nous mîmes en route.

(De Mailly-Nesle, *Mon journal pendant la campagne de Russie, écrit de mémoire après mon retour à Paris.*)

Un trésor, sans doute, celui du grand quartier général de l'armée et qu'on avait fait filer à l'avance pendant la nuit, suivait péniblement cette route avec son escorte.

On avait calculé qu'il pourrait être rendu sur le territoire prussien quelques jours avant le gros des fuyards.

Trois marches devaient suffire pour qu'il arrivât au Niemen.

Les destins en avaient autrement ordonné.

A quelques verstes de la ville est une montée assez peu longue, mais raide, difficile et dont l'escarpement ordinaire était doublé par le mauvais état de la route, si souvent sillonnée par l'artillerie et par la glace qui la couvrait.

Cette montée est bien connue de tous ceux qui ont fait la campagne de Russie, sous le nom de *rampe de Wilna*.

C'est là que l'honneur français, déjà si cruellement compromis par les éléments conjurés, devait recevoir un rude échec.

Je vous ai dit qu'il gelait, et de ce froid qui moissonnait des centaines d'hommes par minute...

Les caissons du trésor, solidement construits, en bon état, encore assez bien attelés, étaient parvenus jusque-là sans accident notable. Un mauvais pas se présentait-il ? Les soldats du train redoublaient de zèle et d'ardeur, et le trésor passait outre, au bruit redoublé des jurements et des coups de fouet.

L'escorte elle-même se dévouait au besoin et poussait à la roue. L'or inspire une sorte de respect. — Un trésor, ça doit passer partout, se disaient les soldats fatigués, en s'employant de toute la force de leur volonté.

A la rampe de Wilna, les chevaux, d'abord étonnés et bientôt rebutés, marquent un temps d'arrêt : on les fouette ; ils renâclent...

Cependant, l'avoine ne leur manquait pas, à la bonne heure aux chevaux de troupe. On avait des chevaux de rechange.

On essaie de les atteler en avant de ceux qui tiraient, et tous les fouets sont en l'air. Résultat nul.

Les lourds caissons restaient comme cloués à leur place.

La partie montée de l'escorte se voit dans l'obligation de mettre pied à terre pour pousser la roue.

Elle n'obtient rien.

Les payeurs généraux et particuliers, les sous-payeurs, les agents du Trésor, conducteurs en chef et autres, se regardent avec effroi et comme frappés d'épouvante à l'idée d'un naufrage.

On savait que l'Empereur entendait que l'argent ne fût pas la proie de l'ennemi.

On se consulte, on s'anime du geste et de la voix : on essaie de réchauffer l'ardeur subitement éteinte des chevaux de trait.

Mais la neige durcie offrait partout à la superficie l'image d'une glace ; les efforts qu'on avait tentés avaient fait perdre plus de terrain qu'on n'espérait en gagner, et le temps se passait en hésitations.

Un général suivait dans sa calèche, placée sur un traineau. Il est avisé de ce qui se passe.

— Mon général, lui dit un payeur, le trésor est arrêté

par un obstacle qui paraît insurmontable ; on craint de ne pouvoir aller plus loin.

Pour le moment, l'officier général qu'on apostrophe ainsi, sort le bout du nez de l'énorme witchoura moscovite dans lequel il était comme enseveli :

— Vous badinez, je crois ? Il faut que le trésor suive ; il le faut absolument... Le trésor ! Que dirait Sa Majesté ? Fouettez vos chevaux et en avant !

Et il cache de nouveau et avec grand soin le bout de son nez, qu'il avait un instant exposé aux atrocités de l'air ; puis il fait signe à son cocher de dépasser les voitures qui le précédaient.

On se regarde encore, pendant que les charretiers, découragés comme leurs chevaux, tentent de se réchauffer au souffle de leur propre haleine.

Un parc d'artillerie très nombreux, supérieurement attelé, probablement un parc de réserve qui n'avait pas dépassé Wilna, est signalé à l'instant même par un employé.

Il n'était plus qu'à quelques centaines de pas en arrière du trésor.

Un préposé pique des deux, atteint la calèche, et hèle de nouveau le général au witchoura.

— Il s'agit de sauver le trésor, lui dit-il ; si l'on s'emparait des chevaux d'un parc d'artillerie qui vient derrière nous ?

— Un parc d'artillerie ? répond le général en risquant une seconde fois le bout de son nez ; un parc d'artillerie ?

— Oui, mon général. A quoi bon des canons aujourd'hui ?...

Qui le croirait ! L'avis, quoique honteux, quoique infâme comme la réflexion qui l'accompagne, est favorablement accueilli !

— Ordonnez que les chevaux soient mis à votre disposition ; je m'en rapporte à votre zèle, et si vous sauvez le trésor, je ferai un rapport sur vous. Allez !

Le parc s'était avancé. On s'abouche avec l'officier supérieur qui le commandait.

— Moi, livrer mes chevaux ! dit-il en rougissant d'une vertueuse colère. Quel est le j... f... qui a pu donner cet ordre ?

Un *c'est moi* part du fond de la calèche, un instant arrêtée.

— Impossible !

Et s'approchant de la voiture :

— Est-ce sérieusement, dit-il, que l'on me parle d'abandonner mes pièces ?

— Oui, monsieur, très sérieusement.

— A moins d'un ordre écrit de mon chef immédiat, je n'en ferai rien.

— Comment, monsieur !... (*A part.*) Quel froid !... Ils ont résolu de me faire geler !... (*Haut.*) Obéissez et promptement. Je suis le général R..., aide de camp de l'Empereur ; je vous rends responsable des événements qui peuvent arriver au trésor...

— Mais, général, cette belle artillerie ?

— Il s'agit bien de faire du sentiment, ma foi ! Obéissez, ou je ferai mon rapport... Votre nom, monsieur ?

— Artilleurs, en avant !... Je me f... du trésor ; le devoir avant tout.

Et la marche du parc, un instant suspendue, est reprise, malgré les récriminations du général, d'ailleurs à moitié étouffées par la fourrure épaisse de son witchoura.

En ce moment, une voix, une seule, part d'un des

petits groupes de fuyards disséminés sur la route et fait entendre ce bruit redouté : *Au cosaque.*

Au même moment, le traîneau de l'officier général protecteur du trésor est enlevé par les chevaux : il disparaît.

Les payeurs, les sous-payeurs disparaissent.

Les conducteurs et tous les autres employés disparaissent.

L'escorte elle-même se dissipe et se perd parmi les traînards.

Tous se jettent à droite et à gauche de la route, en cet endroit très large.

Une autre voix, ou peut-être celle qui déjà s'était fait entendre, ajoute ces mots :

— *A moi, mes amis ! Pillons le trésor.*

Tout aussitôt des bandes de fuyards qui tournaient la montée dans toutes les directions se rallient à ce cri et fondent sur les précieux fourgons.

En un instant ils sont cernés par une nuée d'oiseaux de proie : on se précipite sur les serrures, on les force avec tout ce qui se trouve sous la main.

Ils volent en éclats et sont ouverts.

Des soldats de toute arme, des valets, des employés et jusqu'à des officiers, y puisent à pleines mains l'or et le déshonneur...

D'abord on dédaigne de prendre les pièces de cinq francs; on les jette au loin sur la neige...

Mais aux pillards succèdent d'autres pillards : et pour cela on passe promptement des injures aux coups.

Ceux qui ne peuvent obtenir leur bonne part de la curée s'irritent : les sabres se tirent. Quelques-uns des premiers venus, qui se retiraient chargés d'or, tombent sous les coups des derniers arrivés.

Les rouleaux de napoléons changent plusieurs fois de maîtres en quelques minutes...

Le cri *au cosaque!* se fait entendre de nouveau, mais il est sans effet. L'amour de l'or l'emporte sur la peur et l'on ne quitte les caissons qu'entièrement vides, brisés et renversés sur la neige rougie par le sang des pillards.

Le rapport de ce fait fut soumis à l'Empereur, qui le déchira après en avoir parcouru les premières lignes.

(L. Lemonić-Montigny, *Souvenirs anecdotiques d'un officier de la grande armée.*)

DU 6 AU 26 DÉCEMBRE

Mon thermomètre, suspendu quelques moments, au milieu de la nuit, à la boutonnière de mon habit, marqua 28 degrés. Il y avait très peu de différence de la température du jour à celle de la nuit, les rayons du soleil, ne pouvant pénétrer l'atmosphère considérablement condensée. Nous étions au milieu d'un brouillard très raré qui couvrait de cristaux toutes les villosités du corps et des vêtements. Ceux qui étaient suspendus aux cils, en forme de stalactites, interceptaient plus ou moins le passage de la lumière, et gênaient infiniment pour la marche, qui fut extrêmement pénible jusqu'à Wilna, Kowno, et plus loin encore, parce que le froid resta à peu près au même degré d'intensité.

Les bords du chemin étaient parsemés de soldats qui avaient péri pendant leur marche, dans la nuit du 8 au 9 décembre. Ils appartenaient principalement à la 12e division, presque toute composée de jeunes gens. Enfin, nous étions tous dans un tel état d'abattement et de torpeur, que nous avions peine à nous reconnaître les uns les autres. On marchait dans un morne silence. L'organe de la vue et les forces musculaires étaient affaiblis au point qu'il était difficile de suivre sa direction et de conserver l'équilibre. L'individu chez qui il venait à être rompu tombait aux pieds de ses compagnons, qui ne détournaient pas les yeux pour le regarder. Quoique l'un des plus robustes de l'armée, ce fut avec la plus grande difficulté que je pus atteindre Wilna. A mon arrivée dans cette ville, j'étais près de tomber, pour ne plus me relever sans doute comme tant d'autres infortunés qui avaient péri sous mes yeux.

L'accueil plein de sensibilité que je reçus des sœurs grises de la Charité, en entrant dans leur hospice le 9 au soir, et les soins vigilants qu'elles me prodiguèrent, me rappelèrent à la vie. Cette circonstance restera à jamais gravée dans mon souvenir.

L'empressement que chacun mettait à entrer dans Wilna, cette ville tant désirée, et où nous ne trouvâmes pourtant que peines et misères, produisit en peu de moments vers les portes un encombrement effrayant : on se culbutait, on se déchirait pour entrer. Quoiqu'on eut assigné et fait disposer des couvents pour chaque corps d'armée, toutes ces masses se disséminèrent dans la ville et remplirent aussitôt les cafés, les auberges et les boutiques d'épiciers ; ils burent et mangèrent avec une telle précipitation, qu'en quelques quarts d'heure tous les liquides et les comestibles furent consommés.

Malgré l'extrême confusion qui régnait de tous côtés, la nuit se passa sans accident. Ceux qui ne purent coucher dans les couvents ou dans les maisons bivouaquèrent sur les places et dans les rues, et ils s'y trouvèrent encore mieux que dans les bivouacs qu'ils avaient supportés jusqu'alors.

Cependant les cosaques menaçaient déjà les faubourgs de Wilna : leur approche précipita dès le 10 au matin, dans l'enceinte de la ville, la queue de la colonne, ce qui augmenta le trouble et la confusion. Les sentinelles placées pour la garde des magasins furent forcées, les portes enfoncées, les subsistances et les habillements pillés par nos troupes et par les juifs. Le désordre fut porté à son comble, et la voix des autorités entièrement méconnue.

Au milieu de tout ce tumulte, le prince Murat, qui avait le commandement de l'armée, sortit précipitamment de son palais, traversa la foule sans gardes, et alla s'établir dans le faubourg de la route de Kowno où l'état-major et la garde le rejoignirent peu de moments après. Le pillage des magasins avait mis une grande quantité de rhum et d'eau-de-vie à la discrétion des soldats. La plupart en firent un usage immodéré; ce qui multiplia le nombre des malades, fit développer la gangrène aux extrémités, et causa même la mort de plusieurs d'entre eux.

Pour moi, après avoir pris quelques heures de repos, je visitai rapidement les hôpitaux pour en assurer le service dans la partie qui me concernait. Je réunis à l'hospice de la Charité les chirurgiens malades et les principaux officiers blessés, que je confiai aux soins particuliers des bonnes sœurs grises.

Je laissai dans tous les hôpitaux, en outre des officiers de santé malades, un nombre suffisant de chirurgiens de tous grades, pour le traitement des blessés qu'on avait réunis dans cette ville. Je leur remis des lettres de recommandation pour les médecins en chef de l'armée russe, et je me disposai à rejoindre la garde et le quartier général. Je me mis en route la nuit du 10 au 11; et, au lieu de m'arrêter dans le faubourg où ils étaient, je m'acheminai vers Kowno.

Dès le lendemain matin 11, les Cosaques entrèrent

dans Wilna, et jetèrent l'épouvante chez tous les Français qui y étaient restés en nombre considérable. Les Juifs leur firent éprouver de mauvais traitements, et les maladies épidémiques attaquèrent successivement une grande partie de ceux qui avaient échappé à cette catastrophe et aux effets meurtriers du froid et de la faim.

A notre départ de Wilna, la température s'était élevée de quelques degrés ; il tomba dans ce peu de moments une très grande quantité de neige qui rendit presque impraticable le passage de la montagne qu'on rencontre sur la route, à quelques lieues de la ville. Le peu d'équipages et de caissons du trésor qu'on avait sauvés des dangers précédents, furent abandonnés ou brûlés sur cette fatale montagne : ainsi l'on peut dire que Wilna nous a été presque aussi funeste que la Bérésina.

Pendant la nuit du 12 au 13, la température baissa de nouveau, et le froid reprit toute sa première intensité. Il se soutint au même degré jusqu'au delà de Kowno. Notre entrée et notre passage dans cette ville furent aussi difficiles et aussi pénibles qu'à Wilna. Nous y perdîmes de même beaucoup de jeunes gens par l'ivresse où les plongèrent les liqueurs alcooliques.

J'eus le bonheur de retrouver dans cette ville le docteur Ribes, mon ami, que je n'avais pas vu depuis Wilna. Il était au dernier degré d'épuisement causé par la fatigue et les effets de la rigueur du froid, auquel les tempéraments les plus robustes ne pouvaient résister. J'ai remarqué cependant, toutes choses égales d'ailleurs, que les tempéraments, qualifiés sous le nom de sanguins et chauds, résistaient beaucoup mieux à l'action de cet agent sédatif que ceux qu'on a désignés sous le nom générique de lymphatiques : aussi la mort a-t-elle plus épargné les individus des contrées septentrionales et humides, tels que les Hollandais, les Hanovriens, les Prussiens et autres peuples allemands. Les Russes eux-mêmes, d'après le rapport qui m'en a été fait par plusieurs officiers de santé restés à Wilna, ont perdu, par cette seule cause, plus d'hommes en proportion que les Français. J'employai tous les moyens que me commandait l'amitié pour rappeler chez M. Ribes les forces qui lui échappaient, et pour l'aider à gagner les frontières de la vieille Prusse, contrée que naguère nous considérions comme une seconde patrie.

Dès le lendemain de notre arrivée à Kowno, je m'empressai d'aller visiter les hôpitaux, que je trouvai remplis de malades. Tous ceux qui purent marcher furent évacués vers la Prusse : on pourvut à l'existence des autres, et un nombre suffisant d'officiers de santé fut laissé auprès d'eux pour assurer leur traitement. Ici, comme à Wilna, les magasins furent pillés, ce qui prolongea le désordre et les excès dans l'armée. D'ailleurs les partisans ennemis ne tardèrent pas à nous atteindre. La majeure partie de nos troupes s'était remise en marche dès le 13 décembre au matin ; je ne partis que le 14 à la pointe du jour, avec mon ami et quelques soldats de la garde : nous eûmes beaucoup de difficulté à passer le pont qui était encombré : nous ne parvînmes aussi qu'avec beaucoup de peine au sommet de la montagne qui devance Kowno. Presque toutes les pièces d'artillerie qu'on évacuait de la ville furent abandonnées sur ce chemin escarpé et couvert de glace. Ce passage fut encore funeste à beaucoup de nos soldats affaiblis par les fatigues, le froid et la faim ; ils ne purent échapper à la poursuite des cosaques qui avaient passé le Niemen à pied sec. Ce fleuve était gelé à plusieurs pieds de profondeur, et cette circonstance était aussi avantageuse pour eux qu'elle nous devenait funeste, parce que nous n'avions presque pas d'arrière-garde pour protéger la marche de nos militaires isolés. Quelques soldats de la garde, qui avaient encore leurs armes, se trouvant exposés à la charge des cosaques, eurent beau se rallier pour les repousser, le contact du fer paralysa leurs doigts, les fusils leur tombèrent des mains sans qu'ils eussent pu les charger et en faire usage, et ils furent obligés de nous rejoindre précipitamment.

Enfin, les ennemis s'arrêtèrent et cessèrent de nous harceler, soit qu'ils eussent préféré s'occuper de la prise du reste de nos équipages et des pièces d'artillerie, qu'ils trouvèrent entassés dans le chemin du revers de la montagne, soit qu'ils eussent craint de s'éloigner trop promptement de leurs frontières. Nous pûmes marcher paisiblement et avec sûreté pendant quelques jours. Les soldats des diverses nations, profitant de cet instant de repos, se dispersèrent et se rendirent par des routes différentes à leur destination. Les Français seuls suivirent la route de Gumbinen.

Trois mille hommes des meilleurs soldats de la garde, tant d'infanterie que de cavalerie, presque tous des contrées méridionale de la France, étaient les seuls qui eussent vraiment résisté aux cruelles vicissitudes de la retraite ; ils possédaient encore leurs armes, leurs chevaux et leur attitude guerrière ; les maréchaux ducs de Dantzick et d'Istrie étaient à leur tête ; les princes Joachim et Eugène marchaient au centre de cette troupe, que l'on pouvait considérer comme le reste d'une armée de plus de 400.000 hommes, que les habitants du pays avaient vue défiler, six mois auparavant, dans toute sa force et dans tout son éclat. L'honneur et la gloire des armées françaises s'étaient en quelque sorte retranchés dans ce petit corps d'élite.

Les deux premiers jours depuis notre départ de Kowno furent encore très pénibles. Nous eûmes toujours à souffrir de la faim et du froid rigoureux ; mais, arrivés à Gumbinen, et successivement, nous trouvâmes des abris pour nous loger et assez de subsistances pour la nourriture des troupes. Jamais nuit ne m'a paru plus agréable que celle que je passai dans cette ville. Pour la première fois, depuis Moscou, je fis un repas complet, je couchai dans une chambre chaude et dans un bon lit. Pour la première fois aussi, nous eûmes le bonheur de faire séjour au milieu de ces avantages. Cet intervalle de temps permit aux troupes isolées de continuer leur route sur Kœnigsberg, et à beaucoup de soldats égarés de la garde de se rallier sous leurs drapeaux. On reçut de plus quelques détachements des gardes napolitaines, avec plusieurs pièces de canon et de la cavalerie. Ces divers renforts grossirent assez notre corps d'élite pour le mettre en état de faire face à l'ennemi et de former même notre arrière-garde. Dès ce moment, nous continuâmes notre marche avec ordre et avec une meilleure discipline. Les logements et des distributions régulières se firent dans tous les lieux d'étape ; des habits neufs, fournis par les magasins français des premières villes de la vieille Prusse, furent distribués aux soldats et ils entrèrent à Kœnigsberg, du 25 au 26 décembre, en bon ordre et dans une assez belle tenue.

(*Mémoires de chirurgie militaire et campagnes du baron D. J. Larrey.*)

TABLEAU DES PERTES

QUE L'ARMÉE FRANÇAISE A FAITES DEPUIS L'OUVERTURE

DE LA CAMPAGNE DE 1812

JUSQU'A SA RETRAITE AU DELA DE LA VISTULE

TABLEAU DES PERTES

QUE L'ARMÉE FRANÇAISE A FAITES DEPUIS L'OUVERTURE DE LA CAMPAGNE DE 1812 JUSQU'A SA RETRAITE AU DELA DE LA VISTULE

OPÉRATIONS	TUÉS	PRISONNIERS			Pris par les Vainqueurs		
		Généraux	Officiers supérieurs et subalternes	Sous-officiers et soldats	Drapeaux	Canons	Fourgons
Le 27 juin, dans l'affaire qui eut lieu près du bourg Mir, par le corps du comte Platoff.	200	»	9	185	»	»	»
Le 28 juin, par le même corps, près du bourg Romanoff	500	»	18	300	»	»	»
Dans les premières dates du mois de juillet, par le détachement du général Koulnew, près de Druja et de Dunabourg, par la garnison de cette forteresse.	700	1	9	1.000	»	»	»
Le 9 de juillet, par le détachement du colonel Sissoeff, de la 2ᵉ armée, près de Mogileff.	100	»	11	245	»	»	»
Le 11 de juillet, dans le combat de Doskowka ou de Mogileff, par le corps du général Raewsky.	1.400	»	8	250	»	»	»
Les 13, 14 et 15 de juillet, dans les combats qui eurent lieu près de Witebsk, par deux corps de la 1ʳᵉ armée occidentale et son arrière-garde.	2.100	»	10	850	»	»	»
Pendant la marche du corps du comte Platoff, de la 2ᵉ armée, pour le joindre à la 1ʳᵉ pendant les incursions faites à Sckkloff, Kopys près d'Orscha et Roudnia.	50	»	13	211	»	»	»
Le 15 de juillet, dans le combat de Kobrin, par la 3ᵉ armée d'Occident.	1.000	1	66	2.234	4	8	»
Les 18, 19 et 20 de juillet, dans les combats de Klestzi, près de Polotsk, par le corps du comte de Wittgenstein.	3.300	»	25	3.100	»	2	8
Immédiatement après les combats de Klestzi par un détachement du corps de Wittgenstein dans les environs de Drissa	100	»	16	684	»	»	»
Le 16 de juillet, dans l'affaire de Schlok, près de Riga, par la garnison de la forteresse.	100	»	1	52	»	»	»
Le 27 de juillet dans l'affaire de Keschno, par le corps du comte Platoff.	200	»	9	450	»	»	»
Le 30 de juillet, dans l'affaire de Cochanowo, près de Polotsk, par le corps du comte de Wittgenstein.	600	»	3	250	»	»	»
Le 31 de juillet, dans le combat de Gorodetschenso, par la 3ᵉ armée occidentale	1.650	»	4	230	»	»	»
Pendant le cours de juillet, par le détachement du major Bedaga, du corps de Wittgenstein, sur la Duna.	100	»	11	620	»	»	»
Les 1ᵉʳ, 2, 3 et 4 d'août, par l'avant-garde de la 1ʳᵉ armée près de Roudnia et Loubawitschi et par le détachement du général baron de Wintzengerode, près de Wellige.	350	»	31	922	»	»	»
Le 3 d'août, dans l'affaire de Krasnoï, les 4 et 5, dans les combats de Smolensk, par les corps des deux armées.	7.000	»	15	700	»	»	»
Les 5 et 6 d'août, dans les combats de Polotsk, par le corps du comte Wittgenstein.	3.500	»	39	3.201	»	»	»
Le 7 d'août, dans le combat de Gedèsnowo et de Brédichina, par les deux corps de la 1ʳᵉ armée et l'arrière-garde.	3.000	»	13	600	»	»	»
Le 10 d'août, dans l'affaire de Beloy, par l'avant-garde du corps de Wittgenstein.	500	»	19	650	»	»	»
Le 10 d'août, devant Riga, par la garnison de cette forteresse.	350	»	3	240	»	»	»
Le 24 d'août et le 26 du même mois, dans la bataille générale de Borodino.	18.000	1	35	1.140	»	5	»
Pendant le cours de juillet et d'août, les parties du corps de Wittgenstein ont fait prisonniers des maraudeurs ennemis.	»	»	11	1.550	»	»	»
Au commencement du mois de septembre, par le détachement du corps de Wittgenstein sur la Duna.	100	»	29	238	»	»	»
Au commencement du mois de septembre, par le corps du général Ertel, dans le gouvernement de Minsk.	800	»	13	574	»	»	»
A la même époque, par les détachements de la 3ᵉ armée occidentale.	100	»	15	192	1	1	»
Du 3 jusqu'au 18 de septembre, d'après les rapports du prince Koutousoff, par les détachements et avant-postes de la grande armée.	1.100	1	23	5.500	»	»	»
Le 7 septembre, dans l'affaire de Snamensky près de Monou, par le détachement du général Ilowaisky.	100	»	7	240	»	»	»
Le 8 septembre, dans l'affaire de Nesewitsche, par le détachement du général comte Lambert, de la 3ᵉ armée.	200	»	13	187	3	»	»

OPÉRATIONS	TUÉS	PRISONNIERS			Pris par les Vainqueurs		
		Généraux	Officiers supérieurs et subalternes	Sous-officiers et soldats	Drapeaux	Canons	Fourgons
Les 8 et 9 septembre, par le détachement du général Dorochoff, sur la route de Mojaisk.	400	»	21	500	»	»	»
Les 12, 15, 16, 19, 20 et 21 de septembre, par les détachements des généraux Dorochoff, Korff, du colonel Efremoff et par l'avant-garde de la grande armée.	1.150	»	34	1.573	»	»	»
Depuis le 14 jusqu'au 20 de septembre, par le détachement du général baron Wintzengerode, dans les environs de Moscou.	350	»	2	378	»	»	»
Le 16 septembre, à la prise de Mitais, par la garnison de Riga.	»	»	»	240	»	4	»
Depuis le 20 jusqu'au 24 de septembre, par le détachement du général baron Wintzengerode, dans les environs de Moscou.	175	»	2	289	»	»	»
Le 24 septembre, par le détachement du lieutenant-colonel Bedriaga, corps du comte Wittgenstein.	150	»	3	87	»	»	»
Depuis le 24 jusqu'au 26 de septembre, par le détachement du général baron Wintzengerode, dans les environs de Moscou.	300	»	6	215	»	»	»
Le 27 de septembre, par le détachement du colonel Tschernosouboff, entre Mojaisk et Gjatzk.	325	»	15	437	»	»	»
Le 29 de septembre, par le détachement du général Dorochoff, à la prise de la ville de Véréia.	600	»	15	377	1	»	»
D'après le rapport du maréchal prince Koutousoff, daté du 22 de septembre jusqu'au 1er octobre, par les partisans sur les différentes routes.	1.300	»	18	1.280	»	»	130
Pendant le mois de septembre, par la 3e armée d'Occident et celle du Danube, pendant leurs opérations défensives.	1.100	»	15	1.552	»	»	»
Du 1er jusqu'au 3 d'octobre, par les partisans de la grande armée.	600	»	5	499	»	»	»
Le 6 octobre, dans le combat de Tschernischna, par une partie de la grande armée.	2.000	1	59	1.500	1	38	40
Le 6 octobre, dans le combat de Polotzk et à la prise de cette ville, le 7, par le corps du comte Wittgenstein.	3.000	»	45	1.980	»	1	»
Le 7 octobre, dans le combat d'Oüschatsch, par les corps du comte Steinheil.	1.000	»	38	490	»	»	»
Depuis le 26 de septembre jusqu'au 6 d'octobre, par le détachement du colonel Tschernicheff, pendant l'incursion faite dans le duché de Varsovie.	270	»	6	220	»	»	»
Depuis le 1er jusqu'au 8 d'octobre, par les détachements du général baron Wintzengerode, dans les environs de Moscou.	400	»	9	770	»	»	»
Depuis le 4 jusqu'au 8 d'octobre, par les détachements de partisans de la grande armée.	600	»	13	289	»	»	»
Le 8 d'octobre, par le détachement du général Tschaplitz, à Slonim.	100	1	13	450	»	»	»
Le 10 d'octobre, à la prise de Moscou, par les généraux baron de Wintzengerode et Ilowaisky.	»	»	58	1.800	»	42	237
Depuis le 8 jusqu'au 15 d'octobre, par les détachements des partisans de la grande armée et au combat de Malo Jaroslawetz, le 12.	5.000	1	23	1.800	»	16	70
Le 12 et le 14, aux affaires de Koublitsch et de Gloubokoy, par le corps du comte Steinheil.	600	1	17	350	22	8	»
Pendant la retraite de l'ennemi de Polotzk jusqu'à Lepel, depuis le 8 jusqu'au 19 septembre, par le corps du comte de Wittgenstein.	1.200	»	50	3.620	»	8	68
Depuis le 13 jusqu'au 18 octobre, par le détachement du général Ilowaisky 4, dans les environs de Moscou.	325	»	5	652	»	»	»
Le 19 d'octobre, dans le combat de Tschaschniki, par le corps du comte de Wittgenstein.	1.200	»	12	1.000	»	»	»
Le 19 d'octobre, dans l'affaire près du Couvent de Kolotsk, par le corps du comte Platoff.	800	»	9	200	2	27	8
Le 21 d'octobre, près de la ville de Viasma, par le détachement de l'aide de camp général comte Orloff-Denissoff.	200	1	5	130	»	1	»
Le 22 d'octobre, dans le combat de Viasma et le 23 à la poursuite par l'avant-garde de la grande armée sous le commandement du général Miloradovitsch.	1.800	1	23	3.500	1	3	»
Depuis le 16 jusqu'au 24 octobre, par le corps du général Platoff et les partisans de l'armée à la poursuite de l'ennemi après le combat de Malo-Jaroslawetz.	1.000	»	8	440	1	4	100
Les 24 et 25 octobre, pendant la poursuite de l'ennemi de Viasma jusqu'à Dorogobouge, par les corps des généraux Miloradowitsch et du comte Platoff.	900	»	29	1.300	1	4	»
Le 26 dans le combat de Mantoroff, entre Dorogobouge et Douchowtschina, par le corps du comte de Platoff.	1.600	»	109	2.800	»	64	64

OPÉRATIONS	TUÉS	PRISONNIERS			Pris par les Vainqueurs		
		Généraux	Officiers supérieurs et subalternes	Sous-officiers et soldats	Drapeaux	Canons	Fourgons
Le 26 octobre près de la ville de Douchowtschina par le corps du général Ilowaysky 12	450	1	22	502	»	»	»
Le 26 octobre par le détachement du lieutenant colonel Andrianoff, du corps du comte Platoff, près du village de Basikoff	220	»	3	175	1	»	5
Le 26 octobre à la prise de la ville de Dorogobouge par le général Miloradowitsch	1.000	»	1	580	»	4	10
Le 26 octobre, à la prise de Witebsk, par le détachement du général Harpe du corps de Wittgenstein	280	1	11	307	»	2	»
Les 27 et 28 octobre, à la poursuite de l'ennemi depuis Dorogobouge jusqu'au passage du Borystène dite Soloviévo, par le détachement du général Jourkowsky du corps du général Miloradowitsch	600	»	11	969	»	21	60
Le 28 octobre, au même endroit par le détachement du comte Orloff-Denissoff	700	»	7	563	»	»	»
Le 28 octobre, par les partisans Leslawin, Dawidoff et Figner dans le village de Liachowo	175	1	60	2.000	»	»	»
Les 28, 29 et 30 octobre, par différents autres détachements de la grande armée à la poursuite de l'ennemi sur différents chemins vers Smolensk	400	»	27	655	»	»	»
Le 29 octobre, au passage de la Vop par le corps du comte Platoff	600	»	5	200	»	23	»
Le 30 octobre, près de Kreutzbourg et le 31 à la prise de cette ville par le détachement du corps du marquis de Paulucci	100	»	2	63	»	3	»
Le 31 octobre, dans les environs d'Elna, par le détachement du comte Orloff-Denissoff	1.300	»	9	1.291	»	»	»
Le 31 octobre, par un détachement du corps du comte Platoff dans les environs de Douchowtschina	450	»	5	800	»	2	»
Les 31 octobre et 1er novembre, par le détachement du comte Orloff-Denissoff	300	»	6	620	»	»	»
Au commencement du mois de novembre, par le corps du général baron Sacken, aux environs de Slonim	»	»	12	1.000	1	»	»
Le 2 novembre à la poursuite de l'ennemi jusqu'à Smolensk par le corps du général Platoff	400	»	5	380	»	2	»
Le 2 novembre, par un détachement de l'aide de camp général comte Ojarowsky, près de la ville de Krasnoï	150	»	1	260	»	»	»
Le 2 novembre, par un détachement du corps du comte Ostermann-Tolstoy, près le chemin de Smolensk	»	»	5	290	»	»	»
Par le détachement ci-devant du général baron Wintzengerode, commandé par l'aide de camp général Golenistscheff-Koutousoff, à la poursuite de l'ennemi depuis Moscou jusqu'à Babinowitschi, à droite du grand chemin de Smolensk, depuis le 22 octobre jusqu'au 9 novembre	500	2	16	900	»	»	»
Le 2 novembre, dans le combat de Smoliani, par le corps du comte Wittgenstein	1.200	»	19	1.300	»	»	»
Le 2 novembre, par le détachement du général Wlastoff, du corps de Wittgenstein	50	»	»	83	»	4	»
Le 3 novembre, par le détachement du comte Orloff-Denissoff, aux environs de la ville de Krasnoï	100	3	20	400	»	»	»
Le 3 novembre, par le corps du comte Ostermann-Tolstoy, aux environs de la ville de Krasnoï	300	»	4	820	»	»	»
Le 3 novembre, dans le combat de Robisewo, aux environs de Krasnoï, par les corps commandés par le général Miloradowitsch	800	1	20	1.100	»	12	20
Le 3 novembre, dans le combat de Kaïdanoff, par le corps du comte Lambert, de l'armée de l'amiral Tschitschagoff	1.200	»	64	3.870	2	2	9
Les 3 et 4 novembre, à la prise de Smolensk, par le corps du comte Platoff	300	»	3	217	»	8	»
Le 4 novembre, dans le combat aux environs de la ville de Krasnoï, par l'avant-garde de la grande armée, sous le commandement du général Miloradowitsch	1.000	1	40	1.500	2	24	30
Le 4 novembre, par les détachements des généraux Korff et Karpov, près de Krasnoï, sur le Borysthène	800	»	13	1.199	3	»	»
Le 4 novembre, par le détachement du général Borosdin au delà de Krasnoï	125	1	1	92	»	3	»
Le 4 novembre, à l'occupation de Minsk, par le corps du comte Lambert	»	»	45	2.224	»	»	»
Le 5 novembre, au combat de Krasnoï, par la grande armée	4.000	2	58	9.170	6	70	30
— à la prise du bourg de Liadi, par le détachement du général Borosdin	100	»	»	180	»	5	»

OPÉRATIONS	TUÉS	PRISONNIERS		Pris par les Vainqueurs		
		Généraux	Officiers supérieurs et subalternes	Sous-officiers et soldats	Drapeaux	Canons	Fourgons
Le 5 novembre, par le corps du comte Platoff, sur le grand chemin entre Smolensk et Krasnoï.	180	»	5	380	»	112	80
Le 6 novembre, au combat de Krasnoï, par les corps de la grande armée sous le commandement du général Miloradawitsch.	6.000	»	100	12.000	4	27	18
Le 7 novembre, à la poursuite de l'ennemi depuis Liadi jusqu'à Doubrowna, par le détachement du général Borosdin.	»	»	»	120	»	7	»
Le 7 novembre, près du village de Vinnié-Louky, par une partie du détachement général du baron Möller-Sakomelsky, sous le commandement du colonel Goundius.	»	»	8	2.300	»	»	»
Le 8 novembre, par le détachement du comte Ojarowsky, aux environs de Kosiani et Gorki.	120	»	4	850	»	4	»
Le 9 novembre, par le détachement du général Borosdin, à l'occupation de Doubrowna.	100	»	8	400	»	»	»
Le 9 novembre, à la prise de Borissow, par le corps du comte Lambert, de l'armée de l'amiral Tschitschagoff.	1.500	»	40	2.100	1	7	»
Le 9 novembre, par le détachement du colonel Loukowkin, de l'armée de l'amiral Tschitschagoff, dans le village d'Ouschi.	100	»	13	284	»	»	»
Le 9 novembre, à la prise de la ville de Kopys, par le partisan Davidoff.	100	»	3	285	»	»	»
Depuis le 5 jusqu'au 10 novembre, à la poursuite de l'ennemi le long du Borysthène jusqu'à Orscha, et à la prise de cette ville par le corps du comte Platoff.	1.500	2	70	5.000	»	26	»
Le 12 novembre, à la prise de Mogileff, par le détachement du comte Ojarowsky.	200	»	1	100	»	»	»
Le 12 novembre, par un détachement du corps du comte Platoff, aux environs de Loubavitschi et à la poursuite de l'ennemi les 10 et 11 du même mois.	800	»	13	2.500	»	»	»
Le 12 novembre, à l'affaire de Batouri, par l'avant-garde du comte de Wittgenstein et à la poursuite de l'ennemi le 13.	600	»	37	1.800	»	»	»
Le 13 novembre, sur le chemin entre Orscha et Tolotschin, par un détachement du corps du comte Platoff.	400	1	4	396	»	»	»
Le 14 novembre, à la prise de Bélinitschi, par le partisan Davidoff.	100	»	8	598	»	»	»
Le 15 novembre, dans le village de Glinki, par un détachement de la grande armée.	50	1	1	100	»	»	»
Le 15 et le 16 novembre, près du village de Stoudentzi et dans le combat du passage de la Bérésina, par le corps du comte Wittgenstein et une partie de celui du comte Platoff.	4.500	5	304	12.691	4	21	15
Le 16 novembre, dans le combat du passage de la Bérésina, près des villages de Stachour et Briloff, par l'armée de l'amiral Tschitschagoff.	2.500	»	7	3.300	2	7	10
Le 17 novembre, par le détachement du général Lanskoy, de l'armée de l'amiral Tschitschagoff à Pletschentza.	150	1	30	217	»	»	»
Le 18 et 19 novembre, à la poursuite de l'ennemi entre Zembin et Pletschenitza, par l'avant-garde de l'armée de l'amiral Tschitschagoff.	400	»	7	380	»	9	»
Le 19 novembre, au bourg de Chotinitschi, par l'armée de l'amiral Tschitschagoff.	300	»	7	527	»	5	20
Le 19 novembre, à la poursuite de l'ennemi, par le corps du comte Platoff.	370	»	8	892	»	1	»
Depuis le 9 jusqu'au 20 novembre, à la poursuite de l'ennemi de Rabinowitschi jusqu'à la ville de Bérésino, par le détachement de l'aide de camp général Golenistscheff-Koutousoff.	1.200	3	73	5.929	»	»	»
Le 20 novembre, à Dolginovo, par le détachement du colonel Tettenborn, du corps du comte Wittgenstein.	100	»	26	1.000	»	»	»
Le 21 novembre, par le détachement du général comte d'Orourk, de l'armée de l'amiral Tschitschagoff et une partie du corps du comte Platoff à Latigal.	300	1	32	1.500	2	1	»
Le 21 novembre, par le détachement du général Moussin-Pouschkin de l'armée de l'amiral Tschitschagoff à Roubeschki.	220	»	4	200	»	»	»
Le 22 novembre, aux environs de Molodetschno et dans ce bourg, par le détachement du comte d'Orourk de l'armée de l'amiral Tschitschagoff.	200	»	»	500	»	8	»
A la poursuite des restes du corps bavarois, par le détachement de l'aide de camp général Golenistscheff-Koutousoff, du corps du comte de Wittgenstein.	425	»	126	2.024	»	»	»
Le 23 novembre, dans l'expédition à Zabrez, par le partisan Selasvin.	50	1	11	211	»	»	»

OPÉRATIONS	TUÉS	PRISONNIERS Généraux	PRISONNIERS Officiers supérieurs et subalternes	PRISONNIERS Sous-officiers et soldats	Pris par les Vainqueurs Drapeaux	Pris par les Vainqueurs Canons	Pris par les Vainqueurs Fourgons
Le 23 novembre, aux environs de Molodetschno, par le corps du comte Platoff.	375	»	6	500	1	6	»
Le 25 novembre, entre Molodetschno et Belitz, par le détachement du comte d'Orourk de l'armée de l'amiral Tschitschagoff.	180	»	11	1.500	»	17	»
Le 25 novembre, aux environs de Smorgony, par l'avant-garde de l'armée de l'amiral Tschitschagoff, sous le commandement du général Tschaplitz.	.600	»	42	2.500	»	25	»
Le 26 novembre, entre Smorgony et Oschmaeny, par le même corps.	600	»	2	1.900	»	61	»
Le 27 novembre, au faubourg de Wilna, par le partisan Seslavin.	200	»	4	170	1	6	»
Le 28 novembre, près de Wilna et à la prise de cette ville par l'armée de Tschitschagoff.	300	1	242	14.650	»	72	»
Le 28 novembre, de l'autre côté de Wilna sur le chemin de Kowno, par le corps du comte Platoff.	1.000	1	26	1.100	4	28	28
Depuis le 29 novembre jusqu'au 4 décembre à la poursuite de l'ennemi depuis Wilna jusqu'à Kowno et à la prise de cette ville par le corps du comte Platoff.	1.220	»	162	4.600	»	21	779
A la poursuite de l'ennemi, depuis Kowno jusqu'à Vilkovisk, par le corps du comte Platoff.	1.200	»	210	3.000	»	4	»
Depuis le 29 novembre jusqu'au 16 décembre, à la poursuite de l'ennemi, par le détachement de l'aide de camp général Golenistscheff-Koutousoff, depuis Wilna, Jourbourg, Tilsit et à l'occupation de cette ville.	1.000	»	212	3.152	»	1	»
Depuis le 1er jusqu'au 6 décembre, dans le duché de Varsovie, par le détachement du général Lanskoy, de l'armée de Tschitschagoff.	500	2	73	2.176	»	»	»
Les 4 et 5 décembre, à l'occupation de Prény, Pouni et aux environs de Wilkovisk, par les détachements de l'armée de Tschitschagoff.	300	»	21	997	»	»	»
Par les partis de l'avant-garde de cette armée.	»	»	60	700	»	»	»
Le 8 décembre, à la prise de Grodno, par le partisan Davidoff.	»	»	»	661	»	»	»
A la poursuite de l'ennemi depuis Mitau jusqu'à Memel et à la prise de cette forteresse, par le détachement du général marquis de Paulucci.	300	»	22	1.104	»	27	»
Le 14 décembre, à l'occupation d'Insterbourg et de Gumbinnen, par le détachement de l'aide de camp général Golenitscheff-Koutousoff.	100	»	66	2.820	4	»	»
Les 15 et 16 décembre, à Vélau et Ragnit, par un détachement du corps du comte Wittgenstein.	50	»	3	131	»	»	»
Depuis le 15 jusqu'au 21 décembre, par les détachements du corps du général baron Sacken, près de la frontière.	600	»	40	2.600	»	»	»
Le 21 décembre entre Tilsit et Labiau, par les détachements de l'avant-garde du corps du comte Wittgenstein.	300	»	7	700	»	»	»
Le 23 décembre, à l'affaire de Labiau et à la poursuite de l'ennemi jusqu'à Königsberg et à la prise de cette ville, le 25, par l'avant-garde du corps du comte Wittgenstein, sous le commandement du général Schepeleff.	1.000	»	100	9.150	»	51	»
Le 30 décembre, à la prise d'Elbing, par le corps du comte Platoff.	400	»	35	1.300	»	»	»
Le 30 décembre, à la poursuite de l'ennemi, jusqu'à la Vistule, aux environs de Damérau, à l'affaire de Dvischau, près de Marienwerder, par les détachements du corps du comte Platoff.	800	»	40	1.226	»	7	»
Le 31 décembre, à la prise de Marienwerder, par le détachement de l'aide de camp général Tschernicheff.	300	1	5	180	»	15	15
Pendant la retraite des Russes dans les affaires journalières des arrière-gardes des armées et des corps, depuis le commencement de la campagne, en tués, à peu près.	8.000	»	80	4.120	»	»	»
	135.635	49	4.068	210.530	75	999	1.846

(P. de Tschoykevitsch, colonel de l'État-Major général de l'armée, attaché au Ministre de la guerre. Réflexions sur la guerre de 1812, Saint-Pétersbourg, Pluchart et Cie, 1813, in-8°, 72 pp.)

TABLE DES MATIÈRES

Itinéraire de l'Empereur pendant la campagne et retour de Sa Majesté (du 16 juin au 5 décembre 1812).	1
Composition de l'armée française sous les ordres de l'empereur Napoléon à son arrivée en Russie en 1812.	3
La veille du passage du Niémen (23 juin).	12
Passage du Niémen	16
Du 29 juin au 15 juillet	25
Bataille de Mohilew (23 juillet)	36
Ostrowno (du 25 au 30 juillet).	43
Combat de Smolensk (17 août).	54
Marche de l'armée depuis Smolensk jusqu'à la Moskowa (20 août au 5 septembre).	64
Bataille de la Moskowa (7 septembre)	67
Bataille de Borodino (26 août/7 septembre)	98
Moscou.	120
Commencement de la retraite de Moscou à Smolensk.	151
Malo-Jaroslawitz (23 octobre).	158
Borowsk (26 octobre)	163
Du 29 octobre au 15 novembre.	166
Smolensk (du 13 au 19 novembre).	179
Retraite de Ney.	206

Combat de Krasnoï (du 16 au 18 novembre)	214
Le 2ᵉ corps avant le passage de la Bérésina (première affaire de Polotsk)	223
Prise du port de Borisow	257
Du 28 novembre au 9 décembre	271
Retraite. — Incidents	274
Vilna	296
Du 6 au 26 décembre	318
Tableau des pertes que l'armée française a faites depuis l'ouverture de la campagne de 1812 jusqu'à sa retraite au delà de la Vistule	325

ÉVREUX, IMPRIMERIE DE CHARLES HÉRISSEY